KB267052

이혼가정 부모교육

프로그램 개발

이혼가정 부모교육 프로그램 개발

프로그램 개발

황은숙

한국학술정보㈜

이혼은 개인에게 있어서 감당하기 힘든 사건 중 하나이다. 이혼이 발생하면 이혼자는 정서적인 혼란을 경험하게 되고, 불안감, 좌절감, 실패감, 우울감 등으로 적응에 어려움을 겪게 된다. 심리적 혼란과 함께 이혼가정 부모가 겪는 어려움은 경제적인 궁핍, 자녀양육 및 교육의 문제, 사회적인 편견 등이라 할 수 있다.

한국한부모가정연구소의 서울시 한부모가정 실태조사에 의하면 한부모들의 소득은 약 70만 원이고, 대부분은 월세에서 살고 있으며 약 1천5백만 원의 부채를 안고 있는 것으로 나타났다. 이들의 학력은 고졸이며 낮은 임금과 긴 노동시간으로 고통당하고 있었다.

경제적인 어려움이 저소득 이혼가정의 문제라면 자녀양육의 문제는 저소득층, 중·상류층을 막론하고 느끼는 가장 큰 어려움이라 할 수 있다. 자녀양육의 어려움은 싱글맘과 싱글대디에 따라 다소 차이를 보인다. 싱글맘은 자녀의 문제행동, 학교부적응, 학습성취도, 부모자녀관계의 단절 등의 문제를 호소하는 반면 싱글대디는 일상적인 생활에서의 자녀 돌봄에 대한 어려움을 호소하고 있다.

경제적, 자녀양육의 문제 이외에도 이혼가정의 적응을 방해하는 요인은 바로 이혼가정에 대한 사회적 편견이다. 우리 사회는 이혼자에 대해 인생 실패자, 인생 낙오자로 인식하고 있다. 이러한 이혼자에 대한 인식은 이혼가정 부모와 자녀에게도 영향을 미쳐 이혼가정을 마치 문제 있는 가정, 잘못된 가정으로 몰아가는 경향이 강하다.

　이러한 사회적인 편견은 편견 그 자체로 그치지 않고, 차별로 이어져 이혼가정을 힘들게 하고 있다. 이혼가정 부모는 이혼했다는 이유만으로 대출을 받을 수 없고, 취업이 어려우며 또한 어렵게 취업을 했다고 해도 직장 내 성희롱의 희생양이 될 가능성이 높다. 뿐만 아니라 이혼가정 자녀들은 부모가 이혼했다는 이유로 학교에서 문제아나 잠재된 비행아 등으로 인식되어 학교생활에 부적응하기 쉽다.

　이와 같이 이혼가정은 이혼 후 여러 가지 고충을 겪기 때문에 적응에 어려움을 겪고 있다. 그러나 다행스럽게도 이혼가정의 부모는 몇 단계의 적응과정을 거치면 이전의 생활보다 더 만족스러운 단계에 도달할 수가 있다. 이를 이혼의 적응과정이라 하는데, 즉 이혼 준비기, 혼란기, 홀로서기, 극복기이다.

　이혼가정 부모교육 프로그램은 이혼가정 부모가 이혼의 아픔에서 벗어나 현실을 인정하고 이를 극복할 수 있도록 돕는 것이다. 즉 이혼 준비기, 혼란기, 홀로서기 단계에 놓여 있는 이혼가정 부모로 하여금 짧은 기간 동안 극복단계에 도달할 수 있도록 하여 건강한 생활을 할 수 있도록 하는 것이다.

　이 이혼가정 부모교육 프로그램은 이를 위해 다섯 개의 대주제로 구성되어 있다. 첫 번째 주제는 이혼가정 부모의 안정을 돕고자 자아정체감을 회복하고 정서적인 안정을 도울 수 있도록 하였다. 두 번째 주제는 이혼가정 부모의 홀로서기 과정을 돕고자 현실적응 및 극복을 다루고 있다. 세 번째 주제는 이혼가정 자녀교육에 대한 정보로 이혼 후 자녀가 겪는 어려움을 어떻게 지도해야 하는지 등을 다루고 있다. 네 번째는 이혼가정 부모와 자녀와의 관계를 개선하고 긍정적인 부모－자녀관계를 형성할 수 있도록 돕고 있다. 다섯째는 사회지원망을 활용해 어려움에 처했을 때 무료상담, 집단상담, 부모교육 등을 제공받을 수 있도록 하고 있다. 또한 정부의 이혼가정 지원정책에 대한 정보를 통해 정부지원을 받을 수 있도록 돕고 있다.

이혼은 인생에 있어서 겪고 싶지 않은 사건이긴 하지만 이혼이 모두 불행을 가져오는 것은 아니다. 물론 어떤 사람들은 이혼 후 수치심과 좌절감에 빠져 실패의식을 갖고 살아가는 사람도 있겠지만 어떤 이에게는 이혼이 삶의 기회가 되어 이전에 누리지 못했던 참된 행복과 만족을 느끼는 경우도 있다.

이혼이라는 사건이 이혼자에게 동일하게 일어나지만 이혼 후의 적응에 차이는 보이는 것은 왜 일까? 물론 개인이 갖고 있는 특성과 환경이 다를 수 있지만 그 무엇보다 중요한 것은 이혼을 어떻게 받아들이고 인식하는지가 이혼 후의 적응에 중요한 변수가 된다. 따라서 이혼에 대한 인식이 전환이 이루어질 때 이혼가정 부모는 삶에 대한 희망을 갖고 새롭게 출발할 수 있는 것이다.

이 책은 이혼가정 부모가 이혼의 아픔을 딛고 이혼을 새로운 기회로 인식해 성공적인 삶을 살아갈 수 있도록 돕고자 개발되었다. 또한 이혼가정을 돕는 현장 전문가들이 이혼가정 부모를 잘 이해하고, 효과적으로 지원할 수 있도록 하기 위해 프로그램 진행과정을 소개하고 있다.

물론 이 책 한 권만으로 한부모가정 전문가로 활동하기는 어려울 것이다. 그러나 이 책을 접한 사람과 접하지 않는 사람은 한부모가정을 지원하는 데 큰 차이를 보일 것이다. 만약 한부모가정에 대해 더 전문적인 지식과 부모교육 강사로 활동하고자 하는 사람은 한국한부모가정연구소에서 양성하는 한부모가정지도사 자격증과정을 밟기 바란다.

끝으로 이혼가정 부모교육 프로그램이 한부모가정지원센터, 건강가정지원센터, 사회복지관, 모자보호시설 등을 통해 모든 이혼가정 부모에게 제공되어 현실 적응 및 극복의지를 통해 건강하고 행복한 이혼가정을 이룰 수 있게 되기를 기대한다.

2007년 8월
신천동 한국한부모가정연구소에서 저자 씀

차 례

Ⅳ. 이혼가정 부모교육 프로그램의 활성화 방안__197

Ⅵ. 논의 및 결론__215

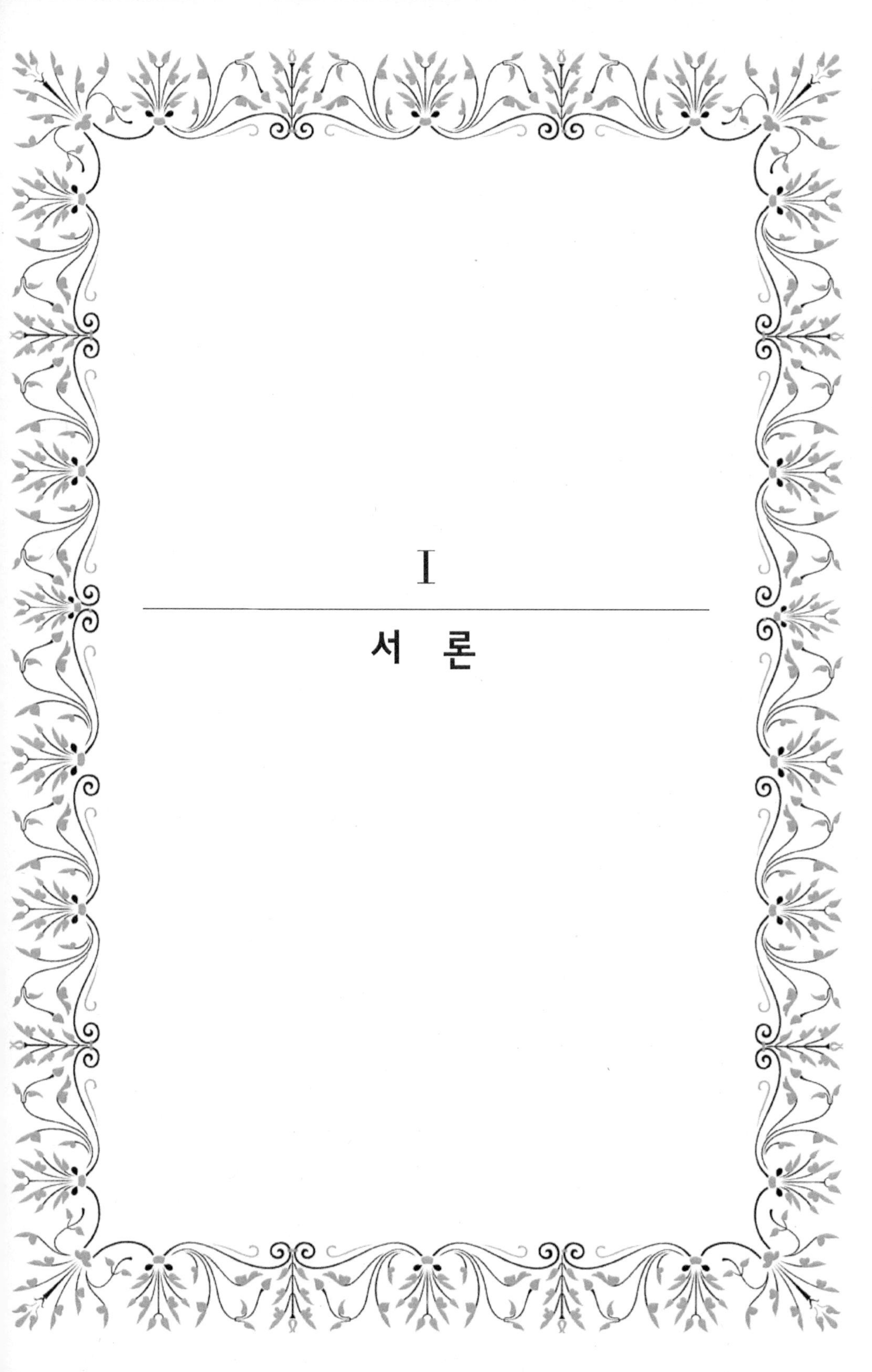

I

서 론

1. 연구의 필요성

최근 이혼이 증가하면서 우리 사회의 보편적인 가족에 대한 개념도 부모와 자녀로 구성된 가족만을 정상적인 가족으로 보려는 경향에서 이혼가정, 사별가정, 미혼모가정, 무자녀가정, 노인가정, 독신가정, 공동체가정 등 다양한 가족을 정상적인 가족의 범위에 포함하려는 가족문화가 확대되고 있다.

다양한 가족의 출현과 함께 사회의 주목을 받고 있는 것이 바로 이혼이다. 우리나라의 이혼 건수는 1993년에 59.3천 건이었던 것이 매년 증가하여 2000년도에는 120.0천 건, 2003년도에는 167.1건으로 증가하여 지난 10년간 107.8천 건의 증가를 보이다 2004년 139.4건으로 감소하였다. 조이혼율(인구 1천 명당 이혼 건수)도 1993년도에 1.3건이던 것이 2000년도에는 2.4건, 2003년도에는 3.5건으로 증가하다가 2004년도에는 2.9건으로 감소하였다(통계청, 2004, 2005). 이혼이 매년 증가하다가 갑자기 감소한 것은 이혼 억제 정책에 따른 일시적인 현상으로 보이며 장기적으로는 이혼이 증가할 것으로 예상된다.

이혼은 배우자의 폭력, 불화, 외도, 유기, 무능 등으로 인해 발생한다. 이혼이 발생하면 이혼가정 부모와 자녀는 모두 정서적, 행동적, 사회적인 어려움을 겪게 된다. 이혼한 부모 상당수는 불안감, 배신감, 상실감, 분노감, 좌절감, 실패감, 우울감, 낮은 자존감 등 정서적인 어려움으로 정신치료나 상담을 받기도 한다. 이혼가정 부모의 정서적인 불안정은 고혈압, 심장병 등 신체적인 건강 악화를 가져오고, 일상생활의 리듬을 파괴하여 불면증, 거식증, 폭식증 등을 가져와 정상적인 생활을 수행하기 어렵게 만들기도 한다(권석만, 2004; 김태현·장휘숙, 1991; 마주해, 1996; 문현숙, 1998; 서영숙·황은숙, 2003; 허정원, 1998; Judson, 1995). 이혼가정 부모는 이혼 후 이혼을 인정하려 들지 않고 폭력, 폭언 등 공격적인 태도를 취하거나 달라진 환경에 자포자기한 듯 무기력한 태도를 보이기도 한다. 이혼가정 부모의 이러한 태도는 가족, 친구관계를 단절시켜 사회로부터 고립되거나 소외되어(변화순, 1996) 사회적 관계망을 악화시키고 있다.

부모의 이혼을 경험한 이혼가정의 자녀 또한 부모와 비슷한 적응상의 어려움을 겪는다. 이들은 심리적으로 불안감, 분노감, 상실감, 고독감, 열등감, 낮은 자존감 등을 보이며(Amato, 2000; Amato & Keith, 1991; Wallerstein & Blakeslee, 1990) 이혼한 부모에 대한 원망과 그리움으로 소극적, 수동적, 위축된 행동을 보이거나 반대로 폭력적, 공격적인 태도를 보이기도 한다(Amato & Keith, 1991; Wallerstein & Blakeslee, 1989). 이러한 이혼가정 아동의 태도는 학교생활을 어렵게 하여 학교생활에 부적응하거나 학교폭력의 행위자 및 피해자를 만들기도 한다(서영숙·황은숙, 2004; Smilansky, 1992).

이혼가정 부모와 자녀가 보이는 심리적, 행동적 문제들은 이혼 후 달라진 환경에 어떻게 적응하느냐에 따라 그 양상이 달라진다. 이는 이혼기간, 이혼제안자, 자녀, 경제적 형편, 가족지원, 사회적 편견 등 이혼 후 적응요인이 어떻게 작용하느냐에 따라 적응의 결과에도 차이를 보일 수 있음을 의미한다. 이러한 적응 요인 중 가장 중요하게 작용하는 요인이 바로 자녀이다(윤애경, 1997: Kitson, Babri, & Placid, 1989). 자녀는 이혼가정 부모의 심리적 지지기반으로 심리적인 혼란을 극복하고 자립할 수 있는 의지를 갖게 하기도 하지만 반대로 자녀와의 갈등으로 이혼을 후회하고 좌절하게 만들기도 한다.

이혼이 발생하면 달라진 가족체계에 적용하고 달라진 가족의 역할을 적절히 수행해야 하지만 자녀들은 달라진 가족체계에 적응하지 못하고 부모와 힘겨루기를 하는 경우가 많다. 부모-자녀 간의 갈등은 대부분 부모의 자녀에 대한 무관심한 태도, 신체적·정서적·언어적 학대, 지나친 기대감, 자녀의 학교 부적응, 학습성취도 부족, 문제행동의 증가 등으로 인해 관계가 악화되는 경우가 많다. 부모-자녀간의 갈등은 서로에 대한 신뢰감을 해치면서 부모-자녀관계를 단절시키고 심한 경우 폭력이 오가는 극한 상황에 처하게 되기도 한다.

부모-자녀관계가 부정적인 모습을 보이는 이면에는 이혼가정에 대한 사회적인 편견이 작용하고 있다(문현숙, 1998: 서영숙·황은숙, 2003: 허정원, 1998). 우리나라는 이혼자에 대해 인생실패자, 인생낙오자, 부도덕한 사람, 비신앙인, 부모자격도 없는 사람이라는 낙인을 찍고 있고, 이혼가정 자녀에게는 문제아, 비행아라는 꼬리표를 달아주어 경계하는 경우가 많다(서영숙·황은숙, 2004). 이혼가정 부모는 사회적인 편견으로 인해 이혼 사실을 숨기고, 결혼을 유지하고 있는 것처럼 행동하여 이혼가정 자녀로 하여금 이혼에 대해 잘못된 인식을 갖도록 하고 있다. 부모의 이혼에 대한 부적절한 태도는 자녀로 하여금 친구나 교사가 부모의 이혼 사실을 알게 될까봐 두려워하게 만들고 그 사실이 발각되면 자살하겠다고 엄포를 놓기에 이른다(황은숙, 2005). 이혼가정 구성원이 이혼에 대한 수치감에서 벗어나 이혼을 인정하고 받아들이도록 하기 위해서는 이혼가정 구성원의 이혼에 대한 잘못된 인식을 개선하고, 사회적 편견으로부터 벗어나 달라진 환경에 적절히 적응해 나갈 수 있도록 해야 한다.

이혼가정의 부모와 자녀는 이혼 후 달라진 환경을 인정하고 이를 받아들이려는 적응과정을 거치게 된다(Guttmann, 1993; Johnstone & Roseby, 1997; Wallerstein & Blakeslee, 1990). 이혼 후 적응과정은 이혼준비기, 혼란기, 홀로서기기, 극복기 등으로 나누어지는데 각 발달과정을 어떻게 보내느냐에 따라 적응기간을 단축하기도 한다. 적응과정에는 이혼에 대한 인식이 중요하게 작용하여 이혼에 대한 사회적인 편견을 어떻게 수용하느냐에 따라 이혼 후 적응과정이 달라질 수 있다. 즉 이혼에 대해 부정적인 인식을 갖고 있으면 자신의 상황을 비관하게 되어 적응에 어려움을 느끼게 되나 긍정적인 사고를 갖고 있으면 이혼에 대한 사회적인 편견에 흔들리지 않고 자신의 정체성을 재발견해 나갈 수 있다.

따라서 이혼 후 안정적인 적응을 위해서는 이혼가정 부모가 자신의 존재에 대한 가치를 재발견하고, 이혼 후 달라진 현실을 극복하고자 하는 자세가 필요하다 하겠다. 또한 부모-자녀관계의 개선을 위해 이혼가정 자녀를 이해하고 자녀와 긴밀한 관계를 유지할 수 있는 의사소통, 대인관계 기술 등을 익혀 달라진 가족체계에 잘 적응할 수 있어야 한다.

　최근 우리나라와 서구에서는 이혼가정 부모의 적응을 돕기 위해 다양한 주제의 부모교육 프로그램을 제공하고 있다. 미국의 경우, 법원을 중심으로 부모교육 프로그램이 제공되어 미 전역에 100여 개의 이혼가정 부모교육 프로그램이 운영되고 있으며, 국내에서도 민간단체를 중심으로 10여 개의 부모교육 프로그램이 실시되고 있다.

　국내외 이혼가정 부모교육 프로그램은 크게 두 가지로 구분할 수 있는데 이혼가정 부모를 위한 프로그램(군포여성민우회, 2004; 새중앙상담센터, 2003; Charles & Clark, 1994; Devlin, 1992; Kaplan & Hennon, 1990; Gray, Verdieck, Smith, & Freed, 1997)과 이혼가정 자녀를 위한 프로그램(한국한부모가정연구소, 2005; Blaisure & Geasler, 1996; Kramer & Washo, 1993; Mcknry, Clark & Stone, 1999; Petersin & Steinman, 1994)으로 나눌 수 있다.

　국내외 이혼가정 부모교육 프로그램의 유사점과 차이점을 보면 프로그램의 내용은 서로 비슷하여 이혼가정 부모의 심리적인 안정을 도모하고(군포여성민우회, 2004; 새중앙상담센터, 2003), 이혼 후 적응을 돕고자 하는 프로그램(가건모, 2004; 방선욱, 1993; 온누리교회, 2005; 조경아, 1996; 한국가정법률상담소, 2004)과 이혼가정 자녀를 이해하고(김재연, 2004), 부모–자녀관계를 개선하려는 프로그램(한국가족상담교육단체협의회, 2004; 한국한부모가정연구소, 2005) 등으로 이루어져 있다. 반면 프로그램의 운영 측면에서는 차이를 보이고 있다. 미국의 경우 이혼가정 부모교육 프로그램은 의무적인 성격을 띠고 운영되어(김재연, 2004; 유희정, 2005) 단회기에 끝나는 경우가 많으나 우리나라는 필요에 의해 자발적으로 참여하는 경우가 많아 프로그램의 회기도 6-14회 정도의 장기 프로그램으로 진행되고 있다.

국내외 이혼가정 부모교육 프로그램은 이혼가정 부모와 자녀의 적응과정을 중요하게 다루고는 있지만 정작 이혼가정 부모와 자녀의 적응을 방해하는 이혼가정에 대한 사회적인 편견에 대해서는 대부분 간과하고 있는 것을 볼 수 있다. 이혼가정에 대한 사회적인 편견은 국내는 물론 외국에 거주하는 재외 한국인에게도 나타나 이혼가정 자녀에게 상처를 주고 있다(한국한부모가정연구소, 2005). 이혼가정에 대한 국내외의 편견을 볼 때 이제 우리나라는 물론 서구 사회에서도 이혼가정을 위한 부모교육 프로그램 내용에 소수민족의 문화를 반영하여 이혼에 대한 사회적인 편견을 다루어야 할 필요성이 있다고 본다.

최근 우리나라는 이혼에 대한 부정적인 인식에 대해 개인과 단체가 중심이 되어 인식의 변화를 모색하고 있다. 서영숙 · 황은숙(2004)은 한부모가정의 부모와 자녀를 위한 이혼 이해교육 프로그램을 개발하여 이를 전국적으로 보급하고 있다. 이혼 이해교육 프로그램은 이혼가정의 부모로 하여금 자신의 현실을 인정하고 이혼에 대한 잘못된 인식을 바꿀 수 있도록 하여 이혼가정의 적응과 자립을 도와왔다. 그러나 이 프로그램은 사회적 편견에 대응하여 이혼을 당당하게 받아들이도록 하는 데에 집중되어 있어 이혼가정 부모의 부정적인 감정을 해소하고 미래에 대한 기대감을 갖도록 하는 데는 한계가 있었다. 이에 이혼가정 부모의 부정적인 감정을 해소하고 이혼 후 현실 극복을 위한 욕구를 반영한 부모교육 프로그램의 개발이 절실히 요구되었다.

이에 따라 본 연구는 우리나라 이혼가정 부모를 대상으로 이혼가정 부모교육 프로그램의 요구를 조사하고, 이를 반영한 이혼가정 부모교육 프로그램을 개발하여 실용화될 수 있도록 이혼가정 부모교육 프로그램 활성화 방안을 모색하고자 한다. 이혼가정 부모교육 프로그램의 개발과 활성화는 이혼가정 구성원으로 하여금 이혼으로 인한 어려움을 극복하고 부모-자녀관계를 개선하여 건강하고 행복한 이혼가정을 육성하게 하며, 정부나 민간단체로 하여금 이혼가정 부모교육 프로그램을 구성하고 체계적으로 운영해 나갈 수 있도록 하는 데 의의가 있다고 본다.

2. 연구문제

1) 이혼가정 부모교육 프로그램에 대한 요구를 조사한다.

2) 이혼가정 부모교육 프로그램의 개발과 효과를 검증한다.
   (1) 이혼가정 부모교육 프로그램의 구성은 어떠한가?
   (2) 이혼가정 부모교육 프로그램의 효과는 어떠한가?

3) 이혼가정 부모교육 프로그램의 활성화 방안을 모색한다.

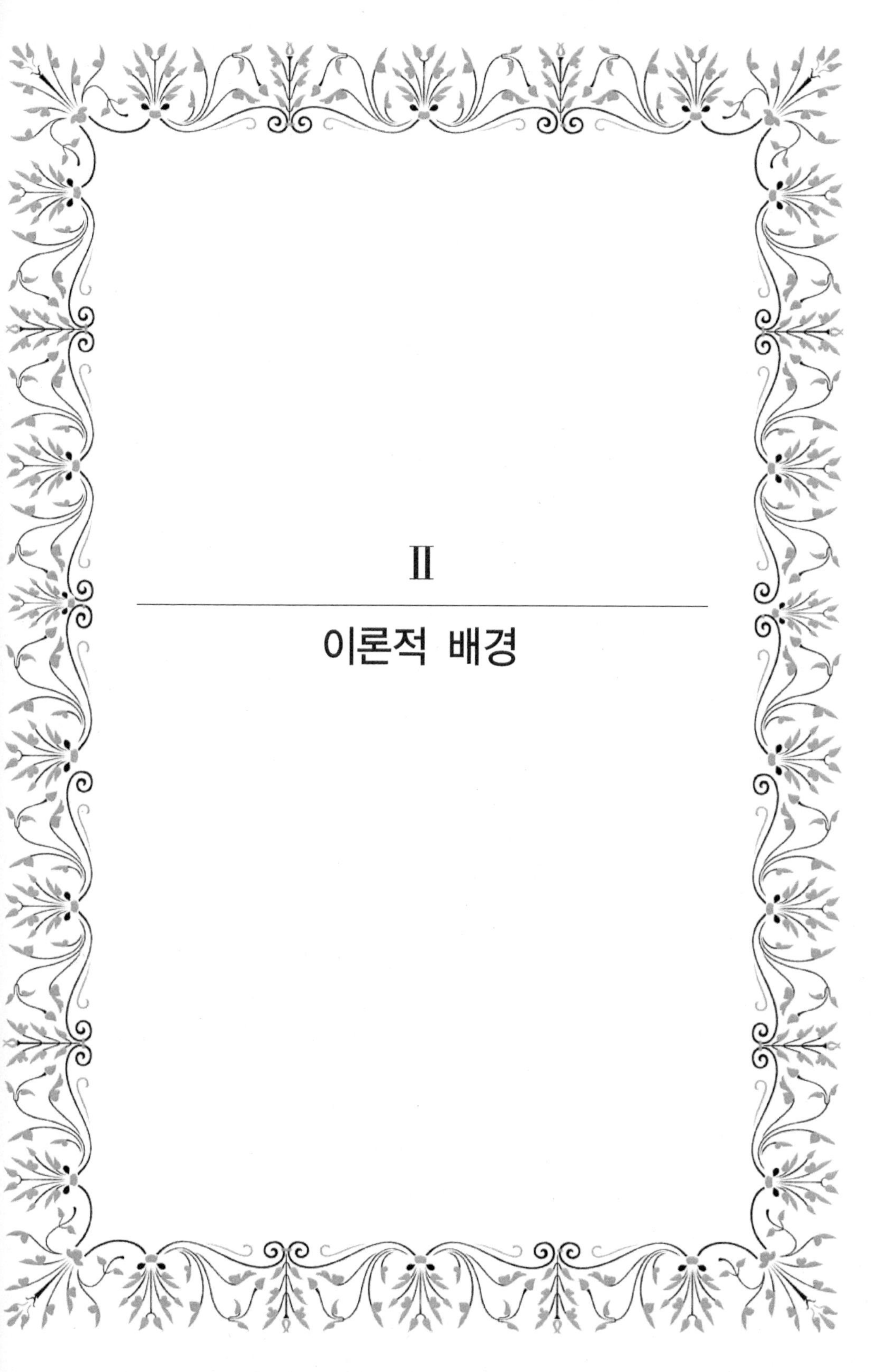

Ⅱ

이론적 배경

1. 이혼가정에 대한 선행연구

이혼가정의 부모와 자녀는 이혼으로 인한 달라진 가족체계로 인해 심리적인 혼란을 겪고 있다. 이혼 후에 겪게 되는 심리적인 혼란은 일시적인 것이기도 하지만 때로는 장기적으로 지속되어 혼란을 가중시키기도 한다. 이러한 혼란은 이혼가정 부모뿐 아니라 자녀에게도 영향을 미쳐 이혼가정 자녀는 성인이 된 이후에도 대인관계, 이성관계, 결혼관계 등에 문제를 보이기도 한다. 따라서 이혼가정의 적응은 이혼가정 부모와 자녀의 측면에서 중요하게 다루어져야 한다고 본다.

가. 이혼가정 부모의 적응과정

(1) 이혼가정 부모의 정서

이혼가정 부모는 이혼의 발생과 함께 정서적, 행동적, 사회적인 어려움을 겪고 있다. 이혼가정 부모의 상당수가 정신치료나 상담을 받고 있는 것만 보아도 그 심각성을 알 수 있다(김태현, 장휘숙, 1991). 이혼가정 부모는 이혼 전부터 배우자의 음주, 외도, 도박, 가정폭력 등의 가정불화를 겪어오다 최악의 상황에 처하면 이혼을 결정하게 된다.

이혼가정 부모의 정서는 개인의 특성과 가족의 환경, 사회적인 지지 정도에 따라 다르지만 일반적으로 분노감, 배신감, 상실감, 불안감, 우울감, 낮은 자존감 등의 심리상태를 보인다. 이혼가정 부모가 보이는 심리적인 정서는 크게 분노감, 실패감, 우울감, 불안감 등으로 설명될 수 있다.

(가) 분노감

이혼가정 부모의 정서 중 이혼 직후 겪는 정서는 분노감이다. 분노는 화라는 명칭으로 미국 질병체계에 공식적으로 포함될 만큼 신체적, 정서적, 사회적으로 심각한 문제를 일으키는 질병이다. 신체적으로는 근육긴장과 자율신경계의 각성을 일으켜 고혈압, 심장마비 등을 동반하여 사망에 이르게 할 수 있다(Diamond, 1982; Dimsdale et. al, 1986; Gentry, 1982).

분노는 적대감, 불안, 우울 등을 동반하여 나타내기도 한다. 분노를 부적절하게 표출하는 사람들은 가족, 직장 등 소속 집단으로부터 소외되어 부정적인 대인관계를 형성하고 사회로부터 단절될 수 있다(Greenglasss, 1996; Hazaleus & Diffenbacher, 1986; Mckay & Rogers, 2000; Ron, Pat Potter-Efron, 1995).

분노는 내재적인 분노, 폭발적인 분노, 만성적인 분노 등 크게 세 가지로 구분될 수 있다. 내재적인 분노는 분노를 두려워하고 부인하는 것으로 자신의 내면에 분노가 있다는 사실을 인정하려 들지 않는 분노를 말한다. 내재적인 분노가 높은 사람은 사회적으로 자신의 분노를 인정하려 들지 않고 의도적으로 약속을 어겨 가족의 마음을 상하게 하기도 한다. 폭발적인 분노는 대단히 위험하고 강력한 분노로 자기 통제력을 상실하게 한다. 폭발적인 분노를 느끼는 사람은 비현실적인 사고를 갖고 있어 가족에게 지나친 기대를 하며 기대가 충족되지 않을 때는 냉소적, 폭력적인 행동을 보이기도 한다. 만성적인 분노는 오랫동안 지속된 분노로 왜 화를 내는지도 인식하지 못하고 분노를 폭발하는 것이다. 만성적인 분노를 갖고 있는 사람들은 습관적인 분노로 인해 대인관계에 손상을 입으며 가정, 직장, 학교생활에 심각한 어려움을 겪게 된다.

이러한 분노의 피해를 방지하기 위해서는 분노를 억제하거나 폭발하는 것이 아니라 자신의 분노를 건강한 분노로 표출하도록 해야 한다. 건강한 분노란 분노를 인간 정서의 정상적인 일부분으로 인정하고 자제력을 잃지 않고 적절하게 수긍할 수 있는 방식으로 제시하여 문제를 해결해 나가도록 하는 것이라고 할 수 있다.

분노는 용서과정을 통해 벗어날 수 있는데 용서는 불안, 우울증에 있는 사람들의 증상을 감소시키고, 자신의 행동에 대한 책임감을 느끼도록 하여 타인을 비난하거나 비방하는 것을 줄이기도 한다. 따라서 분노감에서 벗어나기 위해서는 용서과정을 통해 증오와 적대감에서 벗어나 건강한 분노를 표출할 수 있도록 해야 한다(Mckay & Rosers, 2000; Robert & Enright, 2001; Ron, Pat Potter-Efron, 1995).

이혼가정 부모는 전 배우자에 대한 분노감과 가정을 지키지 못했다는 사실에 수치심을 느끼고 있다. 이들은 이혼가정을 바라보는 사회의 냉대와 비난 등으로 인해 사회에 적대감을 갖게 되며 이러한 분노를 자녀에게 언어적, 정서적, 신체적 학대로 폭발시키기도 한다. 실제로 우리나라의 2004년도 아동학대 건수 3,891(100%) 중 상당수가 한부모 가정(1,787건, 45.9%)에서 발생하였고, 이 중 부자가정이 1,285건 (33.0%), 모자가정이 502건(12.9%)으로 나타났다(보건복지부, 2005b). 이를 볼 때 이혼가정 부모의 분노감은 자신을 해하는 것은 물론 자녀에게도 부정적인 영향을 미치는 것을 볼 수 있다. 따라서 이혼가정 구성원들이 분노를 조절하고 이를 대처해 나갈 수 있도록 분노예방 및 대처법을 제공하여 분노감에서 벗어날 수 있도록 도와야 한다.

(나) 실패감

이혼가정 부모가 느끼는 정서 중 하나는 실패감이다. 이혼가정의 부모는 자신의 기대와는 달리 결혼생활을 원만하게 유지하지 못하고 그르쳤다는 실패감으로 심리적 외상을 입고 있다(Albrecht, 1980).

이혼가정 부모가 느끼는 실패감은 이혼가정에 대한 부정적인 편견의 영향을 받는다(문현숙, 1998; 서영숙·황은숙, 2004; 허정원, 1998). 편견이란 어떤 사물, 현상에 대하여 그것에 적합하지 않은 의견이나 견해를 가지는 태도(Hall & Rhomberg, 1995)로 이혼가정의 부모는 사회의 이혼가정에 대한 인식을 내면화하여 자신을 비하하거나 수치스러운 존재로 인식하는 경우가 있다(서영숙·황은숙, 2004; 한국여성민우회, 2000).

사회의 이혼가정에 대한 부정적인 인식은 이혼가정 부모로 하여금 부모, 형제 등 가족으로부터 외면당하게 하며 스스로도 실패감을 갖도록 한다(한국여성민우회, 2000). 이혼가정 부모의 이혼에 대한 실패감은 자신과 가족, 세상을 바라보는 인식 틀을 왜곡시켜 비합리적인 신념을 가지도록 하고, 자신을 수치스러운 존재, 인생의 실패자, 낙오자로 인식하게 하여 낮은 자존감을 형성하도록 한다(변화순, 1996).

자아존중감은 한 개인의 사회적 행동을 결정하는 중심적인 특성으로 자신을 어떻게 느끼고 인식하는지를 결정하는 것이다(유헌식, 1989). 자아존중감은 개인의 삶을 실패와 성공으로 이끄는 중요한 자질 중 하나로 자아존중감에 따라 한 개인의 삶의 태도와 미래의 성장 가능성은 달라진다. 즉 낮은 자존감은 부정적인 생각을 갖도록 하여 실패감, 두려움을 느끼게 하여 현재의 문제 상황을 돌파하지 못하도록 만들고, 높은 자존감은 자신의 능력에 대해 긍정적인 생각을 갖도록 하여 용기 있는 행동을 수반하도록 만든다.

이혼가정의 부모는 낮은 자아존중감을 형성하고 있어 현실을 극복하고자 하는 의지가 약하며 취업, 재혼에 대해서도 실패에 대한 두려움을 갖고 있기도 한다. 이러한 부정적인 정서를 극복하기 위해서는 이혼에 대한 편견을 버리고 실패감과 낮은 자존감에서 벗어나 긍정적인 사고를 가질 수 있도록 해야 한다.

(다) 우울감

우울감은 정신장애 중에서 가장 많은 사람이 고통받는 장애로 이혼가정 부모에게 자주 나타나는 증상 중 하나이다(마주해, 1996). 우울감은 실패와 상실에 대한 심리적 반응으로 자신을 무능하고 열등하며 무가치한 존재로 느끼게 한다.

우울감의 증상은 정서적, 인지적, 행동적, 신체 생리적인 측면과 관련하여 발생한다. 정서적으로는 슬픔, 좌절감, 불행감, 죄책감, 공허감,

고독감, 무가치감, 허무감, 절망감 등 불쾌하고 고통스러운 정서상태를 보이며, 인지적으로는 부정적이고 비관적인 생각으로 자기비하, 허무주의, 피해 망상적 사고를 나타낸다. 행동적인 측면으로는 일을 수행하는 데 집중할 수 없으며 불면증에 시달리거나 반대로 과다 수면증을 보이기도 한다. 신체 생리적으로는 식욕 저하로 체중이 감소하거나 반대로 갑자기 살이 찌기도 하며 피로감으로 성에 대한 흥미와 욕구가 감소하는 등 신체 생리적 이상증상을 보이기도 한다(권석만, 2004).

우울에는 정상적인 우울과 병적 우울이 있다. 정상적인 우울은 일시적으로 생활 속의 불만족스러운 결과로 인해 우울감에 빠지는 것으로 얼마 지나지 않아 정상적인 상태로 회복된다. 반면 병적인 우울이란 우울한 상태가 심각하게 지속되고 쉽게 회복되지 않으며 때로는 악화되어 전문적인 치료를 받아야 하는 상태를 의미한다.

이혼가정 부모들은 이혼 발생 직후 심한 우울감을 경험하는데(Guttman, 1993) 병적 우울감으로 발전할 가능성이 높다. 이들은 배우자에 대한 배신감과 경제적인 어려움, 가족의 외면, 이혼가정에 대한 사회적인 편견 등을 이겨내지 못하고 스스로 목숨을 끊으려 하거나 자녀와 동반자살을 시도하기도 한다(SBS, 2004, 2005). 우울감은 이혼가정 부모로 하여금 자살을 시도하게 할 정도로 무서운 정서라 할 수 있다. 따라서 이혼가정 부모의 우울감을 치료하기 위해서는 경제적인 안정과 함께 이혼에 대한 부정적인 사고를 긍정적으로 변화시키고, 미래에 대한 희망을 가질 수 있도록 하는 적극적인 개입이 요구된다.

(라) 불안감

이혼가정 부모가 사회적응에 실패하는 이유 중 하나는 이혼 후의 삶에 대한 불안감 때문이기도 하다. 이혼가정 부모가 느끼는 불안은 이혼 후 경제적 불안정, 전 배우자의 폭력, 자녀양육의 실패에 대한 두려움 등 다양하다. 사회적 지위 하락과 경제적 불안정은 이혼 후 적응에 큰 어려움을 안겨주는데 이혼 후 스스로 생계를 책임져야 한다는 무거운 부담이 불안감으로 작용하고 있다. 특히 경제적인 어려움 없이 결혼생활을 유지했던 이혼가정 부모의 경우 이혼 후 소득의 급감과 달라진 가족 위상으로 더 좌절하게 된다. 이러한 삶에 대한 불안감은 이혼가정 부모의 적응과 현실극복 의지를 약화시키기도 한다.

이혼가정 부모가 느끼는 불안감 중 하나는 전 배우자에 의한 폭력이다. 이혼가정 부모 중에는 법적으로 이혼했지만 여전히 정서적으로 분리되지 않았거나 재산분할, 위자료, 양육권, 양육비 등 법적인 분쟁이 지속되면서 서로에 대한 비방과 폭력이 계속되어 폭력으로까지 이어질 수 있기 때문이다(노일석, 2005; 한국여성민우회, 2000; 황은숙, 2005d).

이혼가정 부모는 이혼 후 자녀의 정서적인 혼란과 학교 부적응 등을 지켜보면서 자신이 자녀를 망쳤다는 미안한 마음을 갖게 된다(Judson, 1995). 부모의 이혼으로 자녀를 망쳤다는 미안한 마음은 자녀의 기분에 민감하게 반응하도록 만들어 자녀와 지나치게 밀착되게 하여 자녀를 마마보이나 마마걸로 성장하게 할 가능성이 높다.

이혼가정 부모가 느끼는 불안감 중 하나는 자녀들이 부모의 이혼에 대해 어떻게 생각할까 하는 것이다. 이혼가정 부모의 대부분은 자녀와 이혼에 대해 이야기하는 것을 두려워한다. 이들은 자녀들이 부모의 이혼을 이해해 줄까? 혹시 이혼한 부모를 원망하지는 않을까, 부모가 이혼하였기에 자녀가 문제아가 되면 어쩌나 불안해하기도 한다. 또한 이혼가정 자녀가 떠나간 부모에 대해 물어보면 어떻게 말해야 될지 몰라 불안감을 갖게 된다. 이러한 불안감은 자녀에게 엄격한 부모가 되도록 하여 부모-자녀관계를 해칠 가능성이 높다.

이상과 같이 이혼가정 부모는 이혼 후 분노감, 실패감, 우울감, 불안감 등을 보이고 이러한 심리적인 혼란은 이혼 후 적응과 현실극복에 어려움을 주고 있다. 따라서 이혼가정 부모에 대한 심리적, 정서적 갈등을 해소시켜 건강한 사회인으로 활동할 수 있는 기반을 마련하는 것이 무엇보다 중요하다 하겠다.

(2) 이혼가정 부모의 적응

이혼이란 정서적 이혼, 법적이혼, 경제적 이혼, 공동 부모역할 이혼, 지역 사회 이혼, 정신적 이혼 등 여섯 가지 영역에 걸쳐 일어나는 복합적인 과정이며, 적응이란 개인과 환경 간의 상호 작용을 통해 환경을 변화시키거나 환경에 의해 자신을 변화시키는 것이라 설명할 수 있다. 그렇다면 이혼 후 적응이란 이혼 후 자신의 정체감을 확립하고 자신의 역할을 적절히 수행해 나갈 수 있는 능력을 획득하는 것으로 새로운 생활양식과 자아를 개발하여 부모역할을 잘 수행하는 것이라 정의할 수 있다(Bohannon, 1970; Diedrick, 1991).

이혼 후 적응은 여러 요인의 영향을 받는데 일반적으로 연령 및 결혼기간, 이혼 후 기간, 이혼의 제안, 자녀, 전 배우자에 대한 애착, 재혼 또는 이성파트너, 사회적 지원망 등을 들 수 있다.

이혼자의 연령과 결혼기간은 적응에 중요한 영향을 미치나 서로 다른 결과를 보이기도 한다. 즉 이혼자의 연령이 많고 결혼기간이 오래될수록 적응에 도움이 되기도 하지만(문현숙, 1999) 반대로 이혼자의 연령과 긴 결혼기간이 정체성의 혼란을 가져와 이혼 후 관계를 재정립해 나가는 데에 어려움을 안겨주기도 한다(Kitson & Morgan, 1990; Nelson, 1981).

적응에 영향을 미치는 요인 중 적응 정도를 예측할 수 있는 요인으로 이혼 후 기간을 들 수 있다. 이혼 후 기간은 이혼 경과 기간이 길수록 더 안정적인 것으로 나타났다. 학자들은 이 기간을 보통 짧게는 1년-3년(Hetherington, 1982; Guttmann, 1993), 길게는 2년-5년(Fisher & Alberti, 1981; Weiss, 1975) 정도가 지나야 이혼 후의 심리적 갈등에서 벗어날 수 있다고 보고 있다. 이러한 3년-5년의 적응기간은 이혼에 대한 사회적 편견이 거의 없는 서구의 연구결과로 우리나라와 차이를 보이고 있다. 우리나라는 이혼 후 적응기간이 외국보다 더 길어 10년이 되도록 적응에 실패하는 경우(문현숙, 1998)를 자주 접할 수 있다. 이러한 적응기간의 차이는 우리나라에는 외국과는 달리 이혼가정에 대한 부정적인 편견이 잠재되어 있기 때문으로 보인다.

자녀는 이혼의 증가요인이자 억제요인으로 작용한다(서영숙·황은숙, 2004; 이소희·이무영, 2003). 부모는 자녀에게 이혼가정 자녀라는 멍에를 씌워주지 않기 위해 불행한 결혼생활을 유지하기도 하며 반대로 배우자의 폭력 등으로부터 자녀를 보호하기 위해 이혼을 선택하기도 한다.

자녀는 이혼 후 적응에 중요한 요인으로 일반적으로 이혼가정 부모의 자립의지를 북돋워 주는 역할을 한다. 이혼가정 부모는 자녀와 서로 의지하면서 정서적인 안정을 찾으며 자녀에 대한 책임감으로 일상생활에 복귀할 가능성이 높아진다(Weiss, 1975). 떠나간 부모 역시 자녀와 함께 생활하지는 않아도 정기적으로 자녀를 만날 경우 생활만족도와 자아존중감이 긍정적으로 변화되는 것으로 나타났다 (Kitson et al, 1989; Spanier & Thompson, 1984).

그러나 자녀가 이혼가정 부모의 적응에 긍정적인 영향을 미치는 것만은 아니다. 이혼가정 부모는 자녀의 수가 많거나 어린 연령의 자녀를 양육하는 경우 심리적, 경제적인 부담 증가로 적응에 어려움을 겪기도 한다(김인숙, 1994; 김정자, 1987; 한혜경, 1993; McLanahan & Booth, 1989; Umberson & Grove, 1989). 또한 자녀와 전 배우자의 면접으로 인해 전 배우자와 불편한 만남을 지속하면서 심리적인 갈등을 겪거나 이혼 후에 가정폭력을 당하기도 한다.

적응의 요인 중 하나는 이혼제안자로 이혼을 누가 제안했느냐에 따라 달라진다. 이혼을 제안하거나 주도적이었던 사람은 이혼 후 달라진 환경에 더 만족하고 안정적으로 적응해 나가는 반면(한경혜, 1993; Kitson et. al, 1989; Kurdek & Blisk, 1983), 갑작스럽게 배우자로부터 이혼제안을 받았거나 원하지 않은 이혼을 경험한 경우는 정서적인 혼란으로 적응에 어려움을 보인다(Spanier & Casto, 1979).

이혼의 제안은 그동안 남성에 의해 제안되어 왔지만 최근에는 여성의 이혼제안이 증가하고 있다(서영숙·황은숙, 2004). 이혼제안자들은 현 배우자보다 더 나은 파트너가 생겼거나(Pettit & Bloom, 1984) 가정폭력 등의 피해를 막기 위해 이혼을 제안(문현숙, 1998)하는 경우가 많다.

전 배우자에 대한 애착 정도도 이혼 후 적응에 영향을 미친다. 전 배우자와 이혼 후 지속적인 애착관계를 유지하거나 재결합에 대한 미련을 갖고 있는 경우는 부정적인 영향을 미치나(한경혜, 1993; Berman, 1980; Kitson, 1982; Tashman, Johnston & Wallerstien, 1989) 전 배우자와 자녀양육을 위해 우호적, 협조적인 관계를 유지하는 경우는 적응에 도움을 주기도 한다(Geottingm 1980; Nelson, 1981).

이혼 후 성생활도 적응의 중요한 요인이다(이근후, 2004). 이혼 후 성생활이 만족스러우면 적응에 도움이 되며 그렇지 못할 경우 적응을 방해하기도 한다. 남성은 성에 대한 인식이 자유롭거나 개방적인 편이어서 이혼 후 성관계의 기회가 여성에 비해 많을 수 있지만 여성은 성에 보수적이고 폐쇄적이어서 성생활이 제한되는 경우가 많아 스트레스를 받기도 한다(문현숙, 1998).

이혼가정 부모에게 이성파트너가 있거나 재혼한 경우에는 생활 만족도가 높게 나타난다(한경혜, 1993; Thabes, 1997). 그러나 이성파트너와의 관계가 원만하지 않거나 결별하는 경우는 적응에 더 부정적인 영향을 미칠 수도 있으므로 신중한 자세가 필요하다.

이혼 후 적응의 가장 중요한 요인은 경제적인 형편이다(김영희, 1996; 김정자, 1987: 신화용·조병은, 1996; Diedrick, 1991; Pett & Vangham-Cole, 1986). 이혼이 발생했다 하더라도 경제적으로 안정된 경우는 이로 인한 불안감이 낮아지면서 자신감을 회복시켜 주지만 갑작스러운 경제력의 상실은 우울감과 같은 심각한 심리적인 문제를 동반하기도 한다.

이혼가정 남녀 모두 경제적인 어려움을 겪지만 그중 여성의 경우 빈곤의 정도가 더 심각하다(문현숙, 1998; Arendell, 1987; Spanier & Casto, 1979). 이혼가정 여성의 경우는 전문지식 및 기술이 없는 상황에서 생계유지를 위해 간병인, 운동화세탁, 식당종업원 등 저임금 직종에 종사하는 경우가 많으며, 남성의 경우는 사업 실패 등으로 인한 신용불량으로 취업이 불가능한 상황에 놓여 있기도 하다.

이혼가정의 사회지원망 역시 적응에 영향을 미치는데 사회지원망이 약화되어 제대로 기능하지 못하면 어려움을 느끼게 되고 반대로 활발하게 유지되는 경우 적응에 도움을 받는다(이병진, 1996; Guttman, 1993; Kitson & Morgan, 1990; McLanahan & Booth, 1989; Richard & Schmiege, 1993). 사회지원망은 가족, 친구, 직장동료 등 사적인 구조망과 민간단체, 지방자치단체 등 지역사회에 소속된 관계망의 기능적 측면을 포함한 전체적인 관계망을 포함하는 것으로 이혼가정에 대한 적절한 지지와 지원을 지속적으로 제공하는 구조망이라 할 수 있다.

최근의 가족지원을 보면 이혼의 보편화와 인식의 변화로 이혼 후에도 부모의 지지를 받고 있는 이혼가정이 늘면서 이혼가정의 적응에 도움을 주고 있다(한국가족학연구회, 1993). 부모는 이혼가정 남성에게는 가정생활을 지원하고 여성에게는 경제적 문제, 구직, 주거 등의 문제에 도움이 되도록 지원하여 배우자의 역할을 대신하기도 한다(문현숙, 1998; 한혜경, 1993). 그러나 우리나라와 같이 긴밀한 가족관계망을 구성하고 있는 경우 이혼가정에 대한 부정적인 인식이 원가족에게 피해를 주어 가족 간의 관계를 단절시키고(김혜련, 1993; 서영숙·황은숙, 2004; 원효종, 1997; 허정원, 1998) 갈등을 증폭시킬 가능성도 높다.

친구는 이혼가정 부모의 중요한 관계망 중 하나로 이혼가정 부모는 이혼 후 일시적으로 친구들과의 관계가 단절되지만 적응 후 회복되어 지원세력이 되기도 한다(Price & Mckenry, 1988). 그러나 이혼가정 부모는 이혼 후 새로운 친구관계를 형성하게 되는데 주로 이혼가정 자조모임 등에서 만난 이혼가정 부모들로 구성된다. 이혼가정 중심의 교류는 서로에 대한 어려움과 자녀양육의 정보를 공유하고 상호 협력관계를 유지하게 하여 사회적응에 도움을 준다.

그 외 이혼 후 적응에 영향을 미치는 요인으로 교육수준, 소득, 종교 등이 있다. 이혼가정 부모의 소득 및 교육수준은 이혼에 대한 부정적인 영향을 감소시켜 실패감, 좌절감 등을 줄여 준다(Kitson et al., 1989). 또한 이혼가정의 종교는 이혼 후 삶의 목표를 재정립하고 자신의 잠재력을 개발할 수 있도록 도와주는 역할을 하며(Madelene, 1981), 중년기 이혼가정 여성의 스트레스와 생활만족도를 높여주기도 한다(신기영·옥선화, 1991).

이러한 적응의 요인들을 볼 때 이혼 후 적응에 영향을 미치는 요인은 다양하고 상황에 따라 다른 결과를 가져오는 것을 볼 수 있다. 따라서 이혼가정의 적응을 돕기 위해서는 각 개인에게 주어진 환경을 적응에 도움이 되도록 대응할 필요가 있다. 그러기 위해서는 이혼가정 부모의 이혼에 대한 인식을 긍정적으로 변화시키고 경제적인 자립을 할 수 있도록 용기와 자존감을 심어 주어야 하며 사회적 지원망을 통해 적절한 도움을 받을 수 있도록 전문적인 도움을 제공하여야 하겠다.

(3) 이혼가정 부모의 적응과정

이혼 후 적응과정은 이혼한 당사자라면 누구나 거쳐야 하는 발달적 과정으로(Weiss, 1975) 이혼 후 적응과정에 관한 연구는 여러 학자에 의해 이루어졌다(Guttmann, 1993; Johnstone & Roseby, 1997; Ratcliffe & Keith, 1992).

이혼을 경험한 사람들은 이혼을 결정한 후 이혼을 수용하는 데 있어서 몇 단계의 과정을 거치게 된다. 첫째 단계는 자신이 이혼했다는 사실을 부인하는 것이며, 둘째 단계는 이혼해야만 했던 자신의 처지에 대한 분노감, 죄책감 등을 느끼는 단계이다. 셋째 단계는 전 배우자와의 재결합을 생각하며, 넷째 단계에 이르면 이혼 후 달라진 환경과 심리적인 혼란으로 인해 절망감을 느끼게 된다. 그러나 다섯 번째 단계에 이르러 절망감을 넘어설 때 수용과 이해를 통해 결혼생활을 정면으로 볼 수 있게 되며 이혼을 객관적으로 볼 수 있게 되어 평온한 단계에 이르게 된다.

이러한 이혼 수용과정과는 달리 Guttmann(1993)과 Johnstone & Roseby(1997), Wallerstein과 Blakeslee(1990) 등은 이혼 후 적응과정을 몇 단계로 나누어 제시하고 있다. 연구자는 이들 학자들의 이혼 적응과정을 이혼준비기, 혼란기, 홀로서기기, 극복기 등으로 재조직하여 제시하였다.

이혼준비기는 불만족스러운 결혼생활을 해소하고 이혼을 선택하는 시기로 이혼에 대한 불안 또는 기대감을 느끼면서 이혼을 준비하는 단계이다. 이 시기에 이혼을 생각하는 사람들은 이혼 후 경제적, 심리적, 사회적 위치의 변화에 대해 고민하고 자녀양육 및 교육 문제, 재산분할 및 양육비 등 법률적인 정보를 필요로 한다. 이혼준비기에 속한 사람은 이혼을 선택하기도 하지만 이혼 후 미래에 대한 두려움으로 이혼을 미루거나 포기하기도 한다(한국가정법률상담소, 2004b; 황은숙, 2005d). 이 시기를 잘 준비하면 이혼 후 적응과정을 순조롭게 거칠 수 있는 반면 그렇지 못할 경우 현실 적응에 어려움을 느낄 수도 있다.

혼란기는 이혼 후 달라진 가족체계 속에 적응하지 못하고 이혼으로 인한 심리적인 혼란을 겪는 시기이다. 혼란기는 이혼 적응과정 중 가장 힘들고 어려운 단계로 이 시기를 잘 극복하면 홀로서기 단계로 넘어가 새로운 삶에 대한 가능성을 발견하게 되지만 그렇지 못할 경우 불행한 삶을 살아가게 된다. 이 시기는 자녀와의 갈등, 취업의 어려움, 가족, 이웃의 무관심, 이혼가정에 대한 사회적 편견(Ratcliffe & Keith, 1992) 등으로 이혼 적응과정에 어려움을 느끼는 시기이다(Guttmann, 1993; Johnstone & Roseby, 1997). 전 배우자에 대한 애정 정도, 경제적인 불안정, 가족의 지지, 사회적인 지원 등에 따라 적응 정도가 달라지지만 이혼에 대한 부정적인 인식을 갖고 있는 경우 혼란기에서 벗어나는 데 어려움을 느끼게 된다.

이 시기의 이혼가정 부모는 이혼 후 해결되지 않은 재산 및 자녀양육의 법적 문제와 경제적 어려움, 자녀양육문제, 이혼에 대한 사회적 편견 등으로 분노, 불안, 후회감(한국가정법률상담소, 2004)을 느끼며 전 배우자와의 재결합을 희망하기도(한국여성민우회, 2000: 황은숙, 2004)한다. 그러나 결혼생활이 고통스러웠던 경우는 심리적인 혼란을 덜 느끼게 된다(이동원 외, 2001). 혼란기를 수월하게 넘기 위해서는 이혼의 원인과 심리적 혼란을 억압하거나 피하기보다는 충분히 받아들이는 것이 적응에 도움이 될 수 있다(최혜숙, 2004). 따라서 이 시기는 전문가의 적절한 도움을 받을 필요가 있다. 즉 상담, 부모교육 등을 통해 우울, 분노감, 실패감 등 심리적인 문제에서 벗어날 수 있도록 해야 하며 이혼이 인생의 새로운 출발점인 것을 깨닫고 미래에 대한 계획을 세워 나가는 긍정적인 자세를 가져야 한다(Ratcliffe & Keith, 1992).

홀로서기 단계는 이혼 후 혼란기를 벗어나 자신의 정체성을 재발견하고 자녀에 대한 책임감을 발전시키는 단계로 달라진 환경에 적응해 새로운 삶을 개척해 나가는 시기라 할 수 있다. 이 시기의 이혼가정 부모는 새로운 일자리를 찾고 자녀양육에 깊은 관심을 나타내며 스스로의 삶을 즐기고 당당하게 살아가려고 노력하는 단계이다. 혼란기의 심리적인 불안, 우울, 분노감도 어느 정도 사라지고 증오의 대상을 용서하고 이혼에 대해서도 조금씩 당당해지게 된다(한국여성민우회, 2000; Ratcliffe & Keith, 1992). 이 시기가 되면 재혼에 대한 관심이 높아진다. 그러나 좋은 배우자를 만나고 싶은 욕구는 커지나 이성에 대한 실망감, 의붓아버지의 자녀 성폭행 등의 우려로 재혼을 꺼리기도 한다(서영숙·황은숙, 2004).

홀로서기 단계에 이르면 극복단계에 이를 수 있는 희망을 갖게 되기도 하지만 반대로 자녀문제, 경제적인 불안정 등이 가중되면서 다시 혼란상태에 놓이게 될 가능성도 있다. 따라서 다시 혼란기에 속하지 않도록 부단한 자기 개발이 요구된다.

극복기는 이혼 적응과정의 마지막 단계로 극복기에 이르게 되면 인생의 그 어느 시점보다 더 평온하고 만족스러운 단계에 이르게 된다(황은숙, 2005c). 인생을 바라보는 관점도 변화하고 자신보다 남을 배려하고 사회에 공헌하려는 자세를 보이게 된다. 이 시기에 이르면 혼란스러운 심리도 안정을 되찾고, 가족, 친구, 직장에서의 안정감도 높아지기 때문에 삶에 대한 만족감도 높아진다(황은숙, 2005d; 한국여성민우회, 2000).

이 시기는 홀로서기 단계에서 세웠던 장단기 목표가 달성되고 자신의 사회적 위치를 확인하면서 성취감을 느끼는 단계이다. 개인의 삶을 총체적으로 재조직화하고 높은 인격 성장과 자아실현의 정도를 획득하게 되는 시기이기도 하다. 이 시기 건강한 이혼가정 부모는 자녀의 긍정적인 모델이 된다. 자녀는 양부모의 역할을 수행하는 이혼가정 부모의 모습을 통해 성역할의 고정관념에서 벗어나 양성 평등한 가치관을 형성하게 되고 이혼가정에 대한 고정관념에서 벗어나 능동적이고 행복한 자녀로 성장할 수 있게 된다.

이상의 내용을 보면 이혼 적응과정은 이혼준비기, 혼란기, 홀로서기기, 극복기로 이어지지만 이혼에 대한 심리적인 혼란과 경제적인 어려움, 자녀문제, 사회의 이혼가정에 대한 인식 등이 이혼 후 적응에 영향을 미치는 것을 볼 수 있다. 이는 이혼 후 적응과정을 어떻게 보내느냐가 이혼 후 적응과 현실극복에 결정적인 영향을 미치는 것으로 각 단계에 적절한 지지와 지원이 따를 때 순조로운 적응과정을 거칠 수 있다는 것을 보여주는 것이다. 이혼가정 부모는 이혼 후 현실을 원만히 극복할 수 있도록 하여야 하겠다.

나. 이혼가정 아동의 적응과정

(1) 이혼이 자녀에게 미치는 영향

이혼가정 아동은 부모의 이혼으로 심리적, 행동적, 사회적인 어려움을 겪으며 그 어려움은 성인이 되어서도 삶에 영향을 미치는 것으로 나타났다(Amato & Keith, 1991).

이혼가정 자녀는 부모의 이혼으로 불안, 우울, 분노, 후회, 억압, 죄의식, 무능력, 무력감 등 심리적인 혼란을 느끼고 있다(조흥식 외, 1997: Hetheringtonm Stanley-Hogan, Anderson, 1989: Smilansky, 1992: Wallerstein & Kelly, 1980). 이들은 달라진 가족체계에 적응하지 못하고 자신의 가족형태를 비관하고 절망감에 빠지기도 한다(Emery & Forehand, 1994: Smilansky, 1992).

이혼가정 자녀의 이러한 심리적인 혼란은 행동상의 문제를 야기하여 내재화 또는 외현화 문제를 일으킨다(Achenbach & Edelbrock, 1991). 내재화 문제란 이혼가정 자녀들이 부모의 이혼으로 인해 과잉통제된 증상을 보이는 것으로 외부의 힘에 의해 움츠러들어 자신의 감정을 표출하지 못하고 내면에 억압하는 것으로 위축된 행동이라 할 수 있다. 이는 이혼가정 자녀가 부모의 이혼으로 무기력해지고 무능감에 빠져 외부와의 교류를 단절하고 소극적인 자세를 갖는 것으로 설명할 수 있다.

반면 외현화 문제란 부모에 대한 분노, 반항심 등을 과소 통제된 행동으로 나타내는 것으로(양혜원, 2001; 전명희, 2001) 주어진 환경에 불복종, 공격, 짜증 등 미성숙한 정서적 반응을 보이는 것을 말한다(성영혜, 2002). 즉 이혼가정 자녀는 부모의 이혼 후 반항적, 적대적인 일련의 행동을 통해 자신을 표출하고 있다고 할 수 있다.

이혼가정 자녀의 문제는 부모와의 갈등이 심할수록 과잉행동, 공격행동, 미성숙행동 등을 일으킬 가능성이 높으며 그 수위는 양부모가정 자녀보다 더 높은 것으로 나타났다(권영옥 · 이정덕, 1997; 전명희, 2001; Dormbusch et. a.l, 1985; Hetherington, 1989; Smilansky, 1992). 이혼가정 자녀의 이러한 부적응은 가정, 학교생활에도 영향을 미친다(Hetherington, 1989; Wallerstein & Blakeslee, 1990).

이혼가정 자녀는 가정에서 부모와 친밀하고 긴밀한 관계를 형성하지 못하고 부모에게 반항하는 경우가 많은데 이는 이혼가정 부모가 엄마, 아빠의 역할을 모두 수행해야 하기 때문에 역할과중으로 인한 스트레스로 신경질을 자주 내고 부정적인 의사소통 방식으로 자녀와 상호 작용(조흥식 외, 1997)하기 때문에 발생하는 경우가 많다. 또한 이혼가정 자녀는 형제관계에서도 대립적인 성향을 보였다. 이는 많이가 떠나간 아버지의 역할을 대신해 동생들을 권위적으로 다루어 형제간에 갈등을 빚는 것으로 볼 수 있다. 이러한 갈등을 줄이기 위해서는 이혼가정 부모로 하여금 부모역할에 충실하도록 하여 가족 간의 갈등을 줄일 수 있도록 해야 하겠다.

이혼가정 자녀는 학교생활에서도 어려움을 겪는다. 이들이 겪는 학교생활의 어려움은 교사가 갖고 있는 이혼가정에 대한 편견 때문이기도 하다. 교사는 이혼가정 자녀에 대해 부정적인 인식을 갖고 있으며 이혼가정 자녀를 잠재적인 문제아나 비행아로 보는 경우가 많다(서영숙·황은숙, 2004). 교사가 갖고 있는 이혼가정에 대한 편견은 양부모가정 아동에게 전달되어 양부모가정 아동들이 이혼을 잘못된 것으로 인식하여 이혼가정 아동과 교류하는 것을 막을 수 있다. 이로 인해 이혼가정 아동은 학급에서 동료들과 잘 교류하지 못하고 심한 경우 왕따를 당하는 등 학교생활에 어려움을 겪는다(Smilansky, 1992).

교사가 갖고 있는 이혼가정 아동에 대해 낮은 기대감도 자녀의 학교생활에 부정적인 영향을 미친다(성정현·송다영·한정원, 2004). 교사들은 이혼가정에 대한 정형화된 인식을 갖고 이혼가정 아동이 정서적, 학업적 측면에서 양부모가정 아동보다 부족하다고 본다(Babad et al. 1982; Guttman et al, 1988; Wallerstein & Kelly, 1980). 또한 이혼가정 자녀의 행복감, 사회, 정서적 적응, 스트레스 대처능력을 부정적으로 평가하기도 한다. 교사의 이혼가정 아동에 대한 부정적인 평가는 이혼가정 아동으로 하여금 교사에 대한 불신감을 형성하게 하고 학교생활에 부적응하게 하기도 한다.

이상의 이혼가정 자녀의 어려움을 종합하면 이혼가정 자녀들은 부모의 이혼으로 심리적인 어려움을 겪고 있으며 이는 행동상의 문제로 야기되어 일탈 및 공격적인 행동을 할 수 있으며, 대인관계에도 부정적인 영향을 미치는 것을 볼 수 있었다. 그러나 이혼가정 자녀의 문제는 부모와 교사에 의해 형성되는 경우가 많으므로 이혼가정 자녀에 대한 이해가 필요함을 알 수 있다.

(2) 이혼가정 자녀의 적응

이혼가정 자녀는 이혼가정 부모와 마찬가지로 이혼으로 인한 다양한 갈등으로 적응에 어려움을 겪고 있다. 이혼가정 자녀의 적응이란 부모의 이혼으로부터 자신을 학대하거나 다른 사람에게 해를 끼치는 일이 없이 현실적으로 융통성 있게 자신의 욕구를 충족시켜 나가는 것을 의미한다. 이혼가정 자녀의 적응은 이혼을 어떻게 인식하고 있느냐에 따라 달라진다.

이혼가정 자녀가 부모의 이혼을 이해하는 양식을 Selman의 대인관계 이해 발달에 기초하여 자기중심적 단계, 자기 반성적 단계, 객관적 단계로 나누어 설명할 수 있다(서영숙 · 황은숙, 2004; 이종숙, 1997; Wallerstein & Kelly, 1980).

1단계 자기중심적 또는 주관적 단계의 아동은 부모의 이혼을 자신의 탓으로 돌리고 떠나간 부모에 대한 상실감과 불안으로 불면증, 야뇨증 등의 증상을 보이기도 한다. 이 시기의 아동은 결혼관계와 부모-자녀관계는 별개라는 것을 이해하지 못하고 남아 있는 부모마저 자신을 버리는 것은 아닌지 두려워한다. 이 시기 아동은 부모의 재혼에 대해 긍정적이어서 새엄마, 새아빠 등 새로운 가족구성에 관심을 보이기도 한다.

2단계 자기반성적 단계의 아동은 이혼에 대해 자기 방어적 자세를 취하며 사회의 부정적인 이혼가정에 대한 견해를 내면화하여 자신의 처지를 비관한다. 이 시기 아동은 자신이 착한 아이가 되면 부모가 재결합할 것이라고 생각하여 재혼에 부정적이며 떠나간 부모에 대한 그리움을 키워나간다. 그러나 그리움이 깊어질수록 찾아오지 않는 떠나간 부모에 대한 원망도 커져 분노감을 형성하게 된다.

3단계 객관적 단계의 아동은 부모의 이혼을 인정하고, 부모의 이혼은 부모-자녀관계와 별개의 것이라는 것을 깨닫고 독립적인 태도를 취하게 된다. 이 시기의 아동은 이혼에 대해 객관적으로 볼 수 있게 되면서 달라질 환경을 받아들인다. 이혼가정 아동은 부모에게도 이성파트너가 필요하다는 것을 인식하고 부모의 재혼을 권유하기도 한다. 그러나 전통적인 가치관을 내면화한 자녀는 여성은 한 남자하고만 결혼해야 한다고 생각해 부모의 재혼을 반대하기도 한다(황은숙, 2005d).

이혼 이해양식의 발달과 함께 이혼가정의 부모와 자녀는 이혼 후 적응과정을 거치게 되는데 세 단계로 구분할 수 있다(Wallerstin & Blakeslee, 1990). 첫째 단계는 이혼으로 한쪽 부모가 가정을 떠나게 되면서 새로운 가족체계를 구성하는 시기이다. 두 번째 단계는 새로운 가족체계 내에서 새로운 관계를 형성하고 새로운 생활방식에 적응해 나가는 시기이며, 세 번째 단계는 달라진 가족구성형태에 적응하면서 안정적인 생활을 유지하는 시기로 미래에 대한 계획을 세우고 추진하는 시기라 할 수 있다.

이상의 내용을 종합하면 이혼가정 아동은 부모의 이혼 후 심리적인 혼란을 보이다가 이혼의 이해양식과 적응과정을 거치면서 새로운

가족체계에 적응해 나가며 안정된 가족관계를 형성하게 된다는 것을
알 수 있다(Wallerstin & Blakeslee, 1990). 이에 따라 아동이 달라진
환경에 안정적으로 적응하여 건강한 자녀로 자라날 수 있도록 부모
에게 이혼가정 자녀에 대한 정보를 제공하여 긍정적인 부모-자녀관
계를 형성할 수 있도록 지원해야 하겠다.

2. 이혼가정 부모교육 프로그램에 대한 선행연구

이혼이 급속히 증가하고 이혼가정의 문제가 부각되면서 이혼가정
을 위한 부모교육 프로그램이 제공되었다.

가. 국외의 이혼가정을 위한 부모교육 프로그램

(1) 이혼가정을 위한 부모교육 프로그램의 내용

미국은 매년 100만 건의 이혼이 발생하여 100만 명 이상의 아동이
부모의 이혼을 경험하고 있다(Johnston & Roseby, 1997). 이혼의 증
가로 자녀양육의 문제가 심각해지면서 이혼가정의 문제를 최소화하고
이혼가정의 자녀를 보호하기 위한 이혼가정 부모교육 프로그램의 필
요성이 강조되었다. 이러한 요구에 따라 1990년대 이후 법원과 민간단
체를 중심으로 이혼가정을 위한 부모교육 프로그램을 실시하면서 최
근 들어 100개의 프로그램이 운영되고 있다(Braver et al., 1996).

미국의 이혼가정을 위한 부모교육 프로그램은 이혼자로 하여금 부모의 역할과 배우자로서의 역할을 분리하도록 하고(Emery, 1994), 이혼이 자녀에게 미치는 부정적인 영향에 대한 정보를 제공하여(유희정, 2005) 사전에 이혼가정의 문제를 예방하고자 한 것이다.

미국의 이혼가정을 위한 부모교육 프로그램은 크게 이혼가정 부모의 심리적인 안정과 적응을 강조한 프로그램(조경아, 1996; Devlin, 1992; Kaplan & Hennon, 1990; Charles & Clark, 1994; Gray, et. al, 1997)과 이혼가정 자녀를 지원하기 위한 프로그램(Roeder-Esser, 1994; Petersen & Steinman, 1994; Mcknry, Clark & Stone, 1999; Blaisure & Geasler, 1996; Kramer & Washo, 1993) 등으로 나눌 수 있다.

이혼가정을 위한 부모교육 프로그램의 주요 내용은 이혼자의 심리적인 안정을 돕는 내용(Charles & Clark, 1994; Granvold & Welch, 1977; Gray, et. al, 1997), 이혼 후 경제적인 안정을 도모하기 위한 내용(Charles & Clark, 1994), 부자가정의 부모-자녀관계 개선을 위한 내용(Devlin, 1992; Granvold & Welch, 1977), 재혼 준비를 위한 내용(Kaplan & Hennon, 1990) 등이다.

이혼가정 부모의 적응을 돕기 위한 프로그램의 내용은 이혼가정 자녀의 어려움을 이해하고(Mcknry, Clark & Stone, 1999) 이를 해소할 수 있도록 돕는 내용(유희정, 2005; Carroll & Fraze, 2001; Kramer & Washo, 1993; Gray, et. al, 1997)과 자녀를 학대할 수 있는 상황에서 상호 존중할 수 있도록 하는 내용들이 제시되고 있다. 또한 이혼한 부부가 자녀의 양육을 위해 이혼 후에도 관계를 유지하고 이혼에 대한 개념화를 형성할 수 있도록 하는 내용도 다루어지고 있다(Mcknry, Clark & Stone, 1999).

　　이상의 이혼가정 부모와 자녀를 위한 부모교육 프로그램을 보면
미국의 이혼가정 부모교육 프로그램은 이혼가정 부모의 심리적인 안
정과 이혼가정 아동을 보호하기 위해 부모의 역할 증진을 위한 프로
그램이 보편적으로 이루어지고 있음을 볼 수 있다.

〈표 Ⅱ-1〉 미국의 이혼가정을 위한 부모교육 프로그램

프로그램 명	실시방법	집단설계	분석요인	실시자
Granvold & Welch의 부모교육 프로그램 (1977)	7회 3시간씩	이혼준비자와 이혼자 96명을 대상으로 사후평가	-이혼 후의 감정조절 -전 배우자와의 관계 -가족과 친구들과의 관계 -자녀와의 관계 개선 정도 -직업적응 -성적 적응 정도	연구자 2명
Devlin의 부모교육 프로그램 (1992)	6회 1시간 30분씩	이혼준비 또는 이혼한 아버지 30명을 대상으로 실험집단(15명)과 통제집단(15명)의 비교설계	-이혼 후 자녀양육 -이혼 후의 충격 -부모-자녀 의사소통 -자녀에게 이혼이야기하기 -공동부모역할 증진 -사회지원망 활용	상담 전공자 3명 (남자 2명 여자 1명)
Kaplan 등의 부모교육 프로그램 (1992)	1주 3회 총8시간	재혼을 하려고 하거나 재혼한 사람들을 대상으로 사후 평가	-재혼에 대한 인식 -9가지 가족역할 모델 -역할 수행 대처방법 -효과적인 의사소통 -가족의 역할, 범위, 기대 재인식	전공 교수와 가족 카운슬러
Charles & Clark의 부모교육 (1994)	2-3주에 한 번씩 14번의 소식지 전달 (총 8개월 소요)	이혼 후 2-8개월 된 92명의 여성을 대상으로 실험집단(43명)과 통제집단(49명)의 비교설계	-심리적 적응과 사회관계망 형성 -취업 및 경제적인 자 -자녀양육 증진	4명의 연구자
Gray 등의 부모교육 프로그램 (1997)		사전검사(275명)와 6개월 후 사후검사 차이검증	-이혼하는 부부의 갈등 -이혼 후 자녀의 변화인식 -양육관련 법률내용 -강제적인 부모교육에 대한 느낌	연구자 4명

(2) 이혼가정을 위한 부모교육 프로그램의 실시방법

미국의 이혼가정을 위한 부모교육 프로그램은 법원을 중심으로 이루어지고 있다. 프로그램을 실시하는 기관은 법원과 연계된 민간기관에서 운영하는 경우가 많으나 대학 연구소, 종교기관 등에서 단독적으로 운영하기도 한다(Braver, Salem, Pearson & KeLuse, 1996).

여러 연구(김재연, 2004; 유희정, 2005; Blaisure & Geasler, 1996; Charles & Clark, 1994; Devlin, 1992; Granvold & Welch, 1977; Stone, McKenry & Clark, 1999)에 의하면 미국의 이혼가정 부모교육 프로그램은 강제성을 띠어 의무적으로 참석하도록 하고 있으나 부모교육 프로그램의 회기, 시간, 실시자, 등록비 등 프로그램의 운영 방식은 다소 차이를 보이고 있다.

이혼가정을 위한 부모교육 프로그램은 이혼가정 부모와 이혼을 준비하는 사람들을 위한 것으로 이혼을 청구한 날로부터 30일에서 45일 전후에 프로그램에 참여하도록 하고 있다. 부모교육 프로그램의 회기는 1회기에서 14회 이상까지 다양하게 진행되고 있으나 의무적으로 참석하는 부모교육은 대부분 1회기로 구성되어 있고 필요에 의해 자발적으로 참여하는 경우는 6-8회기 등 장기 프로그램으로 진행되고 있다. 프로그램의 진행 시간도 실시 기관마다 차이를 보이고 있다. 적게는 1시간에서 많게는 8시간까지 진행되고 있으나 대체로 2-4시간 정도 진행하는 경우가 보편적이다. 프로그램의 실시 주기는 한 달에 한 번, 또는 격주로 진행되는 경우가 많으며 매주 진행되기도 한다.

프로그램의 운영방식은 이혼가정 부모들이 직접 기관을 방문하여 부모교육을 받는 것이 일반적이지만 프로그램에 참여하기 어려운 경우 소식지 등을 가정으로 보내 학습하도록 하는 방법을 취하기도 한다. 교육기관을 직접 방문해 부모교육에 참여하는 경우 프로그램의 성격에 따라 강사 중심의 강의식 수업형태를 보이거나 또는 집단상담 형태로 제공될 수 있다. 이 경우 프로그램 실시자의 역할도 달라져 교육적인 정보를 제공하는 프로그램은 상담자, 심리학자, 사회복지사, 가족치료사, 판사, 변호사, 법원 직원, 교사, 간호사 등 다양한 전문가들을 참여시키고 있다. 그러나 이혼가정 부모교육 프로그램이 이혼가정의 심리적인 문제를 다루고 장기 프로그램으로 진행될 경우는 한 명의 전문 실시자에 의해 진행되기도 한다.

교육 실시방법은 토의 및 역할극, 비디오테이프 시청 등이 활용되며, 그 외 프로그램 매뉴얼, 워크북, 책자 등을 제공하여 프로그램을 진행하기도 한다. 또한 교육 후에는 과제를 내어 주어 다음 회기까지 집에서 훈련하도록 하고 있다. 프로그램의 운영비는 법원의 보조와 참여자의 등록비로 충당된다. 등록비는 21-50 정도지만 수입에 따라 차등적으로 부과하거나 무료로 진행하기도 한다.

이혼가정 부모교육에 대한 이혼가정 부모의 만족도를 보면(유희정, 2005; Arburhnot & Gordon, 1996; Frieman, Garon & Garon, 2000; Kramer & Washo, 1993; Petersen & Steinman, 1994; Stone et al., 1999) 이혼가정 자녀에 대한 이해를 높이고, 부모의 부정적인 행동을 변화시키며, 전 배우자와의 갈등을 감소시키고 협력적인 부모역할을 증진시켜 이혼 후 적응에 도움을 주는 것으로 나타났다. 그러나 이혼가정을 위한 부모교육 프로그램이 이혼가정 부모의 태도를 변화시켜 자녀에게 도움이 되기는 하지만(Fisher, 1997) 그 변화가 의미 있는 정도는 아니라는 지적도 있다(Zibbell, 1992).

이상의 내용을 종합하면 미국의 이혼가정 부모를 위한 프로그램은 법원 중심으로 이루어지며 이혼가정 자녀를 보호하고 이혼가정 부모의 심리와 부모-자녀관계를 개선하기 위한 내용으로 진행되고 있음을 알 수 있다. 프로그램의 실시방법은 참가자의 요구에 따라 다양하게 진행되며 프로그램에 대한 만족도도 높은 것을 볼 수 있다.

나. 국내의 이혼가정을 위한 부모교육 프로그램

우리나라는 IMF 이후 이혼율이 급속도로 증가하면서 이혼가정이 매년 증가하고 있다. 하지만 이혼가정에 대한 정책은 이혼 예방 및 방지에 맞추어져 이혼가정에 대한 지원은 활발하지 못한 편이다. 최근 정부는 이혼가정을 위한 부모교육 프로그램에 대한 중요성을 인식하고 민간단체를 후원하여 부모교육 프로그램을 실시하도록 하고 있지만 이혼가정 부모의 요구를 반영한 부모교육 프로그램은 그리 많지 않다.

(1) 이혼가정을 위한 부모교육 프로그램의 내용

우리나라의 이혼가정을 위한 부모교육 프로그램은 연구를 목적으로 개발된 프로그램(김재연, 2004: 문현숙·김득성, 2002: 서영숙·황은숙, 2004: 성정현, 2002)과 민간기관 및 종교단체에서 실시하고 있는 부모교육 프로그램 등으로 나눌 수 있다(가건모, 2004: 한국가족상담교육단체협의회, 2004: 한국한부모가정연구소, 2004, 2005). 이들 이혼가정을 위한 부모교육 프로그램은 외국의 이혼가정 부모교육 프로그램에 비해 그 수는 적지만 외국의 이혼가정 부모교육 프로그램의 내용을 거의 포함하고 있다고 할 수 있다.

이들 이혼가정을 위한 부모교육 프로그램의 주요 내용을 보면 이혼 후 달라진 환경에 대처할 수 있도록 다양한 정보를 제공하고, 심리적인 갈등을 다루어 새로운 삶을 개척할 수 있도록 하며, 부모-자녀관계를 개선하는 데 도움을 주는 내용으로 구성되어 있다(가건모, 2004; 온누리교회, 2005; 한국가족상담교육단체협의회, 2004; 한국가정법률상담소, 2004; 한국한부모가정연구소, 2004).

각 기관에서 운영하는 프로그램의 구체적인 내용을 보면 이혼 후 여성교육프로그램(한국가정법률상담소, 2004)은 이혼 후의 환경변화에 대해 대처할 수 있도록 법적, 경제적, 정서적, 사회적 측면에서 다양한 대처방안을 모색하고 있다. 주요 내용으로는 이혼을 어떻게 받아들일 것인지를 살펴보고 집단상담, 가족법, 재산법, 세법, 재무관리, 직업 및 취업계획과 관련된 정보를 제공하고, 이혼 후 심리적 문제에 대한 대처방안, 건강관리, 자녀양육, 재혼에 대한 정보를 제공하고 있다.

이혼 후 적응프로그램(가건모, 2004)은 이혼자의 이혼 후 적응을 돕고 심리적인 갈등을 해결해 나가는 데 중점을 둔 프로그램이다. 프로그램의 주요 내용은 이혼 후 경험하는 슬픔의 과정과 어려움을 나누고, MBTI 성격검사를 통해 자신을 이해하고, 자신의 미해결된 문제를 다루며, 자녀이해하기, 부모-자녀 간 효과적인 대화기술을 익히도록 하고 있다. 또한 재혼에 대해 바로 인식하도록 도와 새로운 인생을 설계하도록 하고 있다.

Divorce Recover School 프로그램(온누리교회, 2005)은 이혼자가 이혼의 상처를 회복하고 새로운 삶을 영위해 나갈 수 있도록 돕는 프로그램으로 주요 내용은 자신에게 발생한 일들을 생각해 보고 이혼의 아픔과 상처를 극복할 수 있도록 하며 이혼 후 법적 문제 사례를 통해 공감대를 형성하고 하나님과 동행하는 삶을 살 수 있도록 하는 내용을 다루고 있다.

Divorce Care 프로그램(군포여성민우회, 2005; 새중앙상담센터, 2003)은 별거, 정서적 이혼, 법적 이혼과 같은 이혼 위기의 아픔을 겪는 이혼자들을 위한 소그룹 치유 프로그램이다. 주요 내용은 이혼의 과정과 후유증을 살펴보고, 회복에 이르는 12단계 원리를 알아보고 있다. 또한 이혼 후 느끼는 분노, 수치감과 죄책감, 외로움과 우울증 등에 대처하는 방법을 다루어 이혼의 아픔을 치유하도록 하고 있다.

한부모가정 부모교육 프로그램(2004)은 이혼가정의 부모에게 자신의 현실을 인정하고 미래에 대한 의지를 심어 주어 자아존중감을 회복시키고 자녀에 대한 깊은 애정을 가질 수 있도록 도우며 경제적인 안정을 위한 직업훈련 및 알선 등의 내용을 다루고 있다. 주요 내용은 자존감 향상 프로그램, 아동 학대방지프로그램, MBTI, MMPI 등 심리검사, 직업알선 프로그램 등으로 진행되고 있다.

한부모가정의 부모－자녀관계 향상교육 프로그램(한국가족상담교육단체협의회, 2004)은 아버지용, 어머니용, 자녀용 프로그램으로 나누어져 있다. 이 프로그램은 건강한 부모－자녀관계를 만들기 위해 인간관계훈련, 대화교실 훈련에 중점을 두고 운영되고 있으며 집단에 따라 프로그램의 회기, 회기별 시간 등을 자유롭게 선택하도록 하고 있다.

이혼가정 부모－자녀관계 개선 프로그램(한국한부모가정연구소, 2005)은 이혼가정 부모와 자녀 간의 효과적인 의사소통을 위하여 체계적인 부모교육을 실시하여 자녀양육에 따른 부모역할을 강조하고 있다.

주요 내용은 이혼가정 부모의 역할을 증진하여 자녀의 자존감을 향상시키고, 이혼가정 자녀를 이해하고 가정과 학교에서 책임감과 협동심을 키울 수 있도록 하고 있다. 또한 이혼가정과 관련된 문제가 발생할 때 자녀 스스로 문제를 해결해 나갈 수 있도록 용기와 문제해결력을 키울 수 있는 방법 등을 제시하고 있다.

재혼클리닉(온누리교회, 2002)은 이혼이나 사별의 아픔을 극복하고 재혼을 희망하는 재혼 예정 커플이나 재혼부부를 대상으로 재혼의 바른 가치관을 심어 주고자 마련된 프로그램이다. 주요 내용은 이혼 후의 어려움을 극복하였는지를 살피고 재혼가정에서의 부부역할, 부모역할을 점검하고, 행복한 재혼을 위한 부부역할 등을 다루고 있다.

이혼가정 부모를 위한 부모교육 프로그램의 내용을 종합해 보면 이혼가정 부모교육 프로그램은 주로 이혼가정 부모의 심리, 자존감 향상, 부모-자녀관계 개선, 자녀양육, 법률정보, 재혼준비 등의 문제를 집중적으로 다루어 이혼가정의 적응을 돕고 있는 것을 볼 수 있다.

(2) 이혼가정을 위한 부모교육 프로그램의 실시방법

국내 이혼가정 부모를 위한 부모교육 프로그램은 소수 민간단체 및 종교단체를 중심으로 운영되고 있으나 정부지원을 받고 있는 기관은 그리 많지 않다.

이혼가정을 위한 부모교육 프로그램의 실시방법을 보면 프로그램의 실시회수는 1회에서 14회까지 다양하게 진행되고 있으나 주로 5회에서 12회 정도의 프로그램이 진행되고 있다. 프로그램 실시시간은 1시간 30분부터 3시간까지 진행되고 있으나 주로 2-3시간 정도 실시되고 있다(가건모, 2004; 온누리교회, 2005; 한국한부모가정연구소, 2005). 프로그램의 교육방식은 교육장을 직접 방문해 교육에 참여하는 방식을 취하고 있었다.

프로그램 실시방법은 강의식 또는 집단상담 형태를 취하고 있다. 즉 교육을 목적으로 하는 경우는 강의식 수업을 통해 정보를 효과적으로 제공하고 있으며 집단상담 형태를 취하는 경우는 정보의 양보다 심리적인 안전과 현실극복에 대한 도전의식을 고취시키는 데 주력하고 있다. 정보전달을 목적으로 하는 경우는 이혼가정 부모에게 법률정보, 세무정보 등 필요한 정보를 제공하고 있고, 집단상담의 성격을 띠는 경우는 이혼가정 부모의 심리, 현실극복, 자녀문제 등을 집중적으로 다루고 있다.

프로그램 실시와 관련해 프로그램의 실시자는 프로그램의 주제에 따라 교수, 상담가, 변호사, 세무사, 교육자 등 각 분야의 전문가를 초빙하는 경우(가건모, 2004; 한국가정법률상담소, 2004; 온누리교회, 2005)와 한 명의 실시자에 의해 진행되는 경우(한국한부모가정연구소, 2005)가 있다. 각계 전문가를 초빙하는 경우 깊이 있는 정보를 얻을 수 있지만 이혼가정 부모 개개인의 심리적인 문제와 고충을 덜어주는 데는 한계가 있을 수 있다. 반면 한 명의 실시자에 의해 진행되는 경우는 이혼가정 부모의 어려움을 진지하게 다룰 수는 있지만 전문적인 지식을 제공하는 데는 한계가 있을 수 있다. 따라서 한 명의 실시자가 전 회기를 진행하도록 하려면 한부모가정지도사와 같이 이혼가정에 대한 전문교육과정을 이수한 자로 하여금 진행하도록 하여야 한다고 사료된다.

〈표 Ⅱ-2〉 국내 주요 이혼가정 부모교육 프로그램

	프로그램	회기	주요 활동	강사자격	실시기관
4	이혼가정 여성교육 프로그램	10회기 90분	이혼, 어떻게 받아들일 것인가? 집단상담 가족법 재산법, 세법, 재무관리 취업계획 캠프 이혼 후 심리, 정서적 문제 건강관리 자녀양육 재혼	각 분야 전문가	한국 가정 법률 상담소 (2004)
5	이혼 후 적응 프로그램	8회기 2시간	슬픔의 과정과 어려움 나누기 MBTI 성격검사 자신의 미해결된 문제 다루기 자녀이해 부모-자녀 간 대화기술 재혼 바로보기 내안의 아름다운 나 용서하기와 새로운 인생설계하기	이혼 전문가	가건모 (2004)
6	Divorce Care 프로그램	14회 3시간	이혼의 과정과 후유증 회복에 이르는 12단계 이혼의 현실직면 분노대처하기 수치감과 죄책감 다루기 외로움과 우울증 대처하기 나는 왜 그런 배우자를 선택했을까? 용서와 화해 이해하기 이혼가정의 자녀양육 이성교제와 가정회복	각 분야 전문가	군포 민우회 (2005) 새중앙 상담센터 (2003)
7	Divorce Recover School	5회 2시간	왜 나에게 이런 일이 일어났을까? 아픔과 상처 극복하기 이혼 후 법적 문제 사례 우리 아이는 어떻게 하고 있나 하나님과 동행하는 삶	각 분야 전문가	온누리 교회 (2005)

	프로그램	회기	주요 활동	강사자격	실시기관
1	이혼가정 부모-자녀 관계개선 프로그램	6회 2시간	이혼가정 부모의 역할 자존감 형성하기 이혼가정 자녀이해하기 책임감 키우기 서로 협력하기 이혼문제 해결하기	한부모 가정 지도사	한국 한부모 가정 연구소 (2005)
2	한부모 가정의 부모자녀 관계 향상교육 프로그램	4회 2시간	부모-자녀관계 만들기 인간관계훈련 대화교실 교실	교육 수료자	한국가족 상담교육 단체협의회 (2004)
3	한부모 가정 부모교육 프로그램	12회 2시간	자존감 향상 프로그램 아동 학대방지프로그램 MBTI, MMPI를 통한 성격알기 직업알선 프로그램	한부모 가정 지도사	한국 한부모 가정연구소 (2003)
4	재혼 클리닉	5-8회	나는 치유되는가? 재혼가정에서의 부부역할 축복된 가정 바로 세우기 성공적인 재혼가정을 위한 부부역할	각 분야 전문가	온누리 교회 (2002)

프로그램 참가비는 기관마다 차이를 보이는데 무료(한국한부모가정연구소, 2005)로 진행하거나 3-10만 원(군포여성민우회, 2004: 새중앙상담센터, 2003: 온누리교회, 2005) 정도의 비용을 받기도 한다.

이상의 내용을 종합해 보면, 국내 이혼가정을 위한 부모교육 프로그램은 외국의 이혼가정을 위한 부모교육 프로그램과 같이 이혼가정 부모와 자녀의 이혼 후 심리와 부모-자녀관계 개선 등을 목적으로 운영되고 있는 것을 볼 수 있다. 이러한 공통점은 우리나라의 부모교육 프로그램 관련 연구가 서구의 연구를 이론적인 배경으로 삼고 있기도 하지만 동서양을 막론하고 이혼가정이 겪고 있는 어려움의 정도가 서로 유사하기 때문에 이혼가정을 위한 부모교육 프로그램의 내용이 같은 맥락 안에서 다루어지고 있는 것으로 사료된다.

그러나 이혼가정 부모교육 실시방법에서는 동·서양 간에 차이점을 보이고 있다. 즉 미국의 경우 이혼가정 부모교육 프로그램이 법원중재 프로그램으로 의무적인 성격을 띠고 있는 반면 우리나라의 경우는 자발적인 참여에 의한 부모교육 프로그램이 진행된다는 점이다. 또한 우리나라는 서구에 비해 이혼가정 부모교육 프로그램이 활발히 전개되지 못하고 간헐적으로 운영되고 있으며 프로그램 운영기관도 소수에 그치고 있다.

이를 볼 때 우리나라도 이혼가정을 위한 부모교육 프로그램을 활성화하여 전국으로 확대 실시될 수 있도록 제도적인 뒷받침이 이루어져야 하겠다.

3. 모·부자가정에 대한 정부지원정책과 문제점

우리나라 정부는 모·부자가정의 범위에 이혼가정을 포함시켜 정부지원을 제공하고 있다. 이에 정부의 모·부자가정 지원정책과 문제점에 대해 살펴보고자 한다.

가. 모·부자가정에 대한 정부지원정책

모·부자복지법은 1989년 모·부자가정이 건강하고 문화적인 생활을 영위할 수 있도록 하기 위해 생활안정과 복지증진을 목적으로 제정되었다. 모·부자가정이란 배우자와 사별 또는 이혼했거나 유기된

세대주가 만 18세 미만의 자녀를 양육하고 있는 가정으로 정의할 수 있다(모·부자복지법 제4조).

모·부자가정에 대한 정부지원정책을 모·부자복지법에 근거하여 살펴보면 다음과 같다. 먼저 동법 제2조[1]는 모·부자가정의 복지 증진을 위해 국가와 지방자치단체의 책임과 모든 국민의 협력을 당부하고 있다. 이에 따라 국가와 지방자치단체는 모·부자가정의 생활안정과 복지증진을 위해 다각적인 지원을 제공하여야 한다.

정부가 보호해야 할 모·부자복지법의 보호대상자는 동법 제5조[2]에 의한 모·부자가정이며 동법 시행규칙 제3조[3]에 의해 최저생계비, 소득수준 및 재산 정도를 고려해 보호대상자를 선정하고 있다. 이에 따라 모·부자복지법에 근거한 보호대상자는 전체 모·부자가정 1,240천 가구(통계청, 2005)의 약 5-6%선인 68천 가구에 그치고 있다.

정부의 모·부자가정 지원내용을 보면 복지급여, 복지자금대여, 국민주택의 분양 및 임대, 보호시설 입소 등을 들 수 있다. 복지급여로는 모·부자복지법 제12조[4]에 의해 생계비, 자녀학비, 아동양육비 등

---

1) 제2조(국가 등의 책임) ① 국가와 지방자치단체는 모·부자가정의 복지를 증진할 책임을 진다.〈개정 2002. 12. 18〉 ② 모든 국민은 모·부자가정의 복지증진에 협력하여야 한다.〈개정 2002. 12. 18〉

2) 제5조(보호대상자의 범위) 이 법에 의한 보호대상자는 제4조1호 내지 제3호에 해당하는 자로서 보건복지부령이 정하는 자로 한다.〈개정 97. 12. 13 법5454. 2002. 12. 18〉

3) 시행규칙3조(보호대상자의 범위) ① 법 제5조의 규정에 의한 보호대상자의 범위는 보건복지부장관이 매년 보호대상자의 최저생계비. 소득수준 및 재산 정도 등을 고려하여 보호의 종류별로 정하는 기준에 해당하는 모·부자가정으로 한다.〈개정 96. 1. 17. 2003. 7. 9〉

4) 제12조(복지급여내용) ① 국가 또는 지방자치단체는 제11조의 규정에 의한 복지급여신청이 있는 경우 다음 각호의 복지급여를 실시할 수 있다. 다만, 이 법에 의한 보호대상자가 국민기초생활보장법 등 다른 법령에 의하

이 지급된다. 정부에서 지원하는 생계비는 모자보호시설에 입주한 국민기초생활보호 수급자에게 가구원 1인당 약 10만 원씩 지급되며, 자녀학비는 고등학교에 재학 중인 자녀에게 입학금과 수업료를 지원하고 있다. 아동양육비는 만 6세 미만 자녀에게 지급되는 것으로 월 5만 원을 제공하고 있다. 이러한 복지급여는 모·부자가정의 생활안정에 미치지 못하는 금액이라 할 수 있다.

복지자금 대여는 동법 제13조[5])에 의해 사업자금, 아동교육비, 의료비, 주택자금 등 복지를 위하여 필요한 자금을 대여할 수 있다고 되어 있다. 이 자금의 대여기관은 농협이며 1인당 대여한도는 2,000만 원 이내로 연리 4%의 고정금리를 적용하고 있다.

국민주택의 분양 및 임대는 동법 제18조[6])에 의해 국민주택을 분양하거나 임대하는 경우 모자가정에게 우선 분양될 수 있도록 노력해야 한다고 되어 있다. 이에 따라 매년 연명부를 작성해 관리하고 있으며 기 조사된 모·부자가정 중에서 해당자를 선정하고 있다.

여 보호를 받고 있는 때에는 그 범위 안에서 이 법에 의한 급여를 하지 아니한다.〈개정 99. 9. 7〉 ≪시행일 2000. 10. 1≫ 1. 생계비, 2. 아동교육지원비, 3. 직업훈련비 및 훈련기간 중 생계비, 4. 아동양육비, 5. 기타 대통령령이 정하는 비용. ② 제1항의 규정에 의한 복지급여는 보건복지부령이 정하는 기간을 단위로 하여 이를 실시한다.〈신설 98. 12. 30〉

5) 제13조(복지자금 대여) ① 국가 또는 지방자치단체는 모·부자가정의 생활안정과 자립을 촉진하기 위하여 다음 각호의 1의 자금을 대여할 수 있다.〈개정 2002. 12. 18〉 1. 사업에 필요한 자금, 2. 아동교육비, 3. 의료비, 4. 주택자금, 5. 그 밖에 대통령령이 정하는 모·부자가정의 복지를 위하여 필요한 자금. ② 제1항의 규정에 의한 대여자금의 한도, 대여방법 및 대여절차 기타 필요한 사항은 대통령령으로 정한다.

6) **제18조(국민주택의 분양 및 임대)** 국가 또는 지방자치단체는 주택건설촉진법이 정하는 바에 의하여 국민주택을 분양하거나 임대하는 경우에는 모·부자가정에 일정비율이 우선 분양될 수 있도록 노력하여야 한다.〈개정 2002. 12. 18〉

보호시설에 대해서는 동법 제19조에 의해 모자보호시설, 모자자립시설, 미혼모시설, 일시보호시설 등을 두고 있다. 그러나 시설의 수가 2005년 77개소에 그쳐 이혼가정 부모들을 수용하기에 부족한 실정이다.

이상의 내용을 종합해 보면 정부는 모·부자가정을 지원하기 위해 모·부자복지법을 제정하고 복지급여, 시설보호, 복지자금 대출, 임대주택 입주 등의 서비스를 제공하고 있으나 극소수 대상자에 한하여 지원되고 있고 지원내용도 부족하여 모·부자가정의 생활안정과 복지증진에 큰 도움이 되지 못하고 있다고 할 수 있다. 따라서 모·부자복지법의 문제점을 살펴 이를 개정하는 방안을 모색하여야 하겠다.

나. 모·부자복지법의 문제점

모부자복지사업 안내(2005)의 모·부자가정 선정기준에 의하면 정부는 모·부자복지법 제5조[7] 및 동법 시행규칙 제3조[8]와 사회보장기본법 제5조[9] 및 제6조[10]에 근거하여 보호대상자를 선정하고 있다.

---

7) **제5조(保護對象者의 범위)** 이 法에 의한 保護對象者는 제4조제1호 내지 제3호에 해당하는 者로서 保健福祉部令이 정하는 者로 한다.

8) 제3조(보호대상자의 범위) ① 법 제5조의 규정에 의한 보호대상자의 범위는 보건복지부장관이 매년 보호대상자의 최저생계비·소득수준 및 재산정도 등을 고려하여 보호의 종류별로 정하는 기준에 해당하는 모·부자가정으로 한다.〈개정 96. 1. 17, 2003. 7. 9〉 ② 삭제〈99. 10. 1〉.

9) 제5조 (국가 및 지방자치단체의 책임) 국가 및 지방자치단체는 국가발전의 수준에 부응하는 사회보장제도를 확립하고 매년 이에 필요한 재원을 조달하여야 한다.

10) 제6조 (국가등과 가정) ① 국가와 지방자치단체는 가정이 건전하게 유지되고 그 기능이 향상되도록 노력하여야 한다. ② 국가와 지방자치단체는

이는 선정기준에 부합한 모·부자가정에 한하여 서비스를 제공하는 것으로 모·부자가정의 상당수는 정부지원을 제공받지 못하고 있다.

이에 정부의 모·부자가정의 문제점을 소득인정액 산출의 문제, 지원대상의 문제, 급여의 문제, 보호시설, 임대주택의 분양, 복지자금, 상담 및 부모교육 서비스 부재 등으로 나누어 제시하고자 한다.

첫째, 저소득 모·부자가정이 되기 위해서는 소득인정액이 2인 가구 기준으로 87만 원 이하여야 보호대상자로 선정될 수 있다. 이때의 소득인정액은 소득평가액과 재산의 소득환산액에 의해 산출되는데 소득평가액은 실제소득-가구특성별 지출비용-근로소득을 공제하는 것이다. 실제소득이란 가구원의 1년간의 연간소득액을 기준으로 월평균소득을 산출하는 것으로 근로소득, 사업소득, 재산소득, 기타 소득이 여기에 포함된다. 가구특성별 지출비용이란 의료비 등을 지출비용으로 인정하는 것으로 만성질환자의 의료비 등을 소득평가 시 반영하는 것이다.

실제소득에서 문제가 되는 것은 부양의무자로부터 제공받는 금품을 모두 소득으로 인정하는 것이다. 이혼가정의 부모들은 이혼 후 정부의 긴급서비스 부재로 일시적으로 부모나 형제의 도움을 받고 있다. 이 경우 부모는 이혼가정 부모에게 침식을 제공하게 되는데 이러한 도움을 모두 소득으로 산정함으로써 가족의 도움을 받고 있는 사람은 저소득 모·부자가정으로 선정될 수 없게 된다. 이로 인해 이혼가정 부모는 모·부자가정으로 선정되지 못하여 계속해서 부모의 도움을 받을 수밖에 없고 모자보호시설에 입주하여 자립할 수 있는 기회를 놓치게 된다.

사회보장제도를 시행함에 있어 가정과 지역공동체의 자발적 복지활동을 촉진하여야 한다.

앞의 경우와는 달리 이혼가정 부모로부터 적절한 도움을 받지 못하는 경우도 있다. 즉 이혼했다는 이유로 부모가 재산이 있어도 전혀 도움을 주지 않는 경우이다. 이런 경우에도 정부는 부양의무자의 책임을 강조하여 이혼가정 부모의 보호를 가족에게 맡김으로 인해 이혼가정을 위기에 몰아 놓고 있다.

이러한 문제를 줄이려면 정부는 이혼가정이 발생하면 부양의무자의 능력 여부와 관계없이 이혼가정 부모의 재산과 소득(급여 등)만을 기준으로 소득인정액을 산출하도록 해야 한다.

둘째, 재산의 소득환산액 산정의 문제를 들 수 있다. 재산의 소득환산액이란 (재산−기초공제액−부채)×소득환산율을 말한다. 이때 재산이란 일반재산, 금융재산, 승용차를 말하고 기초공제액[11]이란 가구규모와 관계없이 지역별로 일정금액을 공제해 주는 것을 말한다. 부채는 의료비부채, 학비부채, 주거부채, 일반부채 등이 포함되며, 부채공제방식은 일반재산기준 지역별 가구규모별 최고재산액[12]을 넘지 않도록 하고 있다.

문제가 되는 것은 재산의 소득환산율이 재산에 따라 엄청난 차이를 보인다는 것이다. 일반재산의 소득환산율은 월 4.17%이며, 금융재산의 소득환산율은 월 6.26%인 데 반해 1,500cc 이상[13]의 승용차의 환산율은 월 100%로 적용되고 있다. 이는 소득이 거의 없고, 재산이 없다고 하여도 승용차를 소유하고 있으면 저소득 모자가정으로 선정

---

11) 기초공제액(공제대상 기본재산액) 대도시 3,800만 원, 중소도시 3,100만 원, 농어촌 2,900만 원.

12) 가구별, 지역별 일반재산이 최고재산액은 2인 가구 대도시 5,262만 원, 중소도시 4,562만 원, 농어촌 4,362만 원이다.

13) 10년 이상 된 것은 제외.

될 수 없다는 것을 의미한다. 이러한 소득환산율의 문제는 승용차가 현대인의 필수품이 되고 있는 상황에서 현실을 외면한 것이라 할 수 있다. 따라서 소득환산율을 조정하여 장애인의 경우와 같이 2,000cc 미만의 차량을 일반재산으로 포함시켜 환산율을 4-6% 대로 낮추어야 하겠다.

셋째, 저소득 모·부자가정 지원대상의 문제를 들 수 있다. 저소득 모자가정 지원대상은 세대주인 모 또는 부와 그에 의하여 양육되는 18세 미만14)의 자녀로 이루어진 가정으로 되어 있다. 이는 저소득 이혼가정의 자녀가 만 18세 미만을 초과하면 즉시 저소득 모자가정 지원대상자에서 제외된다는 것을 의미한다. 이 경우 문제가 되는 것은 저소득 이혼가정의 자녀 중 한 명이라도 만 18세 이상이 되면 다른 자녀가 아직 만 18세 미만이라고 해도 정부지원을 받을 수 없다는 것이다. 즉 이 경우 모자보호시설에 입소할 수 없으며 생계비, 아동양육비, 아동학자금도 중단된다. 그리고 영구임대주택의 입주 등의 기회도 상실하게 되는 것이다. 자녀의 연령으로 인해 불이익을 당하지 않도록 하기 위해서는 18세 이상의 자녀와는 별개로 18세 미만의 자녀에게는 정부지원을 지속적으로 제공되어야 한다고 본다.

넷째, 복지급여의 현실화 문제를 들 수 있다. 저소득 모·부자가정이 되면 정부는 만 6세 미만 자녀에게 아동양육비 5만 원과 고등학교 자녀에게 자녀학비를 지원하고 있다. 아동양육비 5만 원은 어린 자녀를 양육하는 데 턱없이 부족한 금액이고, 자녀학비 또한 자녀를 교육시키기에는 충분하지 않은 금액이다. 저소득 모·부자가정 자녀들이 더욱 건강하고 행복하게 자랄 수 있도록 하기 위해서는 아동양

---

14) 취학 시 20세 미만.

육비 지급연령을 만 18세 미만으로 확대하고, 그 액수도 이혼 시 양육비 산출방식에 근거하여 20-30만 원 정도로 상향조정하여야 한다. 자녀학비도 가정학습, 문화체험, 보충학습 등에 사용될 수 있도록 적절하게 제공되어야 하겠다.

다섯째, 모자보호시설에 입주한 이혼가정을 위한 생계비를 들 수 있다. 모자보호시설에는 기초생활 수급자와 모자가정 보호대상이 함께 입주되어 있는데 기초생활수급자에 한하여 가구당 약 월 10만 원의 생계비를 지급하고 있다(여성가족부, 2005). 그로 인해 같은 시설에 입주하고 있는 모·부자가정이라 해도 생계비를 지급받는 가구와 그렇지 않는 가구로 나누어지게 된다. 이에 따라 가구원 간 상대적인 빈부 차이가 발생하여 집단 간 위화감이 발생하기도 한다. 따라서 모자보호시설에 입주한 모·부자가정 모두에게 생계비를 지급하여 빈곤감에 빠지지 않도록 해야 하겠다.

여섯째, 모자보호시설의 부족과 낙후된 환경을 들 수 있다. 이혼가정 부모는 주거문제를 해결하기 위해 모자보호시설에 입주하기를 희망하지만 모자보호시설에 입주하지 못하는 경우가 많다.

우리나라의 이혼가정 보호시설은 2005년 현재 모자보호시설(40개소, 1086세대), 모자자립시설(4개소, 61세대), 모자일시보호시설(14개소, 459명), 미혼모시설(10개소, 412명), 양육하는 미혼모를 위한 시설(9개소, 90명) 등 총 77개소이다(여성가족부, 2005). 이러한 시설 수는 우리나라 모·부자가정 가구가 124만 가구인 것을 감안하면 턱없이 부족한 실정이다.

모자보호시설의 가구당 규모는 방 1칸이 대부분이어서 생활하는 데 불편을 초래하고 있다. 한방에서 모와 남녀 청소년기 자녀들이 함께 생활해야 하는 불편함이 있고, 또 대학입시를 준비해야 하는 이혼가정 자녀들이 공부방도 없이 생활하기 때문에 학습부진의 요인으로 작용하기도 한다.

이러한 문제를 해결하기 위해서는 모·부자복지시설을 확대 신설하고 가구별 공간 수도 방 2개-3개 정도 확보하여 쾌적한 주거공간을 마련해 주어야 하겠다. 또한 기존의 시설도 개선하여 방 2개 이상으로 리모델링하여 제공되어야 한다고 본다.

일곱째, 복지자금 대여의 문제를 들 수 있다. 정부는 저소득 이혼가정의 생업기반을 조성하고 조기자립과 생활안정을 도모하기 위해 모·부자복지법에 근거한 복지자금[15]을 대여하고 있다. 그러나 대출 대상자의 선정기준이 까다로워 복지자금을 대출받은 경우는 그리 많지 않다. 대출대상자가 되기 위해서는 근로능력 및 자립자활 의지가 뚜렷하고 현실성 있는 사업계획을 제시해야 하는데 저소득 모·부자가정 부모는 저학력, 노동직종에 근무하는 경우가 많아 사업계획을 작성해 제출하는 것이 현실적으로 쉽지 않다. 뿐만 아니라 사업계획서를 작성했다고 해도 해당 은행에서 연대보증인을 요구하여 보증인을 확보하지 못해 대출을 포기하기도 한다.

이러한 문제를 해결하기 위해서는 이혼가정 부모가 복지자금을 신청받고자 할 때는 사업계획을 작성할 수 있도록 정보를 제공하여야 하며 연대보증인을 신용보증으로 대체하는 방법을 모색해야 하겠다.

여덟째, 국민임대주택 입주의 문제이다. 정부는 지방자치단체가 관리하는 국민임대주택(아파트) 중 일정량을 저소득 이혼가정에게 우선 공급한다고 하고 있으나 공급수요가 너무 부족해 수년씩 기다려

---

15) 모·부자복지법 제13조(복지자금대여), 동법시행령 제15조, 16조, 17조(복지자금 대여한도, 대여절차, 상환방법 등), 동법 시행규칙 제8조, 9조(복지자금의 대여신청, 복지자금대여 관리카드).

야 하는 문제가 발생하고 있다. 또한 입주순위가 자녀 수, 장애유무에 따라 달라지고, 자녀 수가 많은 경우는 임대주택이 작은 평이어서 들어가지 못하거나, 평형에 따라 보증금이 많아지면서 입주를 포기하는 경우도 있다.

이러한 문제를 해결하기 위해서는 임대주택 물량을 확대하여 오랜 기간 기다리지 않도록 하고, 입주 순서도 자녀 수, 장애유무와 관계없이 어려움에 처한 모든 이혼가정 부모가 정부지원을 받을 수 있도록 균등한 기회를 제공해야 하겠다. 또한 모·부자가정이 주택을 이주해야 할 경우 차액의 전세자금을 대출해 주는 방안을 모색해야 하겠다.

아홉째, 이혼가정 부모를 위한 모자보호시설의 자립지원프로그램 개발 부재를 들 수 있다. 정부는 모자보호시설의 모자가정을 위한 자립지원프로그램을 개발하도록 권장하고 있으나 모자보호시설에서 이혼자를 대상으로 자립지원프로그램을 개발하고 있는 경우는 찾아보기 드물다. 이러한 이유로 모자보호시설의 종사자들은 자체 시설관리만으로도 과중한 업무에 시달리고 있고, 프로그램을 개발할 전문지식을 갖고 있지 못한 경우가 많아 개발에 대한 스트레스를 받을 수 있다. 따라서 자체 개발보다는 외부 전문기관의 자립지원프로그램을 시설에서 실시할 수 있도록 하는 것이 바람직하다 하겠다.

이혼가정 부모를 위한 자립지원프로그램은 경제적인 자립을 위한 직업교육 및 훈련프로그램과 이혼가정의 부모와 자녀의 현실극복 및 홀로서기를 돕는 이혼가정 부모교육 프로그램 등이 제공되어야 한다.

열 번째, 무료상담 및 부모교육 부재를 들 수 있다. 모·부자복지법 제17조[16)에 의하면 모자가정의 모와 아동에게 전문사회사업서비

---

16) **제17조 (전문사회사업서비스)** 국가 또는 지방자치단체는 모·부자가정의 모 또는 부와 아동에게 전문사회사업서비스를 제공하도록 노력하여야 한

스를 제공하도록 노력해야 한다고 되어 있다. 전문사회사업서비스는 모·부자가정에 경제적인 원조뿐 아니라 비경제적인 원조를 제공하여 모·부자가정의 복지증진을 도모하고 자립을 지원하는 것을 의미한다(조원탁, 2004).

그러나 모·부자복지법의 전문사회사업서비스는 선언적인 조항으로 굳어져 이혼가정을 위해 어떤 도움도 제공하고 있지 못하고 있다. 모·부자가정은 이혼, 사별 등으로 분노감, 불안감, 우울감 등의 심리적인 어려움과 자녀양육의 어려움을 겪고 있다. 따라서 모·부자복지법의 지원내용에 무료 집단상담 및 부모교육 서비스를 포함시켜 모·부자가정이 건강한 가정으로 육성될 수 있도록 해야 하겠다.

열한 번째, 의료비 지원 부재를 들 수 있다. 모·부자가정은 이혼, 사별 등으로 심리적인 어려움을 겪고 있어 정신적, 신체적인 질병으로 발전할 가능성이 높다. 실제로 이혼가정 부모들 중 상당수는 정신치료를 받고 있으며, 고혈압, 심장마비, 머리 아픔 등의 질병으로 입원 및 장기치료 등을 받고 있어 의료비 부담이 늘고 있어 모·부자가정에게 의료비를 제공해 주어 질병에서 벗어날 수 있도록 해야 하겠다.

이상의 내용을 종합하면 우리나라의 모·부자가정 지원정책은 모·부자가정의 건강과 문화적인 생활을 영유할 수 있도록 하기 위해 제정되었으나 이혼가정의 현실을 반영하지 못하고 있다 할 수 있다. 정부의 모·부자가정 지원정책의 내용은 주로 복지급여와 시설보호 중심으로 이루어지고 있어 이혼가정의 심리적인 어려움을 지원하는 데에는 미흡하다 하겠다.

이에 따라 모·부자가정을 위한 정부지원은 전문사회사업서비스를

다.〈개정 2002. 12. 18〉

강조하는 측면에서 무료상담 및 부모교육 서비스를 제공하는 방향으로 전환되어야 한다고 본다. 이혼가정을 위한 부모교육 프로그램은 이혼가정의 삶을 더욱 안정적이고 풍요롭게 만들어 모·부자가정 복지정책을 성공적으로 이끄는 데 기여할 것으로 기대된다.

4. 이혼가정 부모교육 프로그램 개발과 활성화 방안 연구모형

본 연구는 이혼가정 부모교육 프로그램의 개발과 활성화 방안을 위한 것으로 연구문제 1은 이혼가정 부모교육 프로그램의 요구를 조사하고, 연구문제 2는 이혼가정 부모교육 프로그램의 개발과 실시 효과를 검증하며, 연구문제 3은 이혼가정 부모교육 프로그램의 활성화 방안을 모색하고 있다. 이에 연구문제를 달성하기 위해 각 연구문제별로 연구방법과 연구결과를 제시하였다.

연구문제 1 프로그램 요구조사는 이혼가정 부모와 현장활동가들의 이혼가정 부모교육에 대한 요구를 조사하는 것으로 이혼가정 부모에게는 이혼가정 부모교육 프로그램의 교육목표와 교육내용, 실시방법 등에 대한 요구를 조사하였고, 이혼가정 부모교육 프로그램을 진행할 현장활동가에게는 이혼가정 부모교육 프로그램의 실시방법에 대한 의견을 듣고자 하였다.

연구문제 2의 이혼가정 부모교육 프로그램 개발과 실시효과는 프로그램 개발과 실시효과로 나누어졌다. 이혼가정 부모교육 프로그램 개발은 이혼가정 부모교육 프로그램의 이론적 고찰과 이혼가정 부모교육 프로그램의 요구조사 내용을 반영하여 이혼가정 부모교육 프로그램을 개발하였다. 프로그램의 실시 효과는 실험설계에 따라 실험집단과 통제집단 간의 사전, 사후, 추후검사 결과를 통계적 절차에 따라 검증하였고, 이혼가정 부모의 이혼 후 적응 및 현실극복 의지에 대한 변화과정을 질적 분석을 통해 알아보았다. 또한 이혼가정 부모교육 프로그램에 참석했던 부모들을 대상으로 프로그램 종료 후 만족도 등을 알아보고 이를 근거로 효과를 검증하고자 하였다.

연구문제 3의 이혼가정 부모교육 프로그램 활성화 방안은 사회복지시설 종사자, 사회복지전담공무원, 민간단체 활동가 등 현장활동가의 활성화 방안과 프로그램을 진행한 본 연구자가 제안하는 활성화 방안을 함께 제시하였다.

연구문제 1의 이혼가정 부모교육 프로그램의 요구조사와 연구문제 2의 이혼가정 부모교육 프로그램 개발은 이혼가정 부모교육 프로그램의 개발 확정으로 이어지고, 연구문제 2의 프로그램의 효과와 연구문제 3의 프로그램의 활성화 방안은 이혼가정 부모교육 프로그램의 활성화 방안으로 귀결된다.

본 연구의 이혼가정 부모교육 프로그램의 개발과 활성화 방안을 위한 연구모형은 체계적인 접근에 의한 상호 작용 모형으로 프로그램 개발과 보급으로 이어지는 교육과정 모형을 개발하고자 할 때 활용될 수 있는 모형으로 개발되었다.

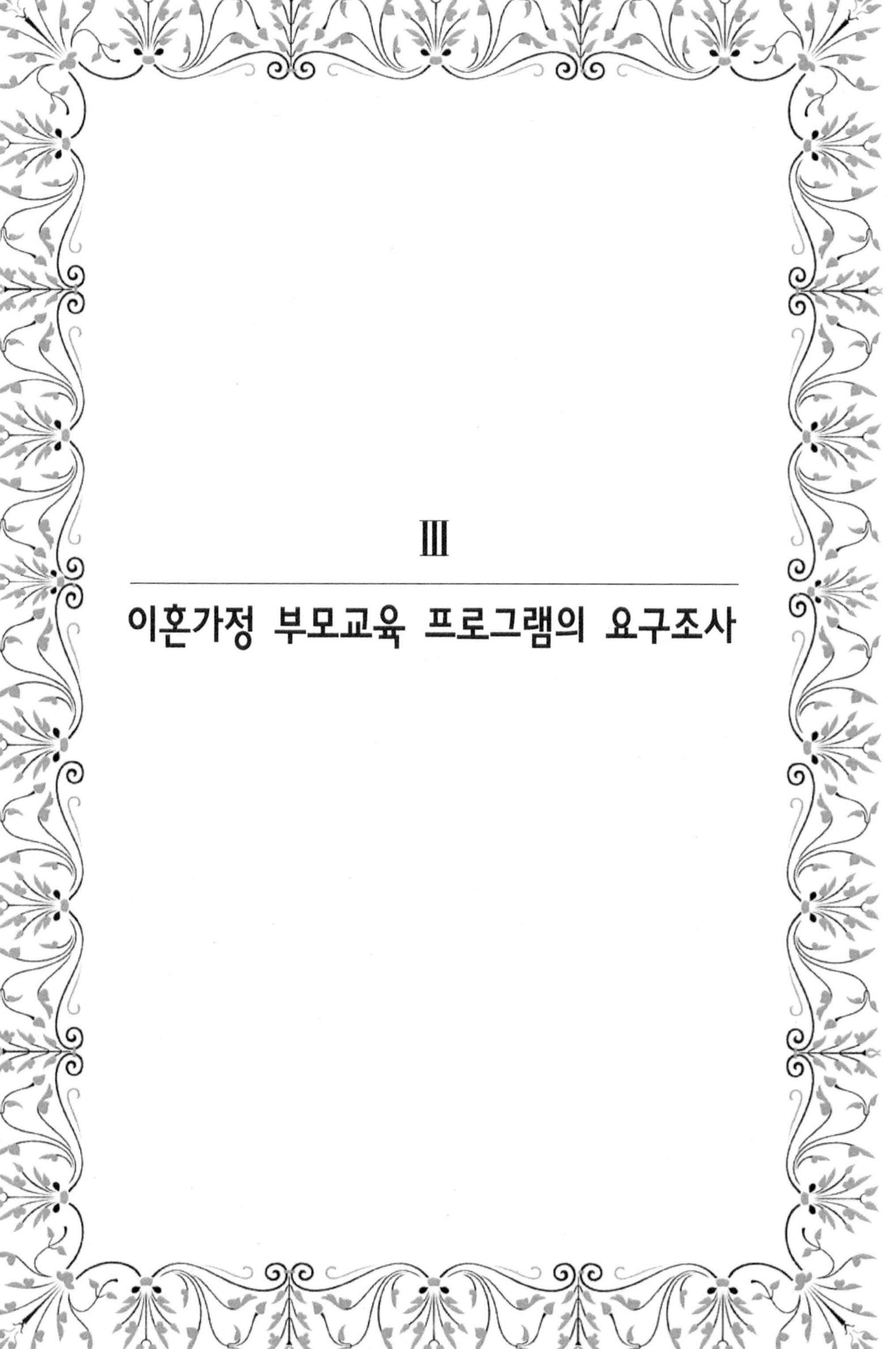

Ⅲ

이혼가정 부모교육 프로그램의 요구조사

이혼가정 부모교육 프로그램의 요구를 알아보기 위해 연구방법과 연구결과를 제시하였다.

1. 연구방법

이혼가정 부모의 이혼가정 부모교육 프로그램의 요구를 조사하기 위해 이혼가정 부모를 대상으로 프로그램에 대한 목표와 내용, 실시 방법, 이전 부모교육 경험 등에 대한 의견을 조사하였다.

가. 조사대상

이혼가정 부모교육 프로그램의 요구를 조사하기 위해 이혼가정 부모와 사회복지사, 사회복지 전담공무원, 민간단체 활동가 등 현장활동가를 대상으로 조사하였다.

(1) 이혼가정 부모

이혼가정 부모교육 프로그램의 요구조사에 응답한 조사대상은 서울시와 경기도 지역의 모자보호시설(5개소)과 사회복지관(4개소)의 서비스를 받는 이혼가정 부모 100명으로 부자가정 아버지 5명(5%)과 모자가정 어머니 95명(95%)을 임의 표집하였다.

요구조사에 응답한 이혼가정 부모의 연령은 30-40대(94명, 96%)가 가장 많았으며, 직업은 노동(15명, 16.3%), 전문기능 및 기술직(12명, 13.0%), 개인사업(3명, 3.3%) 순으로 노동 및 기술직에 종사하고 있는 사람이 대부분이었다. 그 외는 국민기초생활 수급자, 저소득 모・부자가정, 무직 등(43명, 46.7%)도 상당수 포함되어 있었다.

이들의 학력은 고졸(60명, 61.2%)이 대부분이었으나 대졸(18명, 18.4%), 대학원졸(3명, 3.1%)도 20%를 넘어 고학력자도 많이 분포되어 있는 것을 알 수 있다. 이혼가정의 월수입은 50만 원 이하가 20.4%(17명), 70만 원 이하가 24.0%(20명)로 조사대상자의 약 절반(37명, 44.4%)이 70만 원 이하의 소득을 보였다. 이혼기간은 5년 이하가 전체의 87.7%(73명)로 나타났으며, 종교는 기독교(54명, 57.4%), 불교(11명, 11.7%), 천주교(9명, 9.6%) 순이었고 무교는 20명(21.3%)으로 나타났다. 이혼가정 부모의 자녀 수는 2명(48명, 49.8%)이 가장 많았다. 이혼가정 부모교육 프로그램의 요구도 조사에 참여한 이혼가정 부모의 배경변인은 〈표 Ⅲ-1〉과 같다.

〈표 Ⅲ-1〉 이혼가정 부모의 배경 변인

(N=100)

배경변인		구 분	사례 수	백분율
성 별		남 성	5	5.2
		여 성	91	94.8
연 령		-29세	3	3.0
		30-34세	20	20.3
		35세-39세	23	23.4
		40세-44세	28	28.9
		45-50세 이상	24	24.4
직 업		사무직	9	9.8
		노 동	15	16.3
		전문기능 및 기술직	12	13.0
		전업주부	10	10.9
		개인사업	3	3.3
		기타(수급자 포함)	43	46.7
학 력		중졸 미만	10	10.2
		고 졸	60	61.2
		대 졸	18	18.4
		대학원졸	3	3.1
		기타	7	7.1
월수입		50만 원 이하	17	20.4
		50-70만 원	20	24
		70-100만 원	36	43.4
		100만 원 이상	10	12.2
이혼기간		1년 미만	5	5.1
		1년-2년	15	15.6
		2년-3년	16	16.6
		3년-5년	29	30.5
		5년-7년	13	13.6
		7년-10년	12	12.4
		10년 이상	6	6.2
종 교		기독교	54	57.4
		불 교	11	11.7
		천주교	9	9.6
		기 타	20	21.3
자녀 수		1명	29	30.2
		2명	48	49.8
		3명 이상	19	20.0
자녀의 연령	첫째	8세 미만	25	25.8
		8세-12세	23	23.7
		13-16세	31	31.9
		17세 이상	18	18.6

(2) 현장활동가

현장활동가를 대상으로 한 이혼가정 부모교육 프로그램의 요구조사는 서울과 인천, 경기도 지역 모자보호시설 6개소와 사회복지시설 16개소, 동사무소 35개소, 민간단체 14개소에서 활동하는 현장활동가 84명을 대상으로 하였다.

현장활동가의 배경변인을 보면 모자보호시설 종사자 및 사회복지시설 종사자

〈표 Ⅲ-2〉 현장활동가의 배경변인

(N=84)

배경변인	구 분	사례 수	백분율
성 별	남성	11	13.1
	여성	73	86.9
연 령	24세 이하	10	12.2
	25-29세	20	24.5
	30-34세	22	26.9
	35-39세	7	8.5
	40-44세	11	13.5
	45-49세	5	6.0
	50-54세	5	6.0
	55-59세	2	2.4
학 력	전문대졸	5	6.1
	대졸	30	36.6
	대학원졸	7	8.5
	기타	40	48.8
지 역	서울	53	57.7
	경기도	23	42.3

40명, 사회복지 전담공무원 30명, 단체활동가 14명으로 총 84명이며 이 중 여성이 73명(86.9%), 남성이 11명(13.1%)이었다. 현장활동가의 연령분포는 20-30대가 59명(72.1%)으로 가장 많았고, 근무경력은 2-3년(14명, 35.0%) 정도가 가장 많았다. 현장활동가의 구체적인 배경변인은 〈표 Ⅲ-2〉와 같다.

나. 조사도구

(1) 이혼가정 부모용

이혼가정 부모교육 프로그램의 요구조사 설문지는 최경희(1999)의 부모교육 프로그램의 연구조사 내용을 본 연구에 맞게 목표와 내용을 수정하여 사용하였다. 이혼가정 부모교육 프로그램의 요구조사 질문지는 이혼가정 부모교육 프로그램의 목표와 내용, 프로그램 실행방법에 대한 의견을 중심으로 하여 기존 부모교육 프로그램에 대한 교육 참여 경험 여부, 참여했던 부모교육 프로그램의 내용, 부모교육 후 좋았던 점, 아쉬웠던 점, 연구자가 개발한 이혼가정 부모교육 프로그램에 대한 참여 여부 등을 추가로 물었다. 요구조사 질문지의 문항 수는 목표 5문항, 내용 12문항, 실행방법 8문항, 참가 여부 1문항, 이전 부모교육관련 질문 8문항을 합해 총 34문항이었다.

이혼가정 부모교육 프로그램의 요구조사 질문지의 신뢰도는 목표 .836, 내용 .917이었고, 목표와 내용에 대한 요구는 1-5점 척도로 구성되었는데 5. 매우 중요하다, 4. 중요하다, 3. 보통이다, 2. 거의 중요하지 않다, 1. 전혀 중요하지 않다로 되어 있다.

<표 Ⅲ-3> 이혼가정 부모교육 프로그램 요구조사 질문지

영 역	요 인	문항 수	비고
프로그램 개발에 대한 의견	프로그램 목표	5	
	프로그램 내용	12	
	프로그램 실행방법	8	
	본 프로그램 참가 여부	1	
기존 프로그램에 대한 의견	부모교육 경험 여부	2	
	프로그램 내용과 실시방법	4	
	교육 후 좋았던 점	1	
	아쉬웠던 점	1	
총 계		34	

(2) 현장활동가용

현장활동가의 이혼가정 부모교육 프로그램에 대한 요구조사는 김은주(2005)의 대전시 저소득 한부모가정 지원정책연구에서 사용되었던 질문지 중 사회복지전담, 모자보호시설 종사자용을 참조하여 시설 종사자용, 사회복지 전담공무원용, 민간단체 활동가용을 제작해 사용하였다. 현장활동가용 질문지는 이전 부모교육에 대한 질문과 이혼가정 부모교육 프로그램에 대한 요구 등 총 11문항으로 되어 있다.

이혼가정을 대상으로 한 이혼가정 부모교육 프로그램의 요구조사는 2005년 3월 10일-30일까지 실시하였다.

〈표 Ⅲ-4〉 현장활동가의 이혼가정 부모교육 프로그램 요구조사 질문지

구 분	내 용	문항 수
이전 부모교육	실시방법	3
	프로그램의 내용	1
	프로그램의 욕구	1
	프로그램 참여의 어려움	1
이혼가정 부모교육 요구사항	교육시간대,	1
	회기별 진행시간대	1
	집단크기	1
	희망하는 내용	1
	개발되어야 할 내용	1
전 체		11

다. 조사절차

(1) 이혼가정 부모

이혼가정을 대상으로 한 이혼가정 부모교육 프로그램의 요구조사는 서울(총 6개소)과 인천(총 1개소), 경기도 지역(총 3개소)에 소속된 모자보호시설 5곳과 사회복지관 4곳의 도움으로 이루어졌다. 먼저 대상자 모집을 위해 서울과 경기 지역의 모자보호시설 8곳에 전화를 하여 설문지 응답을 요청하였고, 그중 5곳으로부터 허락을 받아 질문지를 시설에 보낸 후 사회복지사가 이혼가정 부모에게 전달하여 설문지를 작성하게 한 후 다시 회수하는 방법을 사용하였다.

5곳의 모자보호시설의 가구 수는 143가구에 이르나 이 중 이혼가정이 80여 가구여서 이혼가정 부모의 수만큼 질문지를 보내는 방법

을 사용하였다. 그 결과 65여 부가 회수되었다.

사회복지관의 서비스를 받고 있는 이혼가정 부모의 경우는 연구자가 직접 4곳의 사회복지관을 방문하여 35명의 이혼가정 부모에게 질문지를 작성하게 하고 그 자리에서 바로 회수하였다. 이에 따라 총 100부의 질문지가 회수되어 통계자료에 활용하였다.

(2) 현장활동가

현장활동가를 대상으로 한 이혼가정 부모교육 프로그램의 요구조사는 서울과 인천, 경기도 지역 모자복지시설(서울 6개소, 인천 1개소, 경기 3개소)과 사회복지관(서울 95개소, 경기 48개소), 동사무소(서울 522개소), 시민단체(30개소) 등에서 활동하는 현장활동가 중 모자복지시설 6곳과 사회복지시설 16곳, 동사무소 35곳, 민간단체 17곳에 종사하는 현장활동가 84명을 대상으로 하였다.

질문지 회수절차를 보면 사회복지시설 종사자의 경우는 모자보호시설 6곳과 본 연구자가 소속한 한국한부모가정연구소와 교류하고 있는 16곳의 사회복지관 종사자를 대상으로 질문에 응하도록 전화한 후 사전에 우편으로 질문지를 보내 회수하는 방법을 취하였다. 이에 따라 45부를 배부해 40부를 회수하게 되었다.

사회복지 전담공무원의 경우는 서울시 소재 동사무소 52개소 중 45개소에 직접 전화를 걸어 요구조사에 응해 줄 것을 요청한 후 이에 응한 사회복지 전담공무원 35명을 대상으로 질문지를 우편으로 보내 30부를 회수하였다.

민간단체 활동가의 경우는 전국에 산재한 이혼가정 부모를 지원하

고 있는 민간단체 30여 곳에 직접 전화를 걸어 요구조사에 응답해
줄 것을 요청하고 이에 응한 17명의 대상에게 질문지를 우송해 회수
하였다. 이에 17부의 질문지를 보냈으나 14부만 회수되었다.

라. 자료처리

이혼가정 부모교육 프로그램의 요구조사를 통해 얻은 자료는 빈도
수와 백분율을 산출하였고, 프로그램의 목표와 내용은 평균과 표준편
차 등의 기술적인 통계방법을 사용하였다.

2. 연구결과

이혼가정 부모교육 프로그램의 개발에 앞서 이혼가정 부모와 현장
활동가를 대상으로 이혼가정 부모교육 프로그램에 대한 요구를 조사
하여 그 결과를 제시하였다.

가. 이혼가정 부모의 요구조사 결과

이혼가정 부모의 이혼가정 부모교육 프로그램에 대한 요구를 알아
보기 위해 이전 부모교육 프로그램에 대한 경험, 이혼가정 부모교육
프로그램의 목표와 내용, 실시방법 등을 조사하여 이를 분석하였다.

(1) 이혼가정 부모의 이전 부모교육 프로그램에 대한 경험 여부

이혼가정 부모를 대상으로 이전 부모교육 프로그램에 대한 경험 정도를 알아본 결과 이혼가정 부모들은 부모교육 프로그램을 제공받은 경험이 있는 경우가 27.8%(27명)이었고, 그렇지 않은 경우가 72.2%(70명)로 대부분 부모교육 프로그램을 제공받지 못한 것으로 나타났다.

〈표 Ⅲ-5〉 이혼가정 부모교육 프로그램의 경험 여부

(N=100)

내 용	구 분	사례 수	백분율(%)
부모교육 프로그램 경험 여부	있다	27	27.8
	없다	70	72.2

〈표 Ⅲ-6〉 이혼가정 부모의 이전 부모교육 프로그램에 대한 경험

(N=27)

내 용		구 분	사례 수	백분율(%)
프로그램의 종류		심리치료 프로그램	4	28.6
		부모역할 프로그램	4	28.6
		한부모가정 부모교육	3	21.5
		자녀성교육	2	14.2
		학교에서의 인성교육	1	7.1
실시 방법	교육 회기	1회	5	26.3
		2-4회	5	26.3
		9-12회	5	26.3
		4-8회	2	10.5
		13회 이상	2	10.5
	회기당 시간	2시간	18	77.1
		3시간	4	18.6
		4시간	1	4.3

내 용	구 분	사례 수	백분율(%)
효과의 지속성	약간 오래	11	50.0
	매우 오래	4	18.2
	짧게	4	18.2
	교육 직후 사라짐	3	13.6
좋았던 점 〈복수응답〉	부모의 감정조절	13	14.3
	부모의 문제파악	12	13.2
	자녀의 지도방법	12	13.2
	의사소통 기술	11	12.1
	자존감 향상 프로그램	8	8.8
	한부모가정 아동에 대한 이해	8	8.8
	자녀의 발달 측면 이해	8	8.8
	필요한 정보의 제공	5	5.5
	성격이해	5	5.5
	한부모가정과 이혼에 대한 이해	5	5.5
	교육 후의 지속성	2	2.2
	프로그램 과정	1	1.1
	교육시간	1	1.1
아쉬웠던 점 〈복수응답〉	부모문제의 해결방안	12	30.0
	후속 프로그램이 없는 점	9	22.5
	정보량의 부족	7	17.5
	한부모가정과 이혼에 대한 이해교육의 깊이 정도	5	12.5
	교육 후 습관적 행위 반복	3	7.5
	기타	2	5.0
	성격에 대한 이해	1	2.5
	교육시간	1	2.5
부모교육 미참가 이유 〈복수응답〉	직장이나 일 등으로 시간이 부족해서	52	40.3
	부모교육 정보를 접하지 못해서	48	37.1
	추천하는 사람이 없어서	12	9.3
	자녀를 맡길 곳이 마땅치 않아서	9	7.0
	나 자신이 부모교육을 받을 정도로 문제가 없다고 생각되어서	4	3.1
	아직은 부모교육을 받을 시기가 되지 않아서	2	1.6
	함께 부모교육에 참석할 친구가 없어서	1	0.8
	기타	1	0.8

부모교육 프로그램에 참여한 경험이 있는 이혼가정 부모(27명, 27.8%)를 대상으로 제공받은 부모교육 프로그램에 대해 조사한 결과 이혼가정 부모들은 심리치료 프로그램(4명, 28.6%), 부모역할 프로그램(4명, 28.6%), 한부모가정 부모교육(3명, 21.5%), 자녀성교육(2명, 14.2%), 인성교육(1명, 7.1%) 등의 정보를 제공받고 있었다.

프로그램 실시와 관련해서는 교육회기는 4회 이하가 10명(52.6%), 9-13회기가 7명(47.0%)으로 장·단기 프로그램이 다양하게 실시되고 있었고, 교육시간은 2시간(18명, 77.1%) 정도 실시되고 있었다.

이혼가정 부모들은 경험했던 부모교육의 좋았던 점으로 감정조절(13명, 14.3%), 자녀지도(12명, 13.2%), 부모문제 파악(12명, 13.2%) 등을 들었으며, 아쉬웠던 점으로 부모문제 해결방안(12명, 30.0%)이 제시되지 못하였고, 후속프로그램이 없어서 아쉬웠으며(9명, 22.5%), 정보량이 부족하고(7명, 17.5%), 한부모가정과 이혼 이해교육에 대한 깊이 있는 내용이(5명, 12.5%) 부족하다고 응답하였다.

부모교육에 참석하지 못한 부모들은 미참가 이유로 직장 및 집안 살림 등으로 인한 시간부족(52명, 40.3%)과 부모교육에 대한 정보부족(48명, 37.1%) 등을 들었다. 구체적인 내용은 〈표 Ⅲ-6〉과 같다.

이러한 결과를 볼 때 이혼가정 부모들은 대부분 부모교육 프로그램을 받은 경험이 적었으며 일부 부모교육 프로그램에 참석했던 부모들은 부모교육 프로그램으로 심리치료, 부모역할 훈련 등을 집중적으로 제공받은 것을 알 수 있다. 또한 이혼가정 부모들은 부모교육 프로그램에 참석하고 싶어도 늦은 귀가시간으로 인해 부모교육 프로그램에 참석하지 못하는 것으로 나타났다.

(2) 이혼가정 부모교육 프로그램의 목표와 내용 요구

이혼가정 부모를 대상으로 이혼가정 부모교육 프로그램의 목표와
내용에 대한 요구를 조사한 결과 〈표 Ⅲ-7〉과 같이 나타났다. 이혼가
정 부모는 이혼가정 부모교육 프로그램의 목표에 대해 평균
4.24-4.54, 프로그램의 내용에 대해 평균 4.07-4.57의 높은 점수를 주
어 그 중요성을 강조하였다.

〈표 Ⅲ-7〉 이혼가정 부모의 부모교육 프로그램 목표에 대한 요구 결과

(N=100)

		구 분	평균	표준편차
자아 재발견	목표	이혼가정 부모에 대한 바른 이해 돕기	4.24	.80
	내용	이혼가정 부모를 바르게 인식하기	4.29	.76
		나의 심리 상태 알기	4.33	.77
		내 안의 분노 해소하기	4.29	.91
현실 극복	목표	이혼가정의 현실 적응과 극복	4.36	.78
	내용	이혼가정 부모로 살아가기 위한 준비과정	4.40	.77
		이혼가정의 홀로서기	4.47	.76
		미래에 대한 희망 설계하기	4.44	.69
자녀 이해	목표	이혼가정 자녀에 대해 이해하기	4.31	.80
	내용	이혼가정 자녀이해하기	4.38	.67
		자녀와 이혼에 대해 설명하기	4.25	.66
관계 개선	목표	이혼가정 부모-자녀관계 개선	4.32	.78
	내용	이혼가정 부모와 자녀의 관계 개선을 위한 노력	4.29	.66
		이혼가정 부모와 자녀의 효과적인 의사소통방법	4.30	.72
사회 정보망	목표	홀로서기를 위한 정보교육	4.54	.77
	내용	이혼 및 성희롱 관련 법률정보	4.07	.86
		정부지원정책과 사회단체 활용하기	4.57	.63
전 체		목 표	4.36	.65
		내 용	4.35	.52

교육목표에 대한 목표별 요구는 사회지원망(4.54), 현실극복(4.36), 관계개선(4.32), 자녀이해(4.31), 자아재발견(4.24) 순으로 나타났고, 교육내용은 정부지원정책과 사회지원망 활용(4.54), 이혼가정의 홀로서기(4.47), 미래에 대한 희망(4.44) 등의 순으로 중요성이 강조되었다.

이혼가정 부모교육 프로그램의 목표와 내용이 높게 나타난 것은 이혼가정의 현실적응을 위해 사회지원망, 현실극복, 부모－자녀관계 개선, 자녀이해, 자아재발견 등이 절대적으로 필요하다고 판단되었기 때문으로 보인다. 특히 사회지원망 활용이 중요하게 강조된 것은 무료상담 및 부모교육 등이 정부의 지원하에 운영되기를 바라는 기대감이 반영된 것이라 할 수 있다.

(3) 이혼가정 부모의 프로그램 실행에 따른 요구조사 결과

이혼가정 부모를 대상으로 이혼가정 부모교육 프로그램의 실시방법에 대한 요구를 조사한 결과 〈표 Ⅲ-8〉과 같이 나타났다.

이혼가정 부모들은 본 연구에서 개발한 이혼가정 부모교육 프로그램의 참석 여부에 대해 79명(79.0%)이 이혼가정 부모교육 프로그램이 실시되면 참석하겠다는 의사를 나타냈다. 이혼가정 부모들은 프로그램 실시와 관련해 실시방법으로 1주에 1회씩 총 12회기(46명, 49.5%) 프로그램을 요구하였고, 교육시간대는 오후 7시-9시(53명, 51.5%)를 선호하였다. 실시자의 자격으로는 한부모가정지도사(58명, 37.4%), 부모교육 전문수련자(40명, 25.8%), 사회복지사(20명, 12.5%), 이혼가정 부모(9명, 5.8%), 석사 이상자(4명, 2.6%) 순으로 나타났다. 또한 실시자의 결혼 여부와 관련해 기혼(26명, 26.5%), 이혼(24명, 24.5%), 상관없다(48명, 49%) 순으로 응답해 이혼자에 대한 선호도를 나타냈다. 그

84

외 실시자의 연령은 40-44세(38명, 38.8%)가 가장 많았으며, 성별은 여자(31명, 31.3%), 상관없다(68.7%)로 나타났다.

이러한 결과를 보면 이혼가정 부모들은 이혼가정 부모교육에 참여 하기를 바라고 있었으며 부모교육 프로그램은 매주 1회 총 12회기 프로그램을 선호하고 있었다. 또한 실시자의 조건으로는 40-50대의 이혼한 여성 한부모가정지도사를 선호하고 있음을 알 수 있다.

〈표 Ⅲ-8〉 이혼가정 부모의 부모교육 프로그램 실행방법에 대한 요구

(N=100)

내 용		구 분	사례 수	백분율
프로그램 참여 의사 여부		있 다	79	79.0
		없 다	15	15.0
		무응답	6	6.0
실시자	자격 〈복수응답〉	한부모가정 전문지도사	58	35.4
		부모교육 프로그램 전문수련자	40	25.8
		사회복지사	20	12.9
		이혼가정 부모	15	9.7
		프로그램을 경험한 이웃사람	9	5.8
		관련학과 석사 이상 졸업자	4	2.6
		관련학과 학사 이상 졸업자	3	1.9
		학교교사	1	0.6
		기 타	5	3.2
	결혼 여부 〈복수응답〉	기 혼	26	26.5
		이 혼	24	24.5
		상관없음	48	49.0
	성별 여부	여 자	31	31.3
		상관없음	68	68.7
	나이	40세-44세	38	38.8
		45세 이상	21	21.4
		35세-39세	18	18.4
		30세-34세	3	3.1
		25세-29세	1	1.0
		상관없음	17	17.3

내 용		구 분	사례 수	백분율
홍보	안내자료 배부	찬 성	79	82.3
		반 대	17	17.7
교육시간 대 〈복수응답〉		오전 9시-11시	8	7.8
		오전 10시-오전 12시	6	5.8
		오후 2시-4시	8	7.8
		오후 4시-6시	6	5.8
		오후 6시-8시	7	6.8
		오후 7시-9시	53	51.5
		기 타	15	14.5
회기와 교육시간 배당 〈복수응답〉		1주 1회 2시간: 총 12주 소요	46	49.5
		1주 2회 2시간: 총 6주 소요	20	21.5
		2주 1회 각 2시간: 총 12주 소요	11	11.8
		2주 1회 각 4시간: 총 6주 소요	7	7.5
		기 타	9	9.7

나. 현장활동가의 요구조사 결과

현장활동가의 이혼가정 부모교육 프로그램에 대한 요구조사 결과를 이전 부모교육 프로그램 경험, 부모교육 프로그램 실시상의 어려움, 실시방법에 대한 의견 등으로 나누어 제시하였다.

(1) 현장활동가의 이전 부모교육 프로그램에 대한 경험

현장활동가의 이전 부모교육 프로그램에 대한 관리경험을 조사한 결과 전체 활동가의 57명(70.49%)은 프로그램을 실시한 경험이 없었으며, 24명(29.6%)만이 1년에 10회 이상(8명, 40.0%), 1-2회(6명, 30%), 3-5회(4명, 20%) 프로그램을 실시한 경험이 있는 것으로 나타났다.

현장활동가에 의해 관리되었던 부모교육 프로그램 명은 집단심리(4명, 12.4%), 자아성장 프로그램(4명, 12.4%), 자녀교육 프로그램(4명, 12.4%) 등으로 이혼자의 심리적인 안정을 위한 프로그램이 주로 실시되었다. 이들 프로그램의 내용은 부모-자녀관계 개선(9명, 39.1%), 이혼자의 정서적 안정을 위한 교육(6명, 26.1%), 이혼 이후의 현실적응교육(5명, 21.8%) 등이었다.

현장활동가가 제공했던 부모교육 프로그램의 실시방법을 보면 실시 회수는 1회기-24회기까지 다양하게 진행되었으나 이 중 12회기(9명, 36%)가 가장 많았으며 소요시간은 2시간(31명, 86.1%)이 주를 이루고 있었다.

현장활동가들은 이혼가정의 부모교육 프로그램에 대한 욕구는 모자가정과 부자가정이 차이를 보인다고 지적하였다. 모자가정의 경우 프로그램에 대한 욕구가 높은 편(34명, 46%)이며, 부자가정의 경우는 보통이거나(26명, 43.3%) 낮다(8명, 13.1%)고 보았다. 현장활동가의 이전 부모교육 프로그램에 대한 의견의 구체적인 분포는 〈표 Ⅲ-9〉와 같다.

이상을 종합하면 현장활동가들은 소속 기관에서 이혼가정 부모를 대상으로 이혼가정 부모교육을 거의 실시하지 못하고 있는 것을 알 수 있으며, 그러한 이유는 이혼가정 부모의 욕구가 낮기 때문으로 보고 있다. 그러나 이혼가정 부모에게 제공되는 프로그램이 부모-자녀관계 개선과 이혼자의 심리적인 안정을 도모하는 프로그램으로 집중되어 있어 참여 동기를 느끼지 못했을 가능성도 있다. 따라서 이혼가정 부모의 욕구를 반영한 부모교육 프로그램이 제공되어야 한다고 본다.

〈표 Ⅲ-9〉 현장활동가의 이전 부모교육 프로그램에 대한 의견

(N=84)

구 분			빈도	백분율
이전 프로 그램	실시 여부	하고 있다	24	29.6
		하지 않고 있다	57	70.4
	1년간 실시 회수	10회 이상	8	40.0
		1-2회	6	30.0
		3-5회	4	20.0
		6-10회	2	10.0
	프로그램 명	집단 심리 프로그램	4	12.4
		자아성장 프로그램	4	12.4
		자녀교육 프로그램	4	12.4
		한부모가정을 위한 프로그램	3	9.3
		내적 치유 프로그램	3	9.3
		참포도 나무 교실	2	6.2
		건강강좌	2	6.2
		부모교육, 부모역할, 의사소통	2	6.2
		요리교실 프로그램	2	6.2
		등대교실	1	3.1
		행복한 모임	1	3.1
		미술치료 프로그램	1	3.1
		열려라 한부모 세상	1	3.1
		요가교실 프로그램	1	3.1
		직업 훈련 및 창업 프로그램	1	3.1
	부모교육 프로그램내용	부모-자녀관계 개선 프로그램	9	39.1
		이혼자의 정서안정을 위한 프로그램	6	26.1
		이혼 이후의 현실적응교육	5	21.8
		한부모가정과 이혼 이해교육	2	8.7
		효율적인 의사소통방법과 기술교육	1	4.3
	교육회기	10회기 이상	11	44.0
		1-2회기	9	36.0
		5-9회기	4	12.0
	시간배당	2시간	31	86.1
		3시간	4	11.1
		4시간	1	2.80
프로 그램에 대한 욕구	모자가정	높다	29	39.2
		보통이다	28	28.7
		낮다	12	15.3
		매우 높다	5	6.8
	부자가정	보통이다	26	43.3
		낮다	16	26.7
		아주 낮다	10	16.7
		높다	8	13.1

(2) 현장활동가의 이전 부모교육 프로그램의 실시 어려움

현장활동가들이 부모교육 프로그램을 운영하면서 느끼는 어려움을 현장활동가와 이혼가정 부모의 입장으로 나누어 살펴보면 〈표 Ⅲ-10〉과 같다.

〈표 Ⅲ-10〉 현장활동가가 본 부모교육 프로그램의 실시 어려움

(N=84)

가 정		순위	문 항	빈도	백분율
운영상	모자가정	1	재정 및 예산문제	38	47.5
		2	이혼가정 부모의 참여율 저조	23	30.7
		3	이혼가정 부모교육에 대한 정보 부족	11	16.2
	부가자정	1	이혼가정 부모의 참여율 저조	21	35.0
		2	이혼가정 부모교육 프로그램의 수요 부족	10	17.9
		3	이혼가정 부모교육 프로그램에 대한 정보 부족	10	19.2
참가상의어려움	모자가정		긴 노동시간	32	39.5
			경제적 불안정	31	38.3
			필요성 및 인식부족	12	14.8
			의욕상실	2	2.5
			기 타	2	2.5
			정서적 불안정	1	1.2
			자녀에 대한 무관심	1	1.2
	부자가정		필요성 및 인식부족	21	34.4
			긴 노동시간	16	26.2
			경제적 불안정	9	14.8
			의욕상실	7	11.5
			자녀에 대한 무관심	3	4.9
			직업훈련 과정 중	1	1.6
			정서적 불안정	1	1.6
			건강문제	1	1.6
			기 타	2	3.3

※ 복수응답 문항으로 각 문항 중 최고 빈도수 선정.

현장활동가들은 운영상 모자가정을 대상으로 한 부모교육의 경우 재정 및 예산문제(38명, 47.5%)가 제일 큰 어려움으로 작용한다고 보았고, 부자가정의 경우는 이혼가정 부모의 참여율 저조(21명, 35.0%) 등이 운영상의 어려움으로 작용하고 있다고 보았다.

또한 이혼가정 부모가 프로그램에 참여하기 어려운 이유는 모자가정의 경우는 긴 노동시간(32명, 39.5%)과 경제적 불안정(31명, 38.3%) 등 때문으로 보았고, 부자가정은 부모교육에 대한 인식의 부족(21명, 34.4%)과 긴 노동시간(16명, 26.2%) 등으로 보고 있다.

이러한 결과는 이혼가정 부모교육을 실시할 때에 모자가정을 위한 프로그램은 참여자의 확보에 앞서 예산의 확보가 더 시급한 문제로 작용하는 반면 부자가정의 경우는 예산이 확보되었다고 해도 대상자의 모집이 쉽지 않음을 보여주고 있다. 이에 따라 참가 대상 집단의 특성을 파악한 후 운영전략을 세우는 것이 필요하겠다.

(3) 현장활동가의 이혼가정 부모교육 프로그램에 대한 요구

현장활동가의 이혼가정 부모교육 프로그램에 대한 교육내용과 실시방법에 대한 요구는 〈표 Ⅲ-11〉과 같이 나타났다.

현장활동가들은 이혼가정 부모가 요구하는 부모교육 프로그램의 내용으로 자녀양육 및 교육(31명, 43.9%)을 보았고, 현장활동가 입장에서 이혼가정 부모에게 필요하다고 생각되는 부모교육 프로그램의 내용은 이혼 후 현실적응 교육(25명, 30.9%), 부모-자녀관계 개선(23명, 28.4%), 사회적 지원망 활용을 위한 교육(19명, 23.5%) 등이라고 응답하였다.

<표 Ⅲ-11> 현장활동가의 이혼가정 부모교육 프로그램에 대한 요구

(N=84명)

프로그램		빈　도	백분율
이혼가정 부모가 요구하는 프로그램 〈복수〉	자녀양육 및 교육	31	43.9
	효과적인 의사소통	9	13.1
	창업 및 직업교육	8	11.2
	심리적 안정	7	10.8
	현실 적응 및 극복	6	8.4
	경제교육	6	8.4
	대인관계 훈련	3	4.2
새로 개발되어야 할 프로그램	이혼 이후의 현실적응교육	25	30.9
	부모-자녀관계 개선 프로그램	23	28.4
	사회적 지원망 활용을 위한 교육	19	23.5
	이혼자의 정서적 안정을 위한 프로그램	8	9.9
	효율적인 의사소통방법과 기술교육	6	7.3
회기	4회기 이하	26	28.3
	8회기	21	22.8
	6-8회기	15	16.3
	10회기	15	16.3
	12회기	11	12.0
시간배당	2시간	38	46.9
	1시간 30분	28	34.6
	1시간	10	12.3
	2시간 30분	3	3.7
	3시간	1	1.2
	기타	1	1.2
교육시간 대	오후 7시-9시	55	59.1
	오후 6시-8시	16	17.2
	그 외 시간대	22	26.3
집단구성 수	7-10명	39	47.6
	5-7명	25	30.5
	10-15명	15	18.3
	20명 이상	2	2.4
	15-20명	1	1.2

현장활동가들은 이혼가정 부모교육 프로그램의 실시방법으로 실시 회기는 4회기 이하(26명, 28.3%)가 제일 바람직하다고 보았고, 교육 시간은 2시간 정도(38명, 46.9%)가 적당하다고 보았다. 교육시간대는 오후 7시-9시(55명, 59.1%), 집단구성 수는 7-10명(39명, 47.6%)이 적당하다고 보았다.

이상의 이혼가정 부모교육 프로그램의 요구를 종합해 보면 이혼가정 부모교육 프로그램에 대한 이혼가정의 부모와 현장활동가의 의견이 부모교육 프로그램에 있어 서로 일치하는 것을 볼 수 있다 이들은 먼저 이들의 이혼가정 부모교육 프로그램의 필요성을 인정하고 이혼가정 부모교육 프로그램의 내용으로 이혼가정 부모의 이혼 후 적응과 현실극복을 위한 자아재발견, 현실극복, 자녀양육 및 교육, 부모－자녀관계 개선, 사회지원망 활용 등의 내용을 요구하고 있는 것을 볼 수 있다.

반면 이혼가정 부모와 현장활동가의 요구가 다른 것을 확인할 수 있는데 이혼가정 부모교육 프로그램의 실시방법을 들 수 있다. 즉 이혼가정 부모들은 매주 1회기 총 12회기 프로그램을 선호한 반면, 현장활동가들은 매주 1회 4회기 프로그램을 선호하고 있는 것을 알 수 있다.

이러한 요구의 차이는 두 집단 간의 특성이 다르기 때문인데 이혼가정 부모는 수혜자의 입장에 있어 많은 정보를 필요로 하고 자신의 문제를 해결하기 위해 도움을 필요로 하고 있는 반면 현장활동가들은 프로그램 예산과 참여자 관리 등 운영상의 문제를 생각하다 보니 단기 프로그램을 선호는 것으로 볼 수 있다. 이러한 이혼가정 부모와 현장활동가의 요구는 이혼가정 부모교육 프로그램의 개발과정에 대부분 반영되었다.

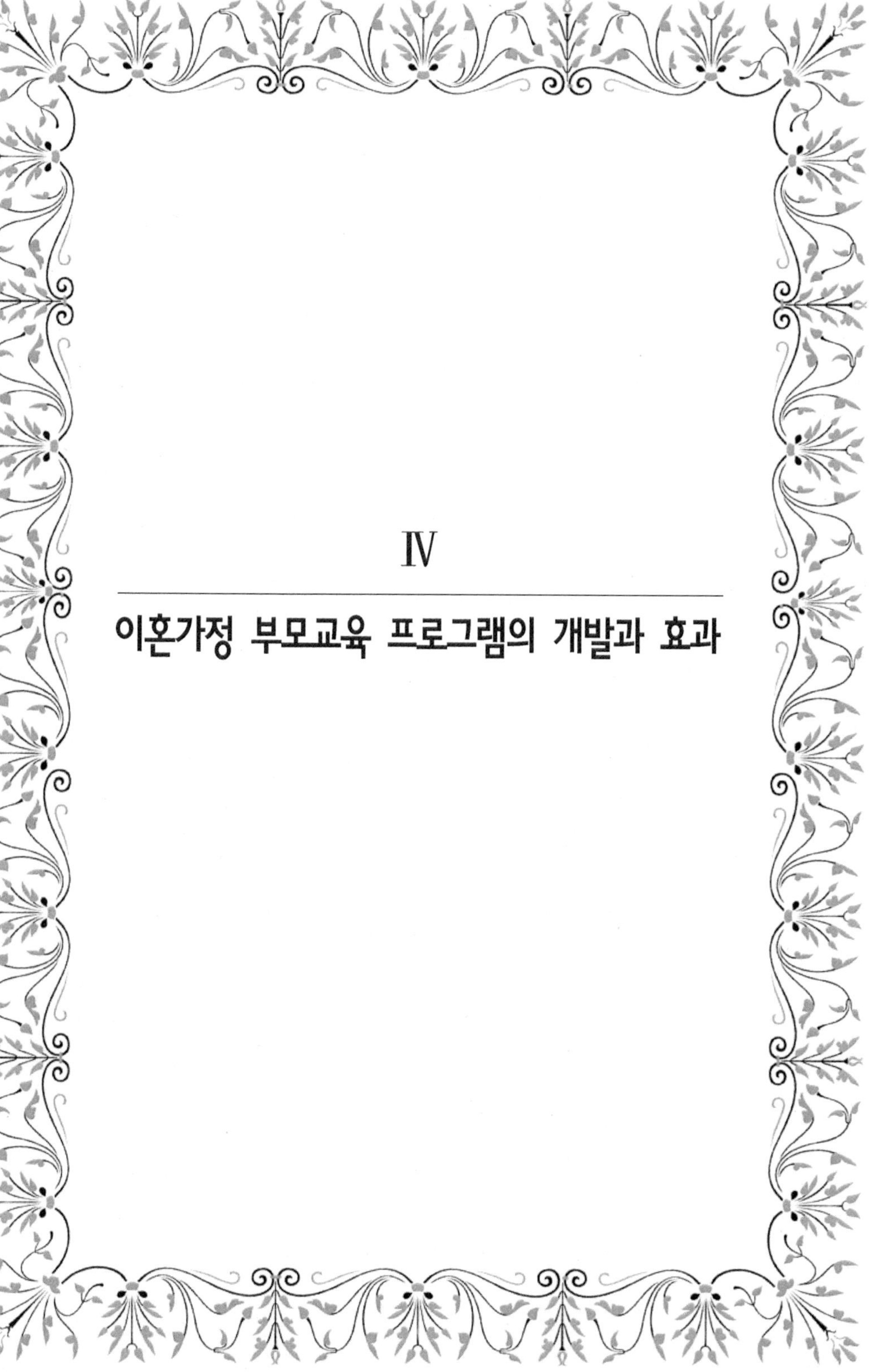

IV

이혼가정 부모교육 프로그램의 개발과 효과

이혼가정 부모교육 프로그램의 개발과 실시 효과를 알아보기 위해 각각의 연구문제를 연구방법과 연구결과로 나누어 제시하였다.

1. 연구방법

가. 이혼가정 부모교육 프로그램 개발에 관한 연구

이혼가정 부모교육 프로그램의 개발을 위해 선행연구와 문헌고찰을 바탕으로 이혼가정 부모교육 프로그램의 개발모형을 제시하였다.

(1) 이혼가정 부모교육 프로그램 개발절차 모형

이혼가정 부모교육 프로그램의 모형을 개발하기 위해 일반적인 교육과정 개발모형을 탐색하고 이혼가정 부모교육 프로그램의 개발모형으로 적합한 모형을 새롭게 재조직하고자 하였다. 이에 따라 여러

학자들의 프로그램 개발모형을 살펴보고 이혼가정 부모교육 프로그램의 개발모형의 근거로 삼고자 하였다.

최근 박승배(2002), 김석우·김대현(1999), 송인섭(2001), Dick과 Carey(김형립 외, 1996) 등의 저서에 소개된 프로그램 개발모형은 Tyler, Taba, Walker, Brady, Dick과 Carey 등의 모형이 제시되어 있다.

Tyler(1949)는 '교육과정과 수업의 기본원리'에서 교육과정을 개발하고 수업계획을 세울 때 필요한 질문목록으로 교육의 목적이나 목표의 설정, 교과나 학습경험의 선정, 학습경험의 조직, 결과의 평가 등을 고려해야 한다고 하고, 교육과정 개발을 위한 7단계(자료원, 잠정적 교육목표 설정, 체[screen], 구체적 교육목표 설정단계, 학습경험의 선정, 학습경험의 조직, 평가) 절차를 제시하였다. Walker는 Tyler의 교육과정을 축약하여 출발점, 숙의의 단계, 설계단계로 이어지는 3단계 교육과정 개발단계를 제시하였고, Brady는 교육과정 개발모형을 직선적인 모형에서 벗어나 교육목표, 학습내용, 학습경험 조직, 평가 간의 상호 작용 모형을 제시하여 교육과정 절차 시 상황에 따라 유연하게 대처할 수 있도록 하였다.

교육과정 모형이 Tyler, Walker, Brady에 의해 제시되었다면 Taba, Dick과 Carey는 교육목표 설정에서부터 프로그램 확정 및 개발까지 5-8단계로 이어지는 체계적인 모형을 제시하고 있다. Taba는 개발, 실행, 수정·보완, 배열, 보급으로 이어지는 5단계 모형을 제시하였는데 Tyler의 모형을 개발단계로 설정하고, 실행, 수정·보완, 보급에 이르는 과정까지 개발과정에 포함시켰다. 이에 비해 Dick과 Carey는 체계접근에 의한 교수설계모형을 교수목표설정, 교수분석, 출발점 행동, 학습자 특성 분석, 성취목표 진술, 교수프로그램 개발 및 선정, 형성평가 설계 및 실시, 총괄평가 설계 및 실시과정 등 8단계로 제시하고(김형립 외, 1993), 교수분석에서부터 형성평가 설계 및 실시 단계의 2-8계에서 수정·보완이 가능하도록 하였다.

이러한 여러 형태의 개발모형들은 절차상 어떤 부분을 중요시 하느냐에 따라, 즉 교육과정만을 위한 개발모형이냐 아니면 프로그램의 개발과 실시, 보급 등 전 과정을 포함하고 있느냐에 따라 절차가 축약되거나 확장되기도 한다.

본 연구는 이러한 개발절차 모형에 따라 Taba의 프로그램 개발모형을 중심으로 이혼가정 부모교육 프로그램의 개발을 추진하게 되었다. 이에 따라 이혼가정 부모교육 프로그램의 모형은 프로그램 요구 사정단계, 프로그램 개발(안)단계, 예비 프로그램 실시 단계, 프로그램 수정 및 보완단계, 프로그램 실시 단계, 프로그램 평가 및 확정단계 등 6단계의 과정을 거쳐 개발되었다. 이혼가정 부모교육 프로그램의 6단계 개발절차 선정 및 재조직 배경을 설명하면 다음과 같다.

1) 1단계 프로그램 요구사정 단계는 프로그램의 개발과정에서 해당 분야의 요구가 진단되어야 한다는 지적에 따라 이혼가정 부모를 대상으로 이혼가정 부모교육에 대한 요구조사를 실시하여 프로그램 목표와 내용, 실시방법 등을 사정하였다.

2) 2단계 프로그램 개발(안) 단계는 Taba의 시험적 단원개발과정에 속하는 단계로 프로그램의 목적에 따라 프로그램의 교육목표를 설정하고, 교육내용의 선정 및 조직, 학습경험의 조직, 실시방법 등의 계획안이 수립되었다.

3) 3단계는 예비 프로그램 실시단계로 Taba의 실험적인 단원 실행에 해당하는 단계이다. 이 단계는 프로그램의 목표, 내용, 학습경험을 효과적으로 전달하는 과정이며 프로그램을 평가할 수 있는 단계이다. 이 단계에서는 프로그램 개발(안)의 목표, 내용, 조직, 교수−

학습과정을 평가하여 프로그램 개발(안)이 학습자의 욕구와 흥미를 잘 반영하고 있는지, 교육목표 달성은 어느 정도였는지, 학습자의 교육내용에 대한 반응은 어떠하였는지를 파악하여 프로그램을 수정·보완하도록 피드백을 줄 수 있는 단계이다.

4) 4단계 프로그램 수정 및 보완단계는 Taba의 시험적인 수정·보완단계에 속하는 단계라고 할 수 있다. 이 단계는 프로그램의 실시를 통해 드러난 프로그램의 목표, 내용, 실시방법 등의 문제점을 수정·보완하는 단계이다.

이혼가정 부모교육 프로그램은 이 단계에서 예비 프로그램 실시 후 드러난 문제점을 수정·보완하고 본 프로그램의 시행을 위해 프로그램 수정 및 보완단계를 두게 되었다.

5) 5단계 프로그램 실시단계는 수정·보완된 프로그램을 재차 재적용해 보는 단계이다. 이 단계는 수정된 프로그램의 완성도 정도를 파악할 수 있는 기회가 되고 예비 프로그램 실시과정에서 드러난 문제점들이 얼마나 개선했는지를 확인할 수 있는 단계이다.

6) 6단계 프로그램 평가 및 확정단계는 프로그램 실시과정을 재평가하여 다른 변수가 없었는지 점검하고 드러난 문제점이 있다면 다시 수정·보완하는 단계라 할 수 있다. 이 단계에서 이혼가정 부모교육 프로그램은 프로그램 실시자의 평가와 전문가의 자문, 이혼가정 부모의 평가를 재분석하여 전체 프로그램을 평가한 후 프로그램을 최종 확정하게 되었다.

이상의 이혼가정 부모교육 프로그램 모형개발 절차는 각 단계별로 수직적으로 이루어지나 이전 단계에서 충분한 검토가 이루어지지 않았을 경우는 재차 이전 단계로 넘어가 관련 내용을 수정·보완할 수 있다.

나. 이혼가정 부모교육 프로그램의 효과 연구

이혼가정 부모교육 프로그램의 효과 연구는 통계적인 방법과 질적 분석, 그리고 평정지 만족도를 통해 이루어졌다.

(1) 이혼가정 부모교육 프로그램의 효과를 위한 실험설계

본 연구에서 개발한 이혼가정 부모교육 프로그램의 효과를 알아보기 위해 연구대상, 측정도구, 실시절차, 실험설계, 자료처리 등 연구방법을 제시하였다.

(가) 실시대상

① 참여자

이혼가정 부모교육 프로그램의 효과를 알아보기 위해 서울 및 경기도 지역의 모자보호시설과 사회복지관의 서비스를 받고 있는 이혼가정 부모 85명을 임의 표집하고, 이를 실험집단 33명, 통제집단 52명으로 임의 배치하였다. 이혼가정 부모교육 프로그램의 실험에 참여한 연구대상의 배경변인은 〈표 Ⅳ-1〉과 같다.

② 실시자

본 연구자에 해당하는 지도자는 이혼가정 부모로 비영리민간단체인 한국한부모가정연구소 대표로 재직하면서 4년간 이혼가정의 부모와 자녀들을 대상으로 자조모임을 운영하며 개인 및 집단 상담을 실시하고, 각종 심리검사(MBTI, MMPI, HTP, K-WAIS도구/한국 웩

슬러 성인용 지능검사, K-WISC-III/한국 웩슬러 아동용지능검사 – III
등)를 통해 한부모가정의 어려움과 욕구를 이해하고 이혼 후 적응과
정을 도와 온 이혼가정 전문가이다. 또한 한부모가정과 이혼 이해교
육의 저자로 우리나라의 이혼가정에 대한 사회적인 편견에 맞서 인
식개선 사업을 추진해 왔다. 이러한 배경으로 인해 이혼가정 부모교
육 프로그램의 실시자로 연구를 진행하게 되었다.

〈표 Ⅳ-1〉 실험설계 집단의 배경변인

(N=85)

배경변인	구 분	실험집단		통제집단		전 체	
		빈도	백분율	빈도	백분율	빈도	백분율
성 별	남성	3	9.1	0	0	3	3.5
	여성	30	90.9	52	100	82	96.5
연 령	-29세	1	3.0	1	1.9	2	2.4
	30-39세	8	24.3	27	51.8	35	41.4
	40세-44세	14	42.5	16	30.8	30	35.3
	45-50세	10	30.2	8	15.4	18	21.3
직 업	사무직	1	3.0	7	14.0	8	9.6
	노동	8	24.2	9	18.0	17	20.5
	전문기능 및 기술직	2	6.1	6	12.0	8	9.6
	전업주부	4	12.1	3	6.0	7	8.4
	기타	18	54.5	25	50.0	43	51.8
월수입	50만 원 이하	6	28.7	9	18.9	15	19.5
	50-79만 원	12	43.4	9	18.8	21	27.6
	80-99만 원	9	32.1	18	37.6	25	32.9
	100만 원 이상	1	3.6	12	25.1	15	19.6

배경변인	구 분	실험집단		통제집단		전 체	
		빈도	백분율	빈도	백분율	빈도	백분율
이혼 기간	2년	5	15.2	15	28.8	20	23.6
	2년-5년	4	42.5	26	50.0	40	47.1
	5년-7년	5	15.1	7	13.5	12	14.1
	7년-10년	6	18.2	3	5.7	10	7.8
	10년 이상	2	9.1	1	1.9	3	3.6
종교	기독교	17	53.1	30	57.7	47	57.3
	불교	2	6.3	4	7.7	6	7.3
	천주교	6	18.8	0	0	6	7.3
	기타	7	21.9	16	30.8	23	28.0
자녀 수	1명	9	27.3	11	21.2	21	24.7
	2명	16	48.5	30	57.7	46	54.1
	3명	5	15.2	11	21.2	16	18.8
	4명 이상	2	6.1	0	0	2	2.4

(나) 측정도구

① 이혼가정 부모의 이혼 후 적응 및 현실극복에 대한 인식 질문지

본 연구에서는 이혼가정 부모교육 프로그램의 효과를 측정하기 위해 연구자가 제작한 '이혼가정 부모의 이혼 후 적응 및 현실극복에 대한 인식 질문지'를 사용하였다. '이혼가정 부모의 이혼 후 적응 및 현실극복에 대한 인식 질문지'는 이혼가정 부모의 자아재발견, 현실극복, 이혼가정 자녀이해, 부모-자녀관계 개선, 사회지원망 활용 등 다섯 영역과 요인 12문항 등 총 79문항으로 되어 있다. 이혼가정 부모의 '이혼 후 적응 및 현실극복에 대한 인식 질문지'의 신뢰도는 Cronbach's α 로 산출하였으며, 최소 .68에서부터 최고 .84까지로 비교적 양호한 편이었다(〈표 IV-2〉 참조).

'이혼 후 적응 및 현실극복에 대한 질문지'를 구체적으로 살펴보면 〈표 Ⅳ-2〉와 같이 구성되었다. 사전, 사후, 추후검사지에서도 '이혼 후 적응 및 현실극복에 대한 질문지'가 사용되었는데 사후검사지에는 모든 질문에 '현재'라는 말을 추가하였고, 추후검사지에서는 '최근'이라는 용어를 추가하였다.

채점과 관련해서는 질문지의 문항 중 2 문항의 9, 10번, 3 문항의 4, 5번, 10 문항의 1, 2, 3, 4, 5번, 11, 12 문항의 전체를 역코딩하였으며, 채점 시 긍정적인 영역은 '매우 그렇다' 5점, '매우 그렇지 않다' 1점으로 하였으며, 부정적인 영역은 매우 그렇다 1점, 매우 그렇지 않다 5점으로 채점하였다.

〈표 Ⅳ-2〉 이혼 후 적응 및 현실극복에 대한 질문지 조사도구

영 역	요 인	문항 수	신뢰도
자아재발견	① 이혼 후 부정적인 심리	5	.799
현실극복	② 이혼에 대한 부정적인 인식	10	.84
	③ 이혼 결정 불만족 정도	5	.653
	④ 미래에 대한 낮은 기대감	7	.800
이혼가정 자녀이해	⑤ 자녀양육의 어려움	10	.745
	⑥ 떠나간 부모에 대한 부정적 인식	5	.839
	⑦ 이혼에 대한 자녀의 부정적인 인식	5	.70
	⑧ 떠나간 부모에 대한 부적절한 설명	5	.818
	⑨ 달라진 가족체계에 대한 잘못된 설명	5	.818
부모-자녀 관계 개선	⑩ 자녀의 사회적응을 돕기 위한 노력	10	.810*
	⑪ 부정적인 부모-자녀관계의 개선	5	.683*
사회지원망	⑫ 사회지원망 활용	5	.834*
총계		77	

*: 긍정적인 영역.

긍정적인 영역의 문항은 자녀의 사회적응을 돕기 위한 노력, 부정적인 부모-자녀관계의 개선, 사회지원망 활용이며, 부정적인 영역은 이혼 후 부정적인 심리상태의 변화, 이혼에 대한 부정적인 인식, 이혼 결정 불만족 정도의 변화, 미래에 대한 낮은 기대감, 자녀양육의 어려움, 떠나간 부모에 대한 잘못된 태도, 이혼에 대한 자녀의 부정적인 인식, 떠나간 부모에 대한 부적절한 설명, 달라진 가족체계에 대한 잘못된 설명 정도 등이다.

② 이혼가정 부모교육 프로그램의 평가지

이혼가정 부모교육 프로그램에 참여한 실험집단의 이혼가정 부모를 대상으로 교육 이후 프로그램의 만족 정도를 검토하기 위해 교육목표, 교육주제별 도움 정도를 표시할 수 있도록 평가지를 만들어 사용하였다.

교육목표별 도움 정도는 이혼가정 부모의 자아재발견, 현실적응과 극복, 이혼가정 자녀이해, 부모-자녀관계 개선, 사회지원망 활용 등 5개 문항이며, 교육내용별 도움이 된 정도는 12개 문항, 목표와 내용의 전체적인 도움 정도 각각 1개씩 총 54개 문항으로 구성되어 있다. 구체적인 내용은 〈표 Ⅳ-3〉과 같다.

〈표 Ⅳ-3〉 이혼가정 부모교육 프로그램의 평가지

영 역	요 인	문항 수	비고
목 표	이혼가정 부모의 자아재발견	3	
	이혼가정 부모의 현실 적응과 극복	3	
	이혼가정 자녀이해	2	
	부모-자녀관계 개선	2	
	사회지원망 활용	4	
	전체적인 면에서	4	
내 용	이혼가정 부모를 바르게 인식하기	3	
	나의 심리 상태 알기	3	
	분노 예방 및 대처법	3	
	이혼가정 부모로 살아가기 위한 준비과정	3	
	홀로서기	3	
	미래에 대한 희망 설계하기	3	
	자녀학대예방	3	
	이혼가정 자녀교육	3	
	부모와 자녀의 효과적인 의사소통방법	3	
	부모와 자녀의 관계 개선을 위한 노력	3	
	이혼 및 성희롱 관련 법률정보	3	
	정부지원 지원정책과 사회단체 활용하기	3	
	전체적인 면에서	3	
총 계		54	

(다) 실시절차

처음 이혼가정 부모교육 프로그램의 효과를 알아보기 위해 실험집단과 통계집단을 배치할 때에는 서울시 및 경기도 지역 소재 모자보호시설(6개소)과 사회복지관(4개소)의 서비스를 받는 이혼가정 부모 89명을 임의 표집하여 그중 37명을 실험집단, 52명을 통제집단으로 임의 배치하였다.

실험집단은 모자보호시설 1곳과 사회복지관 4곳의 이혼가정 부모를 대상으로 이혼가정 부모교육 프로그램을 2005년 3월 9일부터 실시하여 2005년 6월 29일 종료하였으나 이 중 사회복지관 1곳의 참여율이 4명에서 2명으로 감소하여 5회기부터 프로그램을 중단하게 되었다. 이에 따라 최종적으로 프로그램에 참여한 인원은 모자보호시설 5개소와 사회복지관 3개소의 이혼가정 부모 85명으로 이 중 실험집단 33명과 통제집단 52명이었다.

실험집단에 포함된 이혼가정 부모를 대상으로 프로그램의 효과를 알아보기 위해 사전, 사후, 추후검사를 실시하였다. 사전검사는 2005년 3월 2일-8일까지 진행되었으며, 사후검사는 교육 종료 후인 2005년 6월 22일-29일 실시하였고, 추후검사는 교육 종료 후 3주 뒤인 2005년 7월 13일-20일 동안 실시되었다.

부모교육 프로그램의 만족 정도를 알아보기 위해서는 교육 후 매회기마다 프로그램에 대한 평가를 실시하여 그 결과를 분석하였다.

(라) 실험설계

이혼가정 부모교육 프로그램에 대한 효과를 검증하기 위해 사전-사후 두 집단 설계(pretest-posttest experiment-control group design)에 의한 실험연구를 실시하였다. 이를 위해 실험집단과 통제집단에 대해 사전검사를 하고 이어 실험집단에 한하여 이혼가정 부모교육 프로그램을 실험처치하고, 통제집단에는 이혼가정 부모교육과 관련된 어떠한 교육도 실시하지 않았다. 실험집단에 실시한 실험처치가 종료된 후 실험집단과 통제집단에 사후검사를 실시하고 이후 3주후 추후검사를 재실시하였다.

 실험설계에 소요된 기간을 보면 사전검사에서 사후검사 기간이 16주, 사후검사에서 추후검사 기간이 3주로 총 19주의 실험설계 기간이 소요되었다.

〈표 Ⅳ-4〉 본 연구의 실험설계

실험집단	O_1	X	O_2	O_3	O_1, O_4: 사전검사 X: 실험처치
통제집단	O_4		O_5	O_6	O_2, O_5: 사후검사 O_3, O_6: 추후검사

(마) 자료분석

 ① 이혼가정 부모교육 프로그램의 효과를 검증하기 위해 실험, 통제집단 간 사전, 사후, 추후검사를 실시하여 평균과 표준편차를 구하였다. 구체적인 검증방법으로는 실험집단과 통제집단의 사전검사와 사후검사 그리고 추후검사의 변화를 비교하기 위하여 반복측정을 통한 다변량분산분석(repeated measures MANOUVA)을 실시하였다. 그리고 실험집단과 통제집단의 사전검사와 사후검사, 그리고 사후검사와 추후검사의 변화를 확인하기 위하여 집단 내 평균의 차이검증(paired t-test)을 실시하였다.

 ② 이혼가정 부모의 부모교육 프로그램의 목표 및 내용에 대한 도움 정도를 알아보기 위한 평가점수는 평균과 표준편차로 분석하였다.

(2) 이혼 후 적응과 현실극복 변화과정 탐색을 위한 질적 분석

(가) 실시대상

이혼가정 부모의 이혼 후 적응과 현실극복 변화과정 탐색을 위한 질적 연구에 참여한 대상자는 〈표 Ⅳ-1〉의 서울시 소재 모자보호시설 5곳과 사회복지관 4곳의 서비스를 받고 있는 이혼가정 부모 중 실험집단에 소속된 33명의 부모를 대상으로 하였다. 본 연구자는 이혼가정 부모교육 프로그램을 진행하면서 사전, 사후, 추후 면담과 회기별 교육을 실시하였다.

(나) 실시절차

이혼가정 부모의 이혼 후 적응과 현실극복 의지 변화과정을 탐색하기 위해 사전면담, 사후면담, 추후면담에서 비구조화된 질문지를 사용하여 이혼가정 부모의 심리상태, 현실극복 의지, 이혼가정 자녀이해, 부모-자녀관계, 사회지원망 정도를 조사하였다. 사전면담은 3월 2일-8일, 사후면담은 6월 22일-29일, 추후면담은 3주 뒤인 7월 13일-20일간 실시하였다.

회기별 교육은 2005년 3월 9일부터 6월 20일까지 〈표 Ⅳ-1〉의 실험집단에 소속된 부모를 대상으로 매주 1회 총12회 2시간의 부모교육을 실시하고 수업과정을 비디오로 촬영하였다.

(다) 자료분석

이혼가정 부모의 이혼 후 적응과 현실극복에 대한 변화과정을 탐

색하기 위해 이혼가정 부모들의 반응과 토의내용, 작업지, 개별 면담 등을 통해 얻은 자료를 교육 전, 교육 후, 추후면담으로 구분하여 인식의 변화과정을 분석하고자 하였다. 또한 이혼가정 부모의 인식의 변화를 초기과정, 중기과정, 후기과정, 추후과정으로 나누어 교육 전, 교육 후, 교육추후의 변화과정을 분석하였다.

이때 초기과정에서는 이혼가정 부모의 자아재발견을 위해 이혼가정 부모의 심리와 성격, 그리고 분노감에 적절히 대처하는 능력 정도를 분석하였으며, 중기과정에서는 이혼가정 부모의 현실극복을 위해 현실극복 의지, 이혼가정 자녀이해, 부모－자녀관계 개선을 집중적으로 분석하였다. 후기과정에서는 사회지원망 활용 정도의 변화과정을 살펴보고 추후과정에서는 변화의 지속 정도를 분석하고자 하였다.

2. 연구결과

가. 이혼가정 부모교육 프로그램 개발

이혼가정 부모교육 프로그램의 요구조사 결과와 이론적 고찰을 바탕으로 이혼가정 부모교육 프로그램의 구성체계와 실시방법 등을 확정하였다.

(1) 이혼가정 부모교육 프로그램의 구성체계

다음은 이혼가정 부모교육 프로그램의 구성체계를 프로그램의 목표와 내용, 프로그램 구성으로 나누어 제시하였다.

(가) 이혼가정 부모교육 프로그램의 목표

이혼가정의 부모는 배우자와의 결별로 인해 심리적인 갈등을 겪고 있으며 자녀양육 및 교육에 대한 부담감을 안고 있다. 이혼가정 부모들은 좋은 부모가 되기 위해 노력하지만 이혼은 부모로 하여금 좌절, 분노, 상실감, 그리고 열등의식을 갖게 해 낮은 자존감을 형성하게 한다(Albrecht, 1980; Guttman, 1993). 심리적인 혼란은 부모의 양육태도에 영향을 미쳐 자녀에게 짜증을 내거나 방임 또는 신체적, 언어적 폭력을 행사해 비양육적인 환경을 제공하는 경우가 많다. 이혼가정 부모 중 일부는 이혼 후 적응에 실패하여 자녀부양 의무를 저버리거나 자살을 생각하는 등 삶을 포기하려는 경향을 보이기도 한다.

이혼가정 부모가 이러한 좌절감과 혼란스러움에서 벗어나기 위해서는 이혼에 대한 바른 이해를 바탕으로 자신의 현실을 인정하고 적극적으로 살아갈 수 있는 힘과 용기를 가질 수 있어야 한다. 그러기 위해서는 이혼가정 부모 스스로 자신의 이혼에 대해 당당해져야 하며 이혼이 용기 있는 선택이라는 사실을 인지할 필요성이 있다. 또한 이혼을 반대하는 자녀와의 갈등을 해소하고 긍정적인 부모－자녀관계를 유지하기 위한 노력을 기울여야 한다.

이에 따라 이혼가정 부모교육 프로그램은 이혼가정 부모의 심리적인 안정과 이혼 후 현실의 어려움을 극복할 수 있도록 하며, 자녀에 대한 이해를 바탕으로 부모－자녀관계를 개선하는 데 목적을 두고 있다. 또한 이혼의 아픔을 딛고 사회에 나아가 적응할 수 있도록 사회지원망을 제공하는 것이다.

이에 이혼가정 부모교육 프로그램의 목적과 목표는 다음과 같이 설정될 수 있다. 즉 이혼가정 부모교육 프로그램의 목적은 이혼가정의 부모와 자녀가 현실을 극복하고 건강하고 행복한 이혼가정을 이 룩하는 것이며 이혼가정 부모교육 프로그램의 목표는 자아재발견, 현 실극복, 이혼가정 자녀이해, 부모-자녀관계 개선, 사회지원망 활용 등으로 설정할 수 있다.

① 자아재발견의 목표

이혼가정 부모가 이혼 후 현실의 어려움에서 벗어나 이혼의 아픔 을 인정하고 이를 극복할 수 있는 힘을 키워 자아정체성을 재발견하 도록 한다. 자아정체성을 발견하기 위해서는 전 배우자와 정서적으로 분리되어야 하고, 자신의 복잡한 심리상태를 이해하고 혼란에서 벗어 날 수 있도록 해야 한다. 자아재발견은 이혼가정 부모가 분노감에서 벗어나 평온한 심리상태를 유지하고 미래에 대한 희망을 가질 수 있 도록 하여 자아를 재발견할 수 있도록 한다.

② 현실극복하기의 목표

이혼가정 부모가 이혼에 대한 수치심에서 벗어나 자신의 현실을 인정하고 사회의 부정적인 편견으로부터 당당하게 세상을 살아갈 수 있는 힘과 용기를 가질 수 있도록 한다. 더불어 이혼을 용기 있는 선 택으로 받아들여 자신감을 회복하고 미래에 대한 자신의 삶을 적극 적으로 설계를 해 나갈 수 있도록 한다.

③ 자녀이해의 목표

이혼가정 부모와 자녀가 이혼의 어려움을 극복하고 서로를 이해하 고 존중할 수 있도록 하며 이혼에 대한 바른 정보를 통해 이혼가정 자녀의 심리적 안정을 꾀하며 달라지는 가족체계 안에서 자신의 역할을 충실히 수행할 수 있도록 한다. 특히 이혼으로 인한 심리적 혼란으로 자녀를 학대하는 일이 없도록 하며 자녀에 대한 애정과 관심을 회복할 수 있도록 한다.

④ 부모－자녀관계 개선의 목표

이혼가정 부모는 이혼을 이해하지 못하는 자녀와 자녀양육에 대한 정보 부족으로 부모－자녀관계가 단절되거나 소원해지는 경우가 많으므로 이러한 갈등을 해소하고 원만한 부모－자녀관계를 형성하도록 한다. 이를 위해 효과적인 의사소통 기술과 관계 개선을 위한 노력을 통해 부모－자녀관계가 긍정적인 관계를 형성할 수 있도록 하여 행복한 가정을 이룰 수 있도록 한다.

⑤ 사회지원망 활용의 목표

이혼가정은 정부의 지원을 제대로 받지 못해 어려움에 처해 있으므로 모·부자복지법에 근거한 정부지원을 받을 수 있는 방법을 모색하고 사회지원망을 활용해 무료상담 및 부모교육, 직업훈련 등 다양한 서비스를 받을 수 있도록 한다. 또한 자신의 능력을 개발하여 사회에 봉사할 수 있는 기회를 갖도록 한다.

(나) 이혼가정 부모교육 프로그램의 내용

이혼가정 부모교육 프로그램에서 다루어져야 할 교육내용은 교육목표에 따라 선정 및 조직되었다.

① 자아재발견의 내용

이혼가정 부모는 장·단기간의 이혼과정을 겪으면서 심리적으로 황폐화되고 자신의 정체성에 대해 회의를 갖는 등 어려움을 겪게 된다. 이러한 어려움은 이혼가정 부모의 정체성에 혼란을 주어 자신의 삶을 부정적으로 받아들이게 하기도 한다. 이에 이혼가정 부모들이 심리적인 혼란에서 벗어나 자아존중감과 자아정체성을 확립할 수 있도록 도와야 한다.

이에 따라 이혼가정 부모들이 자신의 존재에 대해 깊이 있게 생각해 볼 기회를 갖도록 하여 자신의 존재의식을 깨달을 수 있도록 하기 위해 자신 바로알기, 심리검사, 미움을 버려요 등의 활동을 전개하여 자신을 파악할 수 있도록 해야 한다. 이러한 활동을 통해 이혼가정 부모는 자신의 정서상태를 파악하고 자신을 억누르고 있는 분노감, 상실감 등 부정적인 감정에서 벗어날 수 있게 될 것이다.

② 현실극복의 내용

이혼가정 부모는 경제적인 어려움, 자녀양육 및 교육의 문제로 어려움을 겪지만 이혼가정에 대한 사회적인 편견은 그 어떠한 어려움보다 더 이혼가정을 힘들게 하는 경우가 많다. 이로 인해 이혼가정 부모들은 이혼을 수치스럽거나 잘못된 것으로 인식해 이혼을 후회하는 경우도 있다. 이러한 이혼에 대한 부정적인 인식은 이혼가정 부모의 이혼 후 적응 및 현실극복을 어렵게 만들어 대인관계에 부정적인 영향을 미치기도 한다.

이혼가정 부모가 행복하고 건강한 가정을 이루기 위해서는 자신의 이혼에 대해 당당하고 자부심을 느낄 수 있어야 하며 사회의 이혼가정에 대한 편견과 대응할 수 있는 힘을 키워야 한다. 현실극복의 현실적응, 홀로서기, 미래설계 등은 이혼가정 부모로 하여금 이혼에 대한 긍정적인 자세를 갖도록 하여 자신의 삶에 보람을 느끼고 미래에 대한 성공 가능성을 갖도록 하여 이혼 후 적응과 현실극복을 돕는다.

③ 이혼가정 자녀이해의 내용

이혼가정의 부모는 이혼으로 인한 심리적인 혼란으로 심한 불안과 좌절감을 느낀다. 이러한 혼란스러움은 자녀에 대한 방임, 신체적, 언어적, 정서적 폭력 등 아동학대로 이어져 부모-자녀관계가 단절되기도 한다. 이혼가정 자녀는 부모의 이혼에 대해 불만을 갖고 있거나 이혼에 대한 사회적인 편견을 내면화하여 이혼을 수치스러운 것으로 인식하는 경향이 강하다. 따라서 이러한 문제를 사전에 예방하고 방지하기 위해 '아동학대 예방'과 '이혼가정 자녀교육'을 통해 자녀의 어려움을 이해하고 자녀를 건강하게 키울 수 있도록 해야 한다. 이혼가정 부모가 보이는 자녀양육태도를 반성하고 적극적인 부모역할을 수행할 수 있도록 돕는다.

④ 부모-자녀관계 개선의 내용

이혼가정 자녀들은 이혼한 부모에 대한 불신, 분노 등을 저항이나 반항적인 행동으로 표출하는 경우가 많다. 이러한 경우 부모-자녀관계는 계속 악화되어 원만한 부모-자녀관계를 해칠 가능성이 높아진다. 이러한 문제를 예방하고 긴밀하고 애정이 넘치는 부모-자녀관계를 형성할 수 있도록 하기 위해 '효과적인 의사소통', '부모-자녀관계 개선' 활동을 통해 긍정적인 부모-자녀관계를 형성하도록 돕는다.

⑤ 사회지원망 활용의 내용

이혼가정 부모는 이혼 후 경제적인 어려움에 처하게 되어 적응의 어려움을 겪지만 정부의 이혼가정에 대한 지원은 턱없이 부족한 실정이다. 이혼가정 부모는 이혼가정을 지원하는 모·부자복지법에 대한 정보 부족으로 적절한 혜택을 받지 못하는 경우도 있다. 이에 따라 모·부자복지법에 대한 정보를 제공하여 정부지원을 받을 수 있는 방법을 모색하고 정부지원의 문제점을 다룬다. 또한 이혼했다는 이유로 직장 내 성희롱으로 어려움을 겪는 경우를 막기 위해 성희롱 대처법에 대한 정보를 제공한다. 특히 이혼관련 법률정보를 제공하여 자녀양육권, 자녀양육비, 면접교섭권 등의 분쟁으로 인한 스트레스를 줄여주도록 하며 무료상담 및 부모교육 정보를 제공하여 사회지원망을 적절히 활용할 수 있는 능력을 키우도록 돕는다.

(다) 이혼가정 부모교육 프로그램 구성

이혼가정 부모교육 프로그램의 구성은 5개의 대주제와 12개의 소주제 그리고 하위 영역에 24개의 소활동으로 구성되어 있다. 각 활동은 매주 1회 2시간씩 총 12회 진행되도록 조직되었다.

이혼가정 부모교육 프로그램의 구체적인 구성을 살펴보면 〈표 Ⅳ-5〉와 같이 자아재발견, 현실극복, 이혼가정 자녀이해, 부모-자녀관계 개선, 사회지원망 활용 등 다섯 가지 주제와 자신 바로알기, 심리검사, 미움을 버려요, 현실적응, 홀로서기, 미래설계, 자녀학대방지, 이혼가정 자녀교육, 부모-자녀관계 개선, 효과적인 의사소통, 법률정보, 모·부자가정 지원정책 등 12개의 소주제로 되어 있다. 주요 활동으로는 나는 누구일까?, 나의감정, HTP 검사, MBTI, 자녀양육태도를 바꿔요, 자녀에게 효자상 주기, 이혼가정 아동, 이혼 바로 알리기, 내 아이는 어떤 아이인가?, 내 아이가 바라는 엄마의 모습은, 이혼가정 자녀와의 대화기법, 대안 찾기, 양육권과 양육비, 면접교섭권, 성희롱, 정부지원정책, 민간단체 지원체계 등 24개 활동으로 구성되었다.

<표 Ⅳ-5> 이혼가정 부모교육 프로그램의 구성체계

	회기	주 제	활 동	내 용
자아재발견	1	자신 바로 알기	삶 나누기	이혼가정 부모들이 함께 모여 자신의 이름과 거주지, 자녀 수 등을 간단히 소개한다.
			나는 누구일까	다른 사람들에게 자신의 존재에 대해 알리는 과정을 통해 자신이 누구인지 등 정체성을 찾을 수 있도록 돕는다.
			나의 감정상태	이혼가정 부모 자신에 대해 깊이 있게 들여다볼 수 있도록 하여 자신의 현재 상황과 그로 인한 감정의 변화 등을 잘 파악할 수 있도록 돕는다.
	2	심리 검사	삶 나누기	한 주 동안 지내온 이야기를 나눈다.
			HTP 검사	집, 나무, 사람 그림검사를 통해 한부모 자신의 성격을 알아보는 시간을 갖는다.
			MBTI와 집단프로그램	성격유형 검사를 통해 자신의 성격을 알아보고 가족원의 성격도 이해하는 시간을 갖는다.
	3	미움을 버려요	삶 나누기	최근의 감정상태에 대해 이야기 나눈다.
			분노조절 예방 및 대처법	이혼 후 전 배우자나 전 시댁 식구들로부터 받은 스트레스를 해소할 수 있는 기회를 제공한다.
			용서하기	전 배우자 및 시댁식구나 자녀에 대한 분노를 용서할 수 있는 마음을 갖도록 돕는다.

	회기	주 제	활 동	내 용
현실극복	4	현실 적응	삶 나누기	이혼 후 느끼는 감정에 대해 이야기 나눈다.
			결혼과 이혼	결혼과 이혼에 대한 인식을 알아보고 왜 그런 생각을 갖게 되었는지 함께 나눈다.
			이혼 후 변화	이혼 후 달라진 현실에 대해 이야기 나누고 어떤 방향으로 변화하고 있는지 알아본다.
	5	홀로 서기	삶 나누기	이혼가정 부모교육 프로그램 참여 후 자신의 생활태도에 변화가 일어나고 있는지 알아본다.
			편견을 버려요	이혼 후 겪는 여러 어려움 중에서 특히 한부모 또는 이혼가정에 대해 갖고 있는 생각을 알아보고 잘못된 편견이 무엇인지 이야기 나눈다.
			난 행복해요	이혼가정 부모의 적응과정을 소개하고 그 적응과정을 통해 볼 때 나는 어느 시점에 놓여있는지 확인하고 이제 적응기간을 보내면 이혼가정 부모 자신도 혼란기를 벗어나 안정적인 상태에 도달할 수 있다는 믿음을 갖도록 한다.
	6	미래 설계	삶 나누기	한 주간의 생활에 대한 이야기를 나눈다.
			성공적인 삶이란	이혼가정 부모가 바라는 삶에 대한 이야기 나누기를 통해 성공적인 삶을 살기 위해 준비해야 될 것과 자신의 미래를 설계해 보도록 한다.
			성공사례	이혼가정으로 살면서 자신의 꿈과 희망을 이룬 경우를 소개하고 이혼이 인생의 새로운 출발점이 될 수 있다는 점을 강조한다.
자녀이해	7	자녀 학대 방지	삶 나누기	한 주간의 생활에 대한 이야기를 나눈다.
			자녀양육태도를 바꿔요	이혼가정 부모가 된 이후 자녀와의 관계에서 어떤 어려움을 겪고 있는지 알아보고 자신의 혼란한 정서로 인해 자녀를 학대하지는 않았는지 점검하는 시간을 갖는다.

	회기	주 제	활 동	내 용
자녀이해	7	자녀 학대 방지	자녀에게 효자상 주기	자녀에게 이유 없는 짜증과 폭력을 행사하거나 방임한 경우는 자신의 행동을 반성하고, 자녀의 긍정적인 부분을 발견하도록 하여 힘과 용기를 키워줄 수 있도록 자녀를 추천하여 효자상을 준다.
	8	이혼 가정 자녀 교육	삶 나누기	한 주간의 생활에 대한 이야기를 나눈다.
			이혼가정 아동	이혼가정 아동이 겪는 어려움과 혼란한 감정을 이해할 수 있도록 한다. 그리고 가정, 학교의 관심과 지지가 자녀들에게 얼마나 중요한지를 깨닫게 한다.
			이혼 바로 알리기	이혼가정 자녀들은 사회의 이혼가정에 대한 편견을 내면화하여 자신의 가정을 부끄럽게 생각하는 경우가 많아 이혼에 대한 바른 인식을 가질 수 있도록 돕는 방법 등을 소개한다.
부모 - 자녀관계개선	9	관계 개선	삶 나누기	한 주간의 생활에 대한 이야기를 나눈다.
			내 아이는 어떤 아이인가?	비이혼가정 아동과는 달리 이혼가정 아동은 특수한 상황에 처해 있으므로 자녀에 대한 관찰과 관심이 더욱 필요하다. 따라서 내 아이가 최근에 어떤 생각을 갖고 있으며 부모의 이혼에 대해 어떤 인식을 갖고 있는지 알아본다.
			내 아이가 바라는 엄마의 모습은?	이혼가정 자녀는 비이혼가정 자녀들보다 부모의 사랑을 더욱 필요로 하며 그런 사랑을 받고 싶어 한다. 그러나 자신의 생각을 말로 표현하지 않는 경우가 많으므로 이혼가정 부모가 감정이입을 통해 자녀가 바라는 부모의 모습은 어떤 것인지 알아보고 이를 실천할 수 있도록 한다.

	회기	주 제	활 동	내 용
부모-자녀관계개선	10	효과적인 의사소통	삶 나누기	한 주간의 생활에 대한 이야기를 나눈다.
			이혼가정 자녀와의 대화기법	이혼가정 발생 후 부모-자녀관계는 급격히 소원해 지는 경향이 많아 이러한 문제를 예방하고 줄일 수 있도록 자녀와 효과적으로 대화하는 기술들을 익히도록 한다.
			대안 찾기	자녀가 겪고 있는 문제를 해결하거나 부모-자녀관계에서 발생하는 문제들을 풀어나가기 위해 사용할 수 있는 기법으로 대안 찾기 기술을 소개하고 활용토록 돕는다.
정보교육	11	법률 정보	삶 나누기	한 주간의 생활에 대한 이야기를 나눈다.
			양육권과 양육비 면접교섭권	이혼가정이 발생한 이후에도 양육권과 양육비, 면접교섭권 문제는 끊임없이 제기되는 이혼문제 중 하나이다. 이혼가정 부모와 전 배우자의 재혼 또는 가정환경의 변화 등이 양육권과 양육비에 미칠 관계와 면접교섭권의 변경 가능성 등을 사례를 통해 알아본다.
			성희롱	많은 여성들이 성희롱의 대상이 되고 있으나 그중 가장 큰 피해자는 이혼가정 부모들이다. 이혼가정 부모들이 가정이나 직장에서 성희롱을 당했을 때에 어떻게 대처해야 하는지 법적인 조언과 사례를 소개한다.
	12	모·부자가정 지원정책	삶 나누기	한 주간의 생활에 대한 이야기를 나눈다.
			정부지원 정책	이혼가정을 지원하기 위해 정부가 추진하고 있는 모·부자가정 지원정책과 국민기초생활보장법에 의한 정부지원을 알아보고 자신의 가정이 어떤 정부지원을 받을 수 있는지 확인한다.
			민간단체 지원체계	이혼가정을 지원하고 있는 비영리민간단체의 활동을 소개하고 이러한 단체를 통해 어떤 것들을 지원받을 수 있는지 살펴보고 자신에게 도움이 되는 정보를 확보할 수 있도록 돕는다.

(2) 이혼가정 부모교육 프로그램의 실시방법 및 진행 지침

(가) 이혼가정 부모교육 프로그램의 실시방법

이혼가정 부모교육 프로그램의 실시방법은 이혼가정 부모 7-10명 정도의 소집단 규모로 총 12회 매주 1회 2시간씩 진행되도록 되어 있다. 각 회기별 프로그램 진행과정은 인사나누기를 제외하고 두 가지 활동을 전개하도록 되어 있는데 각 활동 중간에 5-10분 정도의 휴식시간을 갖도록 하였다.

수업 진행방법은 삶 나누기, 도입, 전개, 마무리 단계로 나누어진다. 삶 나누기 시간은 한 주 동안 지내온 이야기와 이혼가정 부모교육 프로그램에서 다룬 내용을 적용해 보고 성공 여부, 어려움 등을 나누는 과정이다. 도입은 회기별 주제에 흥미와 관심을 가질 수 있도록 관련 내용을 화두로 꺼내는 단계이다. 전개과정은 회기별로 강의와 작업으로 이어지며 실시자가 활동과 관련된 내용을 간략히 설명하고 참가자들이 작업에 참여하도록 하고 있다. 작업은 개별 또는 집단으로 진행되며 토의, 검사지, 작업지, 역할극 등 다양한 활동으로 이루어졌다. 마무리 단계는 해당 회기에서 다룬 내용에 대해 평가하고 다음 회기 활동을 소개하는 단계이다. 또한 회기와 연계된 활동을 과제로 내어 주어 한 주간 적용해 볼 수 있도록 하였다.

(나) 이혼가정 부모교육 프로그램의 진행지침

이혼가정 부모교육 프로그램의 진행과 관련해 진행자의 역할과 효율적인 진행을 위한 지침을 제시하고자 한다. 이혼가정 부모교육 프로그램 진행자의 역할은 역할모델, 교육자, 상담자, 중재자 등의 역할을 수행한다. 역할모델이란 이혼가정 부모가 부모의 역할을 잘 수행할 수 있도록 좋은 모델이 되는 것이다. 즉 부모－자녀관계를 개선하기 위한 효과적인 의사소통방법의 모델, 자녀의 문제행동을 이해하고 자녀를 지지, 격려하는 부모역할의 모델, 이혼 후 새로운 삶을 적극적으로 개척해 나가는 개척자로서의 역할 모델로서의 역할을 수행해야 한다.

교육자의 역할은 이혼가정 부모에게 교육의 목표와 내용에 따라 학습방법을 제시하고, 효과적인 수업 진행자로서의 역할을 수행하도록 하는 것이다. 또한 이혼가정 부모가 이혼 후의 좌절감, 낮은 자존감에서 벗어나 자신의 잠재능력을 파악하고 이를 개발할 수 있도록 새로운 도전의식을 갖도록 이끌어 주어야 한다.

상담자의 역할은 이혼가정 부모의 심리적인 문제를 완화시키고, 부모－자녀관계를 개선해 나갈 수 있도록 가족치료 상담가의 역할을 수행하여야 한다. 즉 자녀와의 갈등의 원인과 이를 극복하기 위한 노력 등 문제해결력을 키울 수 있도록 지지자, 격려자의 역할을 수행해야 한다. 특히 이혼가정 부모와 자녀들이 이혼가정에 대한 사회적인 편견을 잘 극복해 나갈 수 있도록 심리적인 지지를 보내야 하겠다.

중재자의 역할은 집단 상담 상황에서 각 집단의 구성원들이 서로의 문제를 내어 놓고 문제를 다룰 수 있도록 도와주는 역할을 한다. 집단원 간의 의견 차이로 분쟁이 발생하려 할 때 이를 진정시키고 토론을 통해 문제를 해결해 나갈 수 있도록 돕는 역할을 수행해야 한다.

이혼가정 부모교육 프로그램의 효율적인 진행을 위한 지침은 다음과 같다. 즉 ① 수업이 진행되는 강의실은 청결하고 환기가 잘되는 곳으로 선정한다. ② 수업에 필요한 자료와 필기도구, 간식 등은 수업 전에 완벽하게 준비해 테이블 위에 놓아둔다. ③ 가능하면 정해진 시간에 바로 수업을 진행한다. ④ 수업 중에는 이름 대신 별칭을 사용하도록 한다. ⑤ 수업시간에 나눈 이혼가정 부모들의 개인적인 사항은 서로 비밀에 붙인다. ⑥ 집단원 간의 의견 차이가 발생하거나 평소 불편한 감정 등으로 인해 서로 비난하거나 언성을 높이는 일이 없도록 한다. ⑦ 가능한 자녀를 수업시간에 데려오는 일이 없도록 한다. ⑧ 자녀들은 자원봉사자의 지도를 받도록 한다. ⑨ 가능하면 수업이 있는 요일과 시간을 변동하지 않는다 등이다. 구체적인 이혼가정 부모교육 프로그램의 수업전개과정은 〈표 Ⅳ-6〉과 같다.

〈표 Ⅳ-6〉 이혼가정 부모교육 프로그램의 수업전개과정

영 역	자신이해		
주제	1회기 자신 바로 알기 내용		
집단형태	소집단	시간	2시간
준비물	상자, 다양한 잡지, 이름표, 풍선, 칼, 풀, 네임펜 등		
학습목표	1) 다른 사람들에게 자신의 존재에 대해 알리는 과정을 통해 자신이 누구인지 등 정체성을 찾을 수 있도록 돕는다. 2) 이혼가정 부모에 대해 깊이 있게 들여다 볼 수 있도록 하여 자신의 현재 상황과 그로 인한 감정의 변화 등을 잘 파악할 수 있도록 돕는다.		
삶 나누기			
도입	자신이 누구인지 정확히 이야기할 수 있는 사람이 있을까요?		

영 역		자신이해
전 개 과 정	강의 1	주제: 나는 누구일까? 1) 이혼가정 부모교육에 대해 간략히 소개한다. 2) 프로그램을 진행할 지도자에 대해 설명한다. 3) 부모교육에 참가한 구성원들이 자신에 대해 간략히 소개한다.(이름, 자녀이름, 사는 곳 등) 4) 먼저 이름표에 자신을 나타낼 수 있는 단어와 그림을 그려 넣는다. 5) 교육자가 풍선을 불어 한 사람에게 풍선을 전달하면 그 사람이 자신을 소개한다. 6) 풍선을 받은 사람은 돌아가면서 자신의 별칭, 별칭을 정한 이유, 나이, 거주지, 자녀 수, 성격, 바라는 소망 등을 돌아가며 나눈다.
	작업 1	1) 별칭짓기 　준비물: 이름표, 네임펜 등
	휴식	간식 및 음료
	강의 2	주제: 감정 탐색하기 1) 이혼 전과 이혼 후 달라진 자신의 생활을 상자의 바깥 부분에 꾸미고 그로 인한 감정의 변화를 내면에 표현하도록 한다. 2) 돌아가며 자신들이 처한 상황을 소개한다. 3) 발표한 사람의 상자를 보고 느낀 점을 나눈다. 4) 다른 사람이 들려준 내용에 대해 자신에게 다가왔거나 아니라고 생각되는 부분에 대해 이야기 나눈다. 5) 비밀 지키기
	작업 2	2) 마음의 상자 　준비물: 크리넥스 상자, 잡지, 풀, 가위, 네임펜 등.
마무리	평가	1) 해당 회기에서 배운 것에 대해 이야기 나눈다. 2) 2회기 프로그램을 소개합니다.
	과제	자신이 누구인지 깊이 생각해 보기

나. 이혼가정 부모교육 프로그램의 효과

다음은 이혼가정 부모교육 프로그램의 효과를 실험설계에 의한 통계적 방법, 이혼 후 적응과 현실극복 변화과정을 탐색하기 위한 질적 분석, 평가지 만족도 등으로 나누어 제시하였다.

(1) 이혼가정 부모교육 프로그램의 효과 연구

본 연구에서 개발된 이혼가정 부모교육 프로그램의 효과를 알아보기 위해 이혼가정 부모의 이혼 후 적응 및 현실극복에 대한 인식을 질문지를 통해 교육 전(사전검사), 교육 후(사후검사), 그리고 교육 후 3주 후(추후검사)에 재차 실시하여 분석하였다.

(가) 자아재발견

이혼가정 부모교육 프로그램이 자아재발견에 미치는 영향을 밝히기 위해 실험집단의 사전, 사후, 추후점수 변화와 통제집단의 사전, 사후, 추후점수를 반복측정을 통해 분산분석을 실시하였으며, 실험집단과 통제집단 각각의 사전점수와 사후점수의 변화 그리고 사후점수와 추후점수의 변화를 비교하기 위하여 집단 내 평균의 차이검증을 실시하였다. 그 결과 〈표 Ⅳ-7〉과 같이 나타났다.

이혼 후 부정적인 심리는 사전검사에서는 실험집단이 통제집단에 비해 높은 것으로 나타났으나 사후검사와 추후검사에서는 실험집단의 점수가 낮은 것으로 나타났다. 그리고 이러한 차이는 통계적으로 유의한 것으로 밝혀졌다(F=7.459, p<.001).

그리고 실험집단과 통제집단에서 사전검사와 사후검사 그리고 사후검사와 추후검사의 변화 정도를 분석한 결과, 이혼가정 부모교육 프로그램에 참여한 실험집단은 사전검사 점수에 비하여 사후검사 점수가 감소되었으며, 이러한 감소는 통계적으로 유의한 것으로 밝혀졌다(t=7.072, p<.001). 그리고 감소된 부정적인 심리상태는 추후검사 결과 그대로 유지되는 것으로 나타났다. 즉 이혼가정 부모교육 프로그램은 이혼에 의한 부정적인 심리상태를 감소시켜 줄 뿐만 아니라 감소된 상태를 지속시키는 것으로 판단할 수 있다.

〈표 Ⅳ-7〉 이혼 후 적응과 현실극복 의지

		실험집단			통제집단			F
①#	구분	사전	사후	추후	사전	사후	추후	F
		3.81(.74)	2.53(.75)	2.47(.81)	3.49(.71)	3.41(.76)	3.35(.82)	11.051***
	t	7.072***		.903	.614		.630	
②#	구분	사전	사후	추후	사전	사후	추후	F
		3.03(.55)	2.54(.73)	2.44(.42)	2.78(.52)	2.85(.73)	2.84(.76)	7.642***
	t	6.250***		1.452	.688		.258	
③#	구분	사전	사후	추후	사전	사후	추후	F
		3.12(.51)	2.64(.48)	2.64(.48)	2.95(.50)	2.97(.40)	2.95(.38)	9.986***
	t	4.629***		.442	.368		1.188	
④#	구분	사전	사후	추후	사전	사후	추후	F
		3.28(.65)	3.03(.54)	3.08(.59)	3.34(.77)	3.40(.75)	3.38(.79)	4.635*
	t	2.782*		.998	1.005		.831	
⑤#	구분	사전	사후	추후	사전	사후	추후	F
		3.27(.70)	2.50(.93)	2.50(.97)	3.01(.64)	3.03(.69)	2.97(.68)	8.050***
	t	4.050***		.001	.182		1.084	
⑥#	구분	사전	사후	추후	사전	사후	추후	F
		2.63(.89)	1.85(.72)	1.75(.69)	2.32(.80)	2.33(.80)	2.24(.88)	11.419***
	t	4.759***		1.414	.154		1.592	
⑦#	구분	사전	사후	추후	사전	사후	추후	F
		3.05(.88)	2.21(1.19)	2.25(1.19)	2.85(.77)	2.75(.81)	2.71(.83)	6.504**
	t	3.590***		1.607	1232		.792	

	구분	실험집단			통제집단			
		사전	사후	추후	사전	사후	추후	F
⑧#	분	2.31(1.04)	1.65(.62)	1.65(.65)	2.13(.77)	2.17(.79)	2.08(.84)	6.892**
	t	3.307**		.190	.454		1.117	
⑨#	분	2.76(.78)	2.49(.53)	2.40(.52)	2.83(.82)	2.89(.66)	2.96(.72)	3.747*
	t	2.861**		2.028	.698		1.267	
⑩#	분	2.55(.67)	2.95(.76)	2.88(.76)	2.44(.58)	2.31(.69)	2.31(.77)	3.135*
	t	2.886*		1.502	1.381		.067	
⑪#	분	2.40(.78)	2.75(.75)	2.77(.62)	2.21(.63)	2.08(.62)	2.05(.65)	4.833**
	t	3.248**		.237	1.185		.391	
⑫#	분	2.51(.83)	2.84(.69)	2.82(1.04)	2.51(.79)	2.41(.76)	2.44(.78)	11.390***
	t	3.304**		.478	1.029		.015	

* P<.05, ** P<.01, *** p<.001.

\#:

① 이혼 후 부정적인 심리 ② 이혼에 대한 부정적인 인식
③ 이혼 결정 불만족 정도 ④ 미래에 대한 낮은 기대감의 변화
⑤ 자녀양육의 어려움 ⑥ 떠나간 부모에 대한 부정적인 인식
⑦ 이혼에 대한 자녀의 부정적인 인식 ⑧ 떠나간 부모에 대한 부적절한 설명
⑨ 달라진 가족체계에 대한 잘못된 설명 ⑩ 자녀의 사회적응을 돕기 위한 노력
⑪ 부정적인 부모－자녀관계의 개선 ⑫ 사회지원망 활용

〈그림 Ⅳ-1〉에 의하면, 통제집단도 점수의 감소가 나타났으나 실험집단의 점수 감소의 정도가 통제집단에 비하여 매우 큰 것으로 나타났다. 또한 이혼가정 부모교육 프로그램의 참여에 의하여 감소된 부정적인 심리상태가 지속적으로 유지되고 있음을 보여주고 있다.

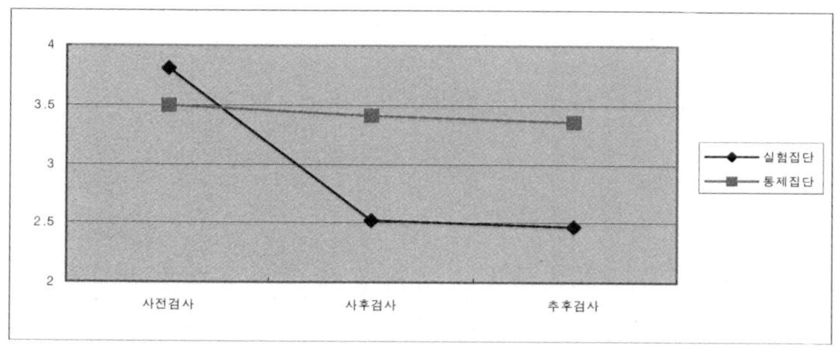

<그림 Ⅳ-1> 이혼 후 부정적인 심리

이상을 정리하면, 이혼가정 부모는 이혼 후 심리적인 어려움을 겪지만 이혼가정 부모교육 프로그램을 받은 부모는 교육을 받지 않은 부모보다 정서적으로 더욱 안정되며 이러한 심리적 안정은 교육 후에도 지속적으로 유지되는 것을 알 수 있다. 반면 이혼가정 부모교육을 받지 않은 부모들은 이혼으로 인한 심리적인 혼란이 시간이 지나면서 낮아지기는 하지만 교육을 받은 이혼가정 부모에 비해 불안정한 상태에 놓여 있는 것을 볼 수 있다. 따라서 본 연구에서 처치한 이혼가정 부모교육 프로그램은 이혼 후 심리적인 혼란을 완화시켜 자아재발견에 도움을 주는 것으로 판단할 수 있다.

(나) 현실극복

이혼가정 부모교육 프로그램이 현실극복에 미치는 영향을 밝혀보기 위하여 실험집단의 사전, 사후, 추후점수 변화와 통제집단의 사전, 사후, 추후점수를 반복측정을 통해 분산분석을 실시하였으며, 실험집단과 통제집단 각각의 사전점수와 사후점수의 변화 그리고 사후점수와 추후점수의 변화를 비교하기 위하여 집단 내 평균의 차이검증을 실시하였다. 수집한 자료를 분석한 결과를 현실극복 각 하위 영역별로 제시하였다.

① 이혼에 대한 부정적인 인식

이혼가정 부모교육 프로그램이 이혼에 대한 부정적인 인식의 감소에 미치는 효과를 분석한 결과는 다음 〈표 Ⅳ-7〉 및 〈그림 Ⅳ-2〉과 같다.

이혼에 대한 부정적인 인식에 대해서는, 사전검사에서는 실험집단이 통제집단에 비하여 높은 것으로 나타났으며, 사후검사와 추후검사에서는 실험집단과 통제집단이 유사한 수준인 것으로 나타났다. 즉 프로그램의 처치가 실험집단의 이혼에 대한 부정적인 인식을 감소시킨 것으로 판단할 수 있으며, 이러한 차이는 통계적으로 유의한 것으로 밝혀졌다(F=7.642, p<.001).

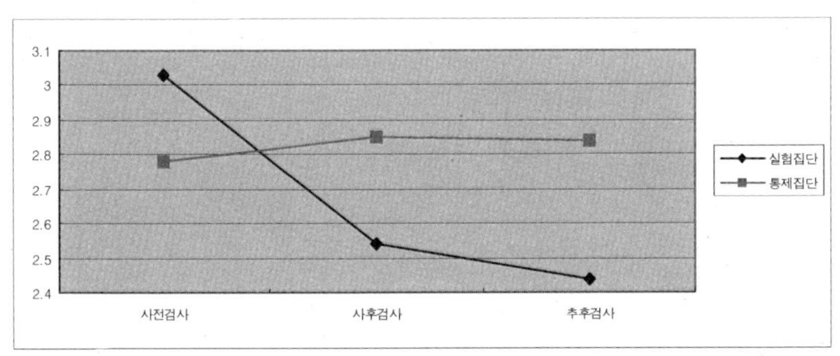

〈그림 Ⅳ-2〉 이혼에 대한 부정적 인식

그리고 이혼가정 부모교육 프로그램에 참여한 실험집단은 이혼에 대한 부정적인 인식이 감소한 후 추후검사에서 그대로 유지되고 있는 것으로 나타났다. 이혼가정 부모교육 프로그램에 참여한 실험집단의 사전검사와 사후검사의 점수를 비교한 결과 이혼에 대한 부정적인 인식이 감소하였으며 감소의 정도는 통계적으로 유의한 것으로 밝혀졌다(t=6.250, p<.001). 즉 사후검사와 추후검사에서는 감소된 이혼에 대한 부정적인 인식이 그대로 유지되고 있는 것으로 나타났다. 따라서 이혼가정 부모교육 프로그램은 이혼에 대한 부정적인 인식을 감소시킬 뿐만 아니라 감소된 부정적인 인식을 그대로 지속시키는 것으로 판단할 수 있다.

② 이혼 결정에 대한 불만족

이혼가정 부모교육 프로그램이 이혼 결정 불만족에 미치는 효과를 분석한 결과는 다음 〈표 Ⅳ-7〉 및 〈그림 Ⅳ-3〉과 같다.

이혼 결정에 대한 불만족의 변화는 사전검사에서는 실험집단이 통제집단에 비해 점수가 높은 것으로 나타났으나 사후검사와 추후검사에서는 실험집단의 점수가 낮은 것으로 나타났다. 즉 프로그램의 처치가 이혼 결정에 대한 불만족의 정도를 낮춘 것으로 판단할 수 있으며, 이러한 차이는 통계적으로 유의한 것으로 밝혀졌다(F=9.986, p<.001).

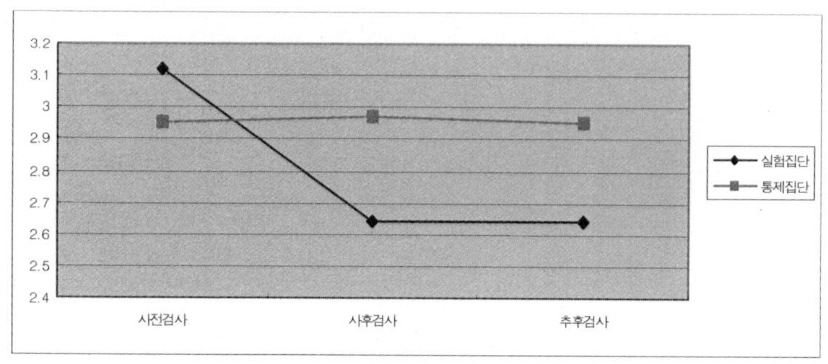

〈그림 Ⅳ-3〉 이혼 결정에 대한 불만족

그리고 이혼가정 부모교육 프로그램에 참여한 실험집단은 이혼 결정에 대한 불만이 감소한 후 추후검사에서 그대로 유지되고 있는 것으로 나타났다. 이혼가정 부모교육 프로그램에 참여한 실험집단의 이혼 결정에 대한 불만족은 사전검사에 비하여 사후검사에서 통계적으로 유의한 수준에서 감소하였으며(t=4.629, p<.001), 감소된 이혼 결정에 대한 불만족을 그대로 유지시켜 주고 있는 것으로 나타났다. 따라서 이혼가정 부모교육 프로그램은 이혼 결정에 대한 불만족을 감소시키고 이를 지속적으로 유지함으로써 이혼 결정 자체에 대한 불만족을 감소시키고 유지시키는 것으로 판단할 수 있다. 즉 감소된 이혼 결정에 대한 불만족이 추후검사에서 그대로 유지되고 있는 것으로 나타났다.

③ 미래에 대한 낮은 기대감

이혼가정 부모교육 프로그램이 미래에 대한 낮은 기대감의 변화에 미치는 효과를 분석한 결과는 다음 〈표 Ⅳ-7〉 및 〈그림 Ⅳ-4〉과 같다.

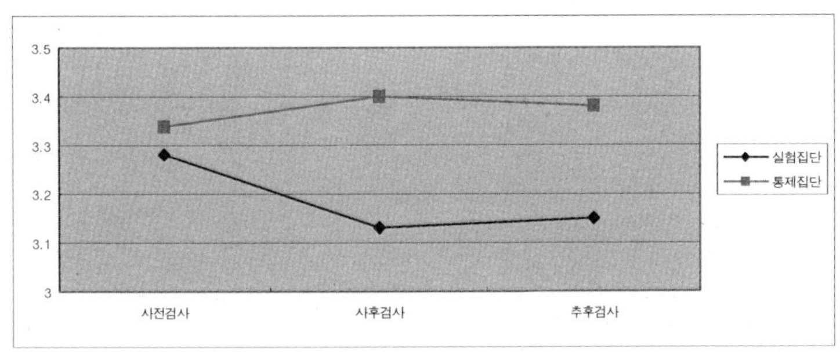

〈그림 Ⅳ-4〉 미래에 대한 낮은 기대감

　미래에 대한 낮은 기대감은 사전검사에서는 실험집단이 통제집단보다 낮았지만 유의한 차이는 아니었다. 그러나 사후검사와 추후검사에서는 실험집단의 점수가 통제집단보다 낮아졌으며, 이러한 차이는 통계적으로 유의한 것으로 밝혀졌다($F=4.635$, $P<.05$). 그리고 이혼가정 부모교육 프로그램에 참여한 실험집단은 미래에 대한 낮은 기대감이 감소한 후 추후검사에서 그대로 유지되고 있는 것으로 나타났다. 즉 이혼가정 부모교육 프로그램에 참여한 실험집단의 사전검사와 사후검사 결과 미래에 대한 낮은 기대감이 감소하였으며, 이러한 감소는 통계적으로 유의한 것으로 밝혀졌다($t=2.782$, $p<.05$). 그리고 감소된 미래에 대한 낮은 기대감을 지속적으로 유지시킴으로써 긍정적이고 적극적인 태도를 가지게 하는 것으로 판단할 수 있다.

　이상을 정리하면, 이혼가정 부모교육 프로그램에 참여한 실험집단은 현실극복 하위 영역의 각 점수들이 프로그램 처치 직후 모두 감소하고 있는 것으로 나타났으며, 또한 추후검사에서는 그대로 유지하고 있는 것으로 나타났다. 따라서 이혼가정 부모교육 프로그램에 참여하지 않은 통제집단과 사후검사와 추후검사에서 뚜렷한 차이를 보이고 있다. 즉 이혼가정 부모교육 프로그램은 이혼가정 부모들의 이혼에 대한 부정적인 인식을 변화시켜 현실극복을 할 수 있도록 긍정적인 영향을 미치는 것으로 판단할 수 있다.

　결과적으로 이혼가정 부모교육 프로그램은 이혼에 대한 부정적인 인식을 감소시키고, 이혼에 의한 미래의 불확실성을 줄여 주며 이를 통하여 긍정적인 삶을 추구하도록 하는 것으로 판단할 수 있다.

(다) 이혼가정 아동에 대한 이해

이혼가정 부모교육 프로그램이 이혼가정 아동에 대한 이해에 미치는 영향을 밝혀보기 위하여 실험집단의 사전, 사후, 추후점수 변화와 통제집단의 사전, 사후, 추후점수를 반복측정을 통해 분산분석을 실시하였으며, 실험집단과 통제집단 각각의 사전점수와 사후점수의 변화 그리고 사후점수와 추후점수의 변화를 비교하기 위하여 집단 내 평균의 차이검증을 실시하였다. 수집한 자료를 분석하여 각 하위 영역별로 제시하면 다음과 같다.

① 자녀양육의 어려움

이혼가정 부모교육 프로그램이 이혼가정 아동에 대한 이해 하위 영역 중 자녀양육의 어려움에 미치는 영향을 보기 위하여 분석한 결과는 다음 〈표 Ⅳ-7〉 및 〈그림 Ⅳ-5〉과 같다.

이혼가정 부모교육 프로그램이 이혼가정 아동에 대한 이해에 미치는 영향을 분석한 〈표 Ⅳ-7〉에 의하면, 자녀양육의 어려움에 있어서 사전검사에서는 실험집단의 점수가 통제집단의 점수에 비하여 높았으나, 사후검사와 추후검사에서는 실험집단의 점수가 낮은 것으로 나타났으며, 이러한 차이는 통계적으로 유의한 것으로 밝혀졌다($F=8.050$, $p<.001$). 이혼가정 부모교육 프로그램에 참여한 실험집단의 자녀양육의 어려움은 사전검사에 비하여 사후검사에서 현저히 감소하였으며, 이러한 감소의 정도는 통계적으로 유의한 것으로 밝혀졌다($t=4.050$, $p<.001$).

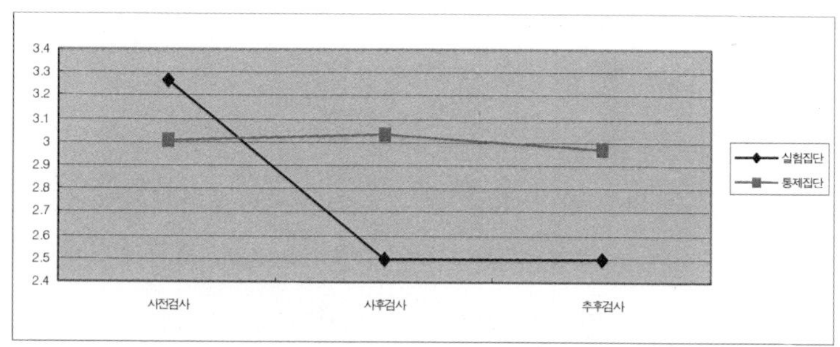

〈그림 Ⅳ-5〉 자녀양육의 어려움

그리고 감소된 자녀양육의 어려움은 추후검사에서 지속적으로 유지되고 있음을 보여주고 있다. 즉 이혼가정 부모교육 프로그램은 이혼가정 자녀양육의 어려움을 감소시켜 주며 또한 이를 지속적으로 유지되게 하는 것으로 판단할 수 있다.

② **떠나간 부모에 대한 부정적 인식**

이혼가정 부모교육 프로그램이 떠나간 부모에 대한 부정적인 인식을 감소시켜 주는지에 대한 효과를 분석한 결과는 다음의 〈표 Ⅳ-7〉 및 〈그림 Ⅳ-6〉과 같다.

이혼가정 부모교육 프로그램이 떠나간 부모에 대한 부정적인 인식에 미치는 영향을 분석한 〈표 Ⅳ-7〉에 의하면, 떠나간 부모에 대한 부정적인 인식에 있어서 사전검사에서는 실험집단의 점수가 통제집단의 점수에 비하여 높았으나, 사후검사와 추후검사에서는 실험집단의 점수가 낮은 것으로 나타났으며, 이러한 차이는 통계적으로 유의한 것으로 밝혀졌다($F = 11.416$, $p < .001$). 또한 이혼가정 부모교육 프로그램에 참여한 실험집단은 사전검사에 비하여 사후검사가 현저히 감소하였으며,

이러한 감소는 통계적으로 유의한 것으로 밝혀졌다(t =4.759, p<.001). 그리고 감소된 떠나간 부모에 대한 부정적인 인식은 그대로 유지됨으로써 이혼가정 부모교육 프로그램이 떠나간 부모에 대한 부정적인 인식을 감소시킬 뿐만 아니라 감소된 태도를 유지하도록 하는 것으로 나타났다. 즉 이혼가정 부모교육 프로그램은 이혼에 의하여 발생할 수 있는 부모에 대한 부정적인 인식을 감소시키고 유지하도록 함으로써 가족관계에 대한 긍정적인 태도를 갖도록 하는 것으로 판단할 수 있다.

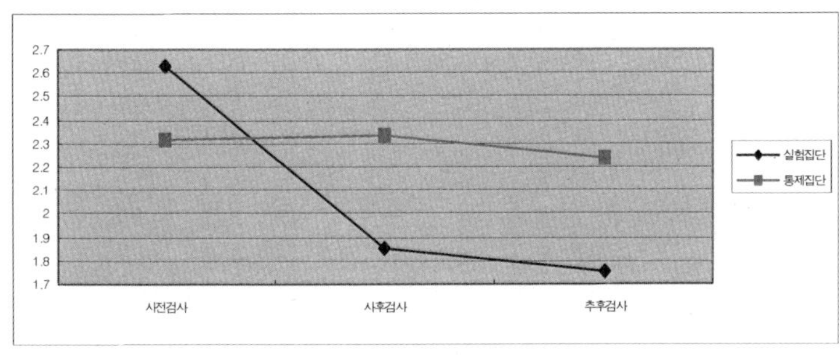

〈그림 Ⅳ-6〉 떠나간 부모에 대한 부정적인 인식

③ 이혼에 대한 자녀의 부정적인 인식

이혼가정 부모교육 프로그램이 이혼에 대한 자녀의 부정적인 인식의 감소에 미치는 효과를 분석한 결과는 다음의 〈표 Ⅳ-7〉 및 〈그림 Ⅳ-7〉과 같다.

이혼에 대한 자녀의 부정적인 인식에 있어서 사전검사에서는 실험집단의 점수가 통제집단의 점수에 비하여 높았으나, 사후검사와 추후검사에서는 실험집단의 점수가 낮은 것으로 나타났으며, 이러한 차이는 통계적으로 유의한 것으로 밝혀졌다(F=6.504, p<.01). 즉 이혼가

정 부모교육 프로그램이 이혼에 대한 자녀의 부정적인 인식을 감소시키는 것으로 볼 수 있다. 그리고 이혼가정 부모교육 프로그램은 이혼에 대한 자녀의 부정적인 인식을 감소시키고 감소시킨 부정적인 인식을 유지하도록 하는 것으로 나타났다. 이혼가정 부모교육 프로그램에 참여한 실험집단의 사전검사와 사후검사를 비교한 결과, 통계적으로 유의한 수준에서 이혼에 대한 자녀의 부정적인 인식이 감소한 것으로 나타났으며($t = 3.590$, $p < .001$), 사후검사와 추후검사의 비교에서는 유의한 차이가 없는 것으로 나타났다.

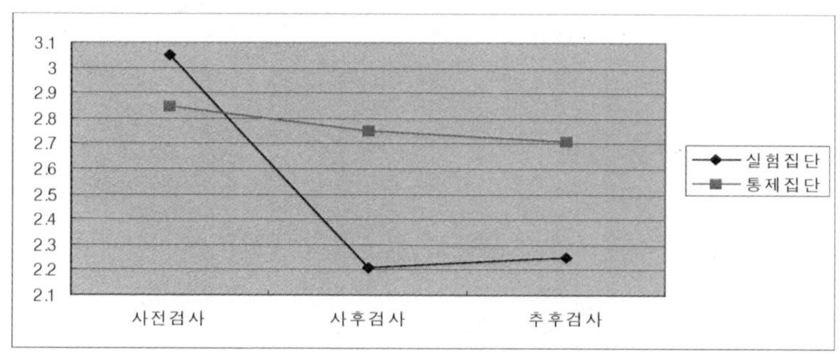

〈그림 Ⅳ-7〉 이혼에 대한 자녀의 부정적인 인식

④ 떠나간 부모에 대한 부적절한 설명

이혼가정 부모교육 프로그램이 이혼가정 부모의 떠나간 부모에 대한 부적절한 설명의 감소에 미치는 효과를 분석한 결과는 다음의 〈표 Ⅳ-7〉 및 〈그림 Ⅳ-8〉과 같다.

이혼가정 부모의 떠나간 부모에 대한 부적절한 설명은 사전검사에서는 실험집단의 점수가 통제집단의 점수에 비하여 높았으나 사후검사와 추후검사에서는 실험집단의 점수가 낮은 것으로 나타났으며, 이

러한 차이는 통계적으로 유의한 것으로 밝혀졌다(F=6.892, p<.01). 이
러한 결과는 이혼가정 부모교육 프로그램이 떠나간 부모에 대한 부적
절한 설명을 감소시키며 또한 감소된 부적절한 설명이 기대로 유지되
는 것으로 판단할 수 있다. 즉 이혼가정 부모교육 프로그램에 참여한
실험집단의 사전검사와 사후검사를 비교한 결과 통계적으로 유의한
수준에서 부적절한 설명이 감소한 것으로 나타났으며(t=3.307, p<.01),
또한 감소된 부적절한 설명은 추후검사에서 그대로 유지되고 있는 것
으로 나타났다. 그리고 통제집단의 이혼가정 부모의 떠나간 부모에 대
한 부적절한 설명 점수에서는 어느 정도 변화가 있었지만 통계적으로
유의한 수준은 아닌 것으로 나타났다. 이러한 결과는 이혼가정 부모교
육 프로그램은 떠나간 부모에게 대한 부적절한 설명을 감소시키며 또
한 이를 지속적으로 유지하도록 하는 것으로 판단할 수 있다.

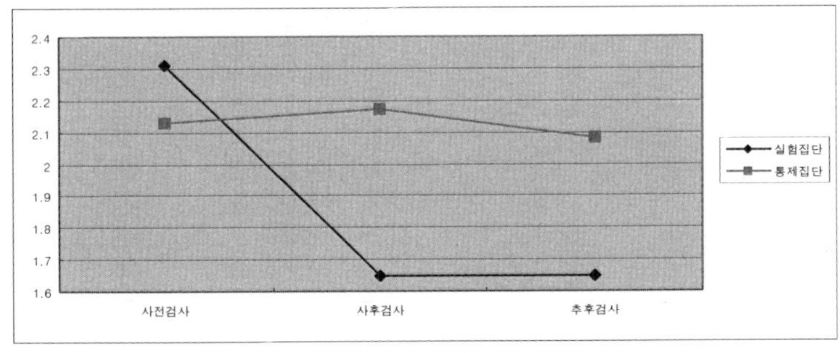

〈그림 Ⅳ-8〉 부모의 떠나간 부모에 대한 부적절한 설명

⑤ 달라진 가족체계에 대한 잘못된 설명

이혼가정 부모교육 프로그램이 이혼 후 달라진 가족체계에 대한
잘못된 설명의 감소에 미치는 효과를 분석한 결과는 다음의 〈표 Ⅳ

-7〉 및 〈그림 Ⅳ-9〉과 같다.

이혼 후 달라진 가족체계에 대한 잘못된 설명 정도는 사전검사에서는 실험집단이 통계집단보다 낮았지만 유의한 차이는 아니었다. 그러나 사후검사와 추후검사에서는 실험집단의 점수가 통제집단보다 낮아졌으며, 이러한 차이는 통계적으로 유의한 것으로 밝혀졌다(F=3.745, p<.05). 즉 이혼가정 부모교육 프로그램은 이혼 후 달라진 가족체계에 대한 잘못된 설명을 줄여줌으로써 긍정적인 가족체계를 수용하도록 하는 것으로 판단할 수 있다.

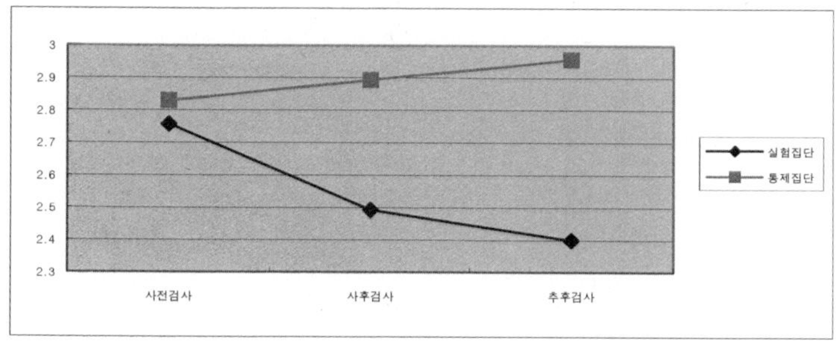

〈그림 Ⅳ-9〉 달라진 가족체계에 대한 잘못된 설명

구체적으로는 이혼가정 부모교육 프로그램에 참여한 실험집단의 사전검사와 사후검사를 비교한 결과, 사전검사에 비하여 사후검사 점수가 감소하였으며, 이러한 감소는 통계적으로 유의한 것으로 밝혀졌다(t=2.861, p<.01). 그리고 사후검사와 추후검사에서는 통계적으로 유의하지는 않지만 지속적으로 감소하고 있는 것으로 나타났다. 이에 비하여 통제집단에서는 가족체계에 대한 잘못된 설명 정도가 통계적으로 유의하지는 않지만 지속적으로 증가하고 있는 것으로 나타났다.

결과적으로 이혼가정 부모교육 프로그램은 이혼 후 달라진 가족체계에 대한 잘못된 설명을 감소시킴으로써 긍정적인 가족관계와 가족체계를 구축하는 데 긍정적인 영향을 미치는 것으로 판단할 수 있다.

이상을 정리하면, 이혼가정 부모교육 프로그램은 이혼가정 아동에 대한 이해를 높임으로써 긍정적인 인식을 가지도록 하는 것으로 판단할 수 있다. 특히 이혼가정 아동에 대한 이해가 부정적일 경우, 이혼가정 아동은 또래집단에서의 부적응과 사회현실의 수용에 있어서 적극성의 결여 등으로 타인과의 관계가 축소되고 사회적으로 소외될 수 있다. 특히 부정적인 가족관이나 떠나간 부모나 또는 남아 있는 부모에 대하여 부정적인 인식을 가짐으로써 공격적인 태도 등 반사회적 행동을 하게 될 수 있다. 그렇지만, 본 연구의 결과에 의하면 이혼가정 부모교육 프로그램은 이러한 관계를 개선할 수 있는 효과적인 방법인 것으로 판단할 수 있다.

(라) 부모-자녀관계 개선

이혼가정 부모교육 프로그램이 부모-자녀관계 개선에 미치는 효과를 밝혀보기 위하여 실험집단의 사전, 사후, 추후점수 변화와 통제집단의 사전, 사후, 추후점수를 반복측정을 통해 분산분석을 실시하였으며, 실험집단과 통제집단 각각의 사전점수와 사후점수의 변화 그리고 사후점수와 추후점수의 변화를 비교하기 위하여 집단 내 평균의 차이검증을 실시하였다. 수집한 자료를 분석한 결과를 각 하위 영역별로 제시하면 다음과 같다.

① 자녀의 사회적응을 돕기 위한 노력

이혼가정 부모교육 프로그램이 자녀의 사회적응을 돕기 위한 노력을 밝히기 위하여 분석한 자료는 다음의 〈표 Ⅳ-7〉 및 〈그림 Ⅳ-10〉과 같다.

이혼가정 부모교육 프로그램이 부모－자녀관계개선에 미치는 효과를 분석한 결과에 의하면, 자녀의 사회 적응을 돕기 위한 노력에 있어서는 실험집단은 사전검사보다 사후검사 및 추후검사에서 점수가 높아지고 있는 반면, 통제집단은 사전검사에 비하여 사후검사와 추후검사에서 의미 있는 변화는 없는 것으로 나타났다. 그리고 이러한 차이는 통계적으로 유의한 것으로 밝혀졌다(F＝3.135, P〈.05).

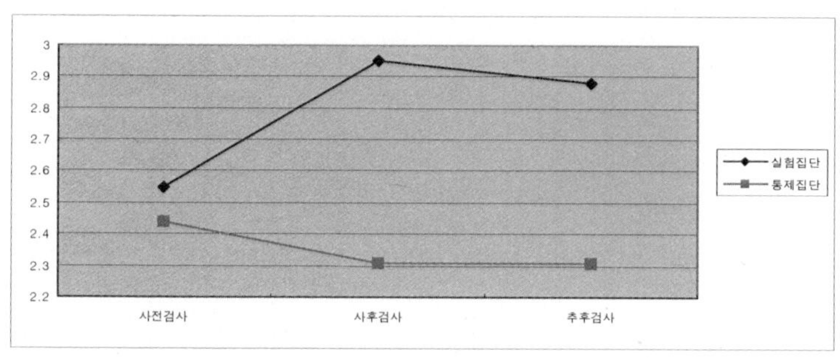

〈그림 Ⅳ-10〉 자녀의 사회 적응을 돕기 위한 노력

즉 이혼가정 부모교육 프로그램은 이혼가정 부모가 자녀의 사회적응을 돕기 위한 노력을 증가시키며 또한 지속적으로 유지시키는 것으로 나타났다. 이혼가정 부모교육 프로그램에 참여한 실험집단의 사전검사와 사후검사를 비교하면 사전검사에 비하여 사후검사 점수가 증가하였으며, 이러한 증가는 통계적으로 유의한 것으로 밝혀졌다

(t=2.886, p<.05). 그리고 사후검사와 추후검사를 비교하면 증가된 점수가 유지되고 있는 것으로 나타났다. 따라서 이혼가정 부모교육 프로그램은 자녀의 사회적응을 돕기 위한 노력을 증가시키며 또한 지속적으로 유지되도록 하는 것으로 판단된다.

② 부정적인 부모-자녀관계의 개선

이혼가정 부모교육 프로그램이 부정적인 부모-자녀관계의 개선에 미치는 효과를 밝혀보기 위하여 분석한 결과는 다음의 〈표 Ⅳ-7〉 및 〈그림 Ⅳ-11〉과 같다.

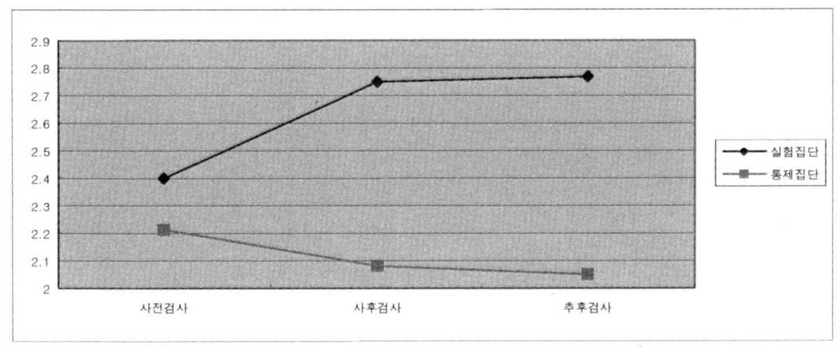

〈그림 Ⅳ-11〉 부정적인 부모-자녀관계 개선

부정적인 부모-자녀관계의 개선에 있어서는 실험집단은 프로그램 처치 후 점수가 지속적으로 높아지는 것으로 나타났으며, 통제집단은 점수가 낮아지고 있는 것으로 나타났다. 그리고 이러한 차이는 통계적으로 유의한 것으로 밝혀졌다(F=4.833, P<.01). 즉 이혼가정 부모교육 프로그램은 부정적인 부모-자녀관계를 개선하고 장기적으로 개선된 부모-자녀관계를 유지시켜 주고 있는 것으로 판단할 수 있

다. 이혼가정 부모교육 프로그램에 참여한 실험집단의 사전검사와 사후검사를 비교하면, 사전검사에 비하여 사후검사의 점수가 증가하였으며 이러한 증가는 통계적으로 유의한 것으로 밝혀졌다(t=3.248, p<.01). 그리고 사후검사와 추후검사에서는 증가된 부모-자녀의 관계 개선 정도가 지속적으로 유지되는 것으로 나타났다.

이상을 종합하면, 이혼가정 부모교육 프로그램에 참여한 실험집단은 부모-자녀관계가 긍정적으로 개선되고 있는 것으로 판단할 수 있다. 즉 이혼가정 부모교육 프로그램에 참여한 실험집단은 자녀의 사회적응을 돕기 위한 노력이 증가하고 또한 부정적인 부모-자녀관계가 뚜렷이 개선되고 있는 것으로 나타났다. 그리고 장기적으로는 개선된 부모-자녀관계가 지속적으로 유지되고 있음도 보여주고 있다.

(마) 사회지원망 활용

이혼가정 부모교육 프로그램이 사회지원망 활용 정도에 미치는 영향을 밝혀보기 위하여 실험집단의 사전, 사후, 추후점수 변화와 통제집단의 사전, 사후, 추후점수를 반복측정을 통해 분산분석을 실시하였으며, 실험집단과 통제집단 각각의 사전점수와 사후점수의 변화 그리고 사후점수와 추후점수의 변화를 비교하기 위하여 집단 내 평균의 차이검증을 실시하였다. 분석한 결과는 다음의 〈표 Ⅳ-7〉 및 〈그림 Ⅳ-12〉와 같다.

이혼가정 부모교육 프로그램이 사회지원망 활용 정도에 미치는 영향을 분석한 〈표 Ⅳ-7〉에 의하면, 실험집단은 프로그램 참여 이후 사회지원망 활용 정도가 지속적으로 높아지고 있는 반면, 통제집단은 약간 낮아진 것으로 나타났다. 즉 실험집단이 통제집단에 비하여 사회지원망 활용 정도가 높아지는 것으로 판단할 수 있다. 그리고 이러한 차이는 통계적으로 유의한 것으로 밝혀졌다(F=11.390, P<.001). 그리고 이혼가정 부모교육 프로그램에 참여한 실험집단은 사후검사에서 사회지원망 활용 정도가 높아졌으며, 또한 높아진 정도가 추후검사에서도 그대로 유지되고 있는 것으로 나타났다. 이혼가정 부모교육 프로그램에 참여한 실험집단의 사전검사와 사후검사를 비교하면, 사전검사에 비하여 사후검사에서 현저히 증가하였으며 이러한 증가는 통계적으로 유의한 것으로 밝혀졌다(t=3.304, p<.01).

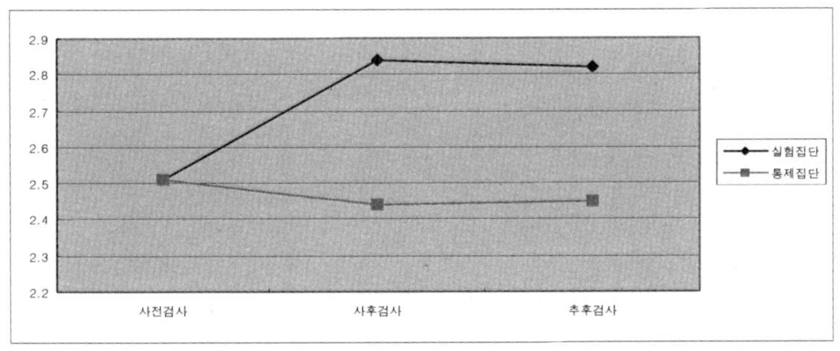

〈그림 Ⅳ-12〉 사회지원망 활용

그리고 사후검사와 추후검사에서는 유의한 변화는 없는 것으로 나타났다. 즉 이혼가정 부모교육 프로그램은 이혼가정 부모의 사회지원망 활용을 증진할 뿐만 아니라 증진된 사회지원망의 활용을 그대로 유지하게 하는 것으로 판단할 수 있다. 이러한 결과는 이혼가정이 적절한 사회지원망을 활용함으로써 보다 적극적으로 사회에 적응할 수 있는 기회를 제공할 수 있는 것으로 판단된다.

(2) 이혼 후 적응과 현실극복 의지 변화과정 탐색을 위한 질적 분석

이혼가정 부모교육 프로그램의 효과를 검증하기 위해 이혼가정 부모교육 프로그램에 참석한 이혼가정 부모의 이혼 후 적응과 현실극복 의지를 탐색하기 위해 질적 분석을 실시하였다. 질적 분석의 틀로는 크게 모자가정과 부자가정의 고충, 부모교육 프로그램에 따른 사례분석, 프로그램 구성 집단, 사회복지사의 역할, 이혼가정 부모가 요구하는 부모교육 프로그램의 내용 등 다섯 가지로 분석하고자 하였다.

첫째, 이혼 후 적응과 현실극복 의지의 변화과정을 탐색하기에 앞서 모·부자가정의 어려움을 탐색할 필요성을 느껴 모자가정과 부자가정의 어려움 정도를 살펴 그 결과를 분석하였다. 그 결과 모자가정과 부자가정의 어려움 정도에 차이가 나타났다. 즉 모자가정은 경제적인 어려움이 가장 큰 고충으로 인식된 반면 부자가정의 경우는 자녀양육의 어려움을 가장 큰 고충으로 호소하였다. 그러나 모자가정과 부자가정의 자녀양육의 어려움 정도에는 차이를 보였다. 모·부자가정의 현실을 볼 때 이혼가정 부모들은 이혼 후 현실에 적응하지 못하고 경제적, 자녀양육, 사회적 편견 등으로 어려움을 겪고 있었다.

둘째, 이혼가정 부모의 부모교육에 따른 사례분석은 사전, 사후, 추후면담과 교육 진행에 따라 초기, 중기, 후기, 추후과정으로 나누어 변화과정을 분석하였다. 초기과정에서는 사전면담을 기초로 이혼가정 부모의 자아재발견 과정을 다루었고, 중기과정에서는 수업진행에 따른 현실극복 의지, 이혼가정 자녀이해, 부모-자녀관계 개선 정도를 분석하였으며, 후기과정에서는 사후면담을 토대로 사회지원망 활용에 따른 변화과정을 보고자 하였다. 이후 교육이 종료된 3주 후에는 추후면담을 실시하여 초기, 중기, 후기과정에서 나타난 결과들이 어떻게 변화되는지를 분석하고자 하였다. 그 결과 초기과정에서는 이혼가정 부모들이 교육 전 이혼으로 인한 심리적인 불안, 분노, 우울, 실패감 등으로 혼란스러운 상태에 놓여 있었으나 교육 후 심리적인 안정을 보이기 시작하였고, 자아재발견 과정을 통해 잃었던 자신의 정체성을 재발견해 나가기 시작하였다.

중기과정에서는 이혼가정 부모의 현실극복 정도에 변화가 나타났다. 교육 전 좌절감에 빠져있던 이혼가정 부모들이 홀로서기 과정을 통해 현실을 인정하고 당당하고 행복한 이혼가정으로 살아갈 수 있는 힘과 용기를 얻게 되었으며 다음 단계로의 향상을 위해 노력하려는 모습을 보여주었다. 이혼가정 자녀에 대한 이해 정도 측면에서는 교육 전 부모의 이혼을 경험한 자녀의 심리와 어려움에 대해 깊이 이해하지 못하였던 부모들이 교육 후에는 이혼가정 자녀들을 이해하게 되었고 이혼에 대해 어떻게 접근해야 하는지 알게 되었다.

부모-자녀관계와 관련해서는 자녀가 청소년기에 접어들면서 교육 전 부모-자녀관계가 단절되거나 갈등이 심했으나 교육 후 혼란스러운 자녀들의 마음을 이해하려고 노력하였고, 의사소통 기술을 익혀서 자녀와의 갈등을 줄여나가기 시작하였다.

후기과정에서는 교육 전 사회지원망 활용 정도가 낮아 문제를 해결하는 데 도움을 받지 못했던 이혼가정 부모들이 교육 후에는 제공된 자료와 인터넷을 활용하여 무료상담 및 부모교육 서비스를 제공받을 수 있게 되었다. 또한 추후과정에서는 자아재발견, 현실극복, 자녀이해, 부모-자녀관계, 사회지원망 등에서 인식의 변화가 두드러지거나 지속되는 것을 볼 수 있었다.

이러한 이혼가정 부모의 교육 전, 후의 변화와 추후면담을 통한 반응을 볼 때 이혼가정 부모교육 프로그램은 이혼가정 부모의 이혼 후 적응 및 현실극복에 도움이 되는 것으로 판단할 수 있다.

셋째, 프로그램의 외적 환경변인에 따라 구성 집단의 특성에 따른 프로그램 효과를 분석하고자 하였다. 즉 모자보호시설 1곳과 사회복지관 3곳의 이혼가정 부모의 집단특성에 따라 집단의 참여도, 분위기, 교육 효과의 차이를 분석하였다. 그 결과 동성집단보다는 혼합집단이 프로그램 참여율이 높았으며 집단 간 친밀도가 높은 집단이 프로그램의 효과도 더 높게 나타났다.

넷째, 사회복지사의 역할이 이혼가정 부모교육 프로그램의 결과에 미치는 효과를 알아보고자 사회복지사의 프로그램에 대한 관심과 협력 정도를 살펴보았다. 그 결과 사회복지사가 이혼가정 부모교육 대상자에게 교육 전 전화를 하여 교육 참여를 독려하거나 프로그램의 준비물을 철저히 준비하고, 교육시간대에 자녀를 위한 프로그램을 운영하는 등 자녀를 보호한 경우에 프로그램 참여율이 높고 교육 효과도 높게 나타났다.

다섯째, 이혼가정 부모들이 부모교육 프로그램의 내용으로 요구한 사항들을 분석한 결과 이혼가정 부모들은 정부의 모·부자복지법에 대해 불만을 표시하고 정부지원내용을 확대해 줄 것을 요구하였다. 특히 자녀양육비와 교통비를 인상해 줄 것을 강력히 요구하였다. 이렇게 교육프로그램에 대한 요구가 많은 집단이 그렇지 않은 집단에 비해 참여도와 교육효과가 높게 나타났다.

이상의 질적 분석의 틀에 따라 모·부자가정의 고충과 이혼가정 부모의 인식의 변화과정, 집단구성, 사복지사의 역할, 이혼가정 부모가 요구하는 교육내용 등을 분석하면 다음과 같이 제시할 수 있다.

(가) 모·부자가정의 고충과 적응

이혼가정은 모자가정이냐, 부자가정이냐에 따라 그 어려움의 정도가 다르다. 모자가정의 경우는 경제적인 불안정, 자녀양육 및 교육, 심리적인 갈등, 취업문제, 주거문제, 사회적 편견 등의 어려움을 겪고 있다. 이혼가정의 부모는 특히 경제적인 문제와 자녀양육의 문제로 어려움을 겪었는데 경제적인 어려움을 극복하기 위해서 정부지원을 호소하였고, 자녀양육의 문제로 자녀의 학교부적응, 이혼가정에 대한 편견, 학교 준비물 및 학교급식당번 등의 문제를 들었다.

이에 비해 부자가정의 경우는 자녀양육의 문제, 경제적인 문제, 사회적 편견 순으로 관심을 보였다. 자녀양육의 문제도 모자가정과는 달리 요리하기, 청소하기, 자녀 목욕시키기, 현관문 열기 훈련, 자녀 몸치장해 주기, 학교 준비물 챙겨주기, 학교급식당번제 등의 문제를 호소하였다. 정부지원과 관련해서 모자가정은 최대한 경제적인 지원을 받고자 하는 반면 부자가정은 정부지원을 삶의 좌절로 인식해 정부지원을 받는 데 적극적인 자세를 보이지 않고 있었다.

이러한 차이를 볼 때 모자가정과 부자가정의 욕구가 다르므로 이혼가정 지원정책도 이를 반영해 운영되어야 한다고 본다. 즉 모자가정을 위해서는 취업 및 경제적 지원을 강화하고, 성희롱 등의 피해를 줄이기 위해 노력해야 하며 부자가정을 위해서는 자녀양육을 도울 가사도우미, 양육도우미, 학습도우미 등 재가서비스를 제공하여야 한다. 또한 모·부자가정의 어려움을 볼 때 이들은 경제적, 자녀양육, 사회적 편견 등으로 이혼 후 적응에 어려움을 겪고 있음을 볼 수 있다.

(A) 모자가정의 고충

모자가정 어머니는 경제적인 불안정을 가장 큰 어려움으로 느끼고 있었고, 이어 자녀양육의 문제, 사회적인 편견, 취업, 성희롱 등의 어려움을 호소하였다. 그리고 심리적으로는 이혼했다는 수치감으로 낮은 자존감을 보이고 있었다.

① 경제적인 불안정

모자가정 어머니는 경제적인 어려움, 주거문제 등으로 불안하고 우울한 감정상태를 보이고 삶에 대한 의욕을 상실해가고 있었다.

> 모자원을 몇 달 후 나가게 되는 데 앞으로 어떻게 살아야 할지 걱정이에요. 당장 살 곳도 없으니까요. 국가에서는 모자원에 3년 있었으니 나가라고 하고요. 그렇다고 전세비도 없는데 어디서 살아야 할지…… 임대주택이라도 되면 좋으련만…… 세상 살 의욕이 없어요. 그런 것을 생각하면 가슴이 답답하고 불안해져요(소금).

② 자녀양육의 어려움

모자가정 어머니들은 자녀가 많은 경우 큰아들이 아버지의 역할을 담당해 동생들을 훈육하는 경우가 있는데 이런 경우 동생들의 불만이 높은 것으로 나타났다.

> 아이들이 많다 보니 큰아들이 동생들을 돌봐줘요. 전 직장 다녀오면 힘이 들어서 아이들한테 소리도 못 지르겠어요. 큰 아이가 아이들을 혼내주니까 편하고 좋아요. 그런데 아이들이 형 때문에 집에 들어오고 싶지 않다고 해요. 너무 무섭다고…… 그래서 나쁜 친구들과 어울리

기도 했어요. 아이들 키우는 것이 왜 이리 힘든지. 아버지가 있으면 무서워서 조용할 텐데 엄마가 키우니까 제멋대로인 것 같기도 하고 힘들어요(철새).

③ 자녀 뒷바라지의 한계

모자가정의 부모는 자녀가 학원에 다니고 싶어 하지만 경제적인 어려움으로 학원을 보내주지 못해 미안한 마음을 갖고 있었다. 이들은 자녀가 공부를 할 수 있도록 정부에서 학원비를 지원해 주기를 바라고 있었다.

제 아이는 공부를 잘해요. 얼마나 감사한지 몰라요. 자기는 공부하는 것이 제일 재밌데요. 그런데 아이를 공부시키는 것이 너무 힘들어요. 학원에 다니고 싶어 하는 데 학원비가 없어서 뒷바라지를 못하는 것이 안타까워요. 공부하고 싶어 하는 아이에게 기회가 주어지면 더 잘할 수 있을 텐데. 나중에 아이가 저를 원망할 것 같아요. 왜 뒷바라지해 주지 않았냐고…… 아이한테 죄 짓는 것 같아요(해바라기).

④ 자녀의 학교 부적응

모자가정 어머니들은 이혼가정 아동의 학교부적응의 원인으로 학교 선생님의 편견과 차별을 들고 있었다. 선생님들이 이혼가정 자녀의 특수한 상황을 무시하고 자녀들의 마음에 상처를 주는 이야기들을 하여 학교생활이 더욱 힘들어진다는 것이었다. 이러한 문제를 해결하기 위해서는 교사에게 이혼가정에 대한 교육을 받도록 하여 자녀들을 잘 돌볼 수 있도록 해야 한다고 보았다.

아이가 학교 가는 것이 너무 싫다고 해요. 선생님이 이혼가정 아이들은 모두 표시가 난다며 조심하라고 한데요. 그리고 선생님이 '부모님이 이혼한 사람 손들어봐, 수급자 손들어봐' 하고 물어본데요. 아이는 그런 이야기를 들을 때마다 학교가 싫어진데요. 그러니 공부가 재미있겠어요? 선생님이 이혼가정 자녀를 차별하지 않도록 이혼 이해교육을 받았으면 좋겠어요(소금).

⑤ 이혼가정에 대한 편견

모자가정 어머니들은 학교의 이혼가정에 대한 편견으로 자녀가 상처를 받고 있다고 생각해 학교 선생님에게 이혼가정이라는 사실을 숨기는 것으로 나타났다. 또한 자녀가 학교생활에 적응하지 못하고 힘들어하면 자녀를 위해 이혼 후 원하지 않는 재결합를 선택하기도 하였다. 이혼가정 부모들은 학교와 교회에서만은 이혼가정이라는 이유로 차별을 당하지 않았으면 좋겠다고 하였다.

학교 선생님이 어느 날 저한테 전화를 했어요. 아이 전학시키라고요. 그래서 무슨 일이야 하니까 우리 아이가 학교에서 잠만 잔데요. 저녁에는 게임만 하다가 학교가면 잔다는 거예요. 그 이야기를 들으니 너무 속상하더군요. 물론 우리 아이가 학교에서 자는 것은 잘못한 거지요. 그렇다고 전학을 가라니요. 우리 아이가 이혼가정 아이라고 홀대하는 것 같아 너무 속상했어요. 학교뿐만이 아니예요. 교회도 마찬가지예요. 어느 누구도 이혼했다고 하면 이상하게 보지 뭔가 힘이 되어주려고 하지 않아요. 세상이 너무 싫어요. 이혼했다고 너무 눈치를 줘 창피해서 살 수가 없어서 이혼한 남편과 호적상으로 재결합했어요. 그래서 남들한테 창피하지 않으려고요(구름).

⑥ 취 업

모자가정 어머니들은 이혼했다는 이유로 취업을 하는 데 어려움을 겪고 있었다. 취업을 위해 대부분의 어머니들은 이혼사실을 숨기고 취업하는 경우가 많았다.

> 직장을 구하러 1주일 동안 다녔는데 이혼했다고 취업이 안 됐어요. 이전에 직장에 다닌 경험도 있고 해서 취업하는 데 문제가 없을 줄 알았거든요. 단지 이혼했다는 이유로 일자리를 주지 않는구나 생각하니 후회스럽기도 하더군요. 세상이 참 싫었어요. 그런데 어느 회사에 가니 그 사장님이 혼자 사는 사람이었어요. 그분이 자기도 혼자 사니까 저를 뽑아주겠다고 해서 취직이 됐어요. 너무 감사한 일이죠(풀잎).

> 저는 면접 때 이혼했다는 이야기를 하지 않았어요. 이혼했다는 말을 하면 취업이 안 되더군요. 그리고 취업해서도 그만두어야 했던 적이 있어요. 그래서 이제는 이혼했다는 말을 안 하지요(들국화).

⑦ 성희롱

모자가정 어머니들은 어렵게 취업을 하지만 취업 후에는 직장 내 성희롱의 피해자가 되는 경우가 종종 발생하였다. 이들은 직장에 이혼했다는 사실이 알려진 이후부터 쉬운 여자로 인식되어 성희롱을 당하게 된다고 하였다.

> 직장을 구하러 갔었는데 이혼했다고 하면 취업을 안 시켜줘요. 그래서 이혼했다는 이야기를 안 하고 취업을 했지요. 그러다 후에 이혼했다고 말했어요. 그랬더니 식당 주인의 태도가 달라지는 거예요. 그러면서 저보고 뒷마당에 가서 냄비를 닦으라고 하더군요. 주방 일을 하다가

허드렛일을 하게 되었어요. 뒷마당에서 허리를 굽히고 냄비를 닦고 있었는데 주인아저씨가 와서는 제 엉덩이에 성기를 갖다 대는 거예요. 너무 기가 막혀 막 소리를 쳤지요. 그랬더니 식당 주인아줌마가 나오더군요. 제가 그 사실을 이야기를 하자 '네가 꼬리쳤지' 하면서 저를 막 때리는 거예요. 정말 너무 억울했어요. 이혼했다고 함부로 해도 되는 여자인 줄 아나 봐요(소망이).

⑧ 이혼녀란 멍에

모자가정 어머니들은 이혼을 했으면서도 여전히 배우자가 있는 것처럼 행동하는 경우가 많았다. 이들이 이혼 사실을 숨기는 것은 이혼자에 대한 사회의 부정적인 인식 때문이었다. 즉 이혼했다고 하면 바람기 있는 여자, 하자가 있거나 문제 있는 여자, 인생실패자, 인생낙오자 등으로 인식되어 그 짐에서 벗어나기 쉽지 않기 때문이었다.

저는 직장 다닌 지 5년째인데요. 아무도 제가 이혼녀라는 것을 몰라요. 이혼녀라고 말하면 모두 이상한 눈으로 보고 저를 감시하지요. 다른 사람의 주목을 받게 돼요. 그래서 회사 일하기도 힘들어지지요. 그래서 남편이 있는 것처럼 행동해요. 가끔 남편이야기도 해 주고, 좋은 사람인 것처럼 말하지요. 그러면 공통점이 형성되어 협력이 잘 돼요. 그렇지 않으면 외면당하거든요……(양귀비).

(B) 부자가정 고충

부자가정 아버지는 경제적인 형편도 어렵기는 하지만 자녀양육과 사회적 편견, 떠나간 부모에 대한 설명 등의 어려움을 호소하고 있었다. 자녀양육의 어려움은 모자가정과는 차이를 보여 모자가정이 자녀의 학습부진과 문제행동으로 어려움을 겪는다면 부자가정은 가사 하기, 요리하기, 자녀 목욕시키기, 옷 입히기, 머리 빗겨주기, 준비물 챙겨주기 등 자녀의 양육과 관련된 일상적인 것들이었다.

그 외 부자가정 아버지는 사회의 부자가정에 대한 편견으로 어려움을 겪고 있었는데 주로 전셋집 구하기, 어린이집 입소, 학교 준비물, 학교 급식당번 등으로 힘들어하였다. 또한 자녀교육과 관련해 이혼 또는 떠나간 부모에 대한 설명 등을 어떻게 해야 하는지 난감해하기도 하였다.

이를 볼 때 부자가정의 특수성을 감안해 정부 차원에서 가사도우미, 양육도우미, 학습도우미 등의 재가서비스를 제공할 필요성이 있겠다. 이들은 우리 사회의 이혼가정에 대한 편견이 사라져 이혼가정의 아버지들이 부당한 차별을 받지 않도록 해야 한다고 강조하였다.

① **자녀양육**

부자가정 아버지 중에는 자녀양육을 위해 직장을 그만두고 아르바이트를 하면서 어린 자녀를 직접 양육하는 사람들이 있었는데 이들은 돈을 버는 것보다 어린 자녀를 안전하고 건강하게 키우는 것이 더 중요하다고 보고 있었다. 그러나 자녀를 양육하면서 음식을 장만하고, 청소하고, 준비물 챙겨주고 하는 일들은 정말 힘든 일이라며 이런 일이 계속될 때 아이를 포기하고 싶다는 생각도 든다고 하였다.

ⓐ **요리하기 힘들어요**

부자가정 아버지들은 자녀에게 식사를 제공하기 위해 요리를 하는 것이 어렵다고 하였는데 특히 아이가 좋아하는 음식과 아버지가 좋아하는 음식이 다를 경우 더 큰 부담을 느낀다고 하였다.

> 우리 집은 저와 아이가 좋아하는 음식이 달라요. 저는 얼큰한 음식이
> 좋고 아이는 햄버거 같은 것을 좋아해요. 제 음식도 만들어 먹기 힘든
> 데 아기 음식까지 준비하려면 너무 힘들어요. 아이가 어디서 음식을
> 훔쳐서라도 먹었으면 좋겠어요(천사).

ⓑ 살림하기 힘들어요

부자가정 아버지들은 살림을 해본 경험이 적고 가사를 여성의 일
로 생각하기에 스스로 가사를 한다는 것이 열등감으로 작용하는 듯
하였다. 또한 집안일을 자녀들과 나누기 위해 역할분담을 하면서 부
모-자녀 간에 갈등이 발생하기도 하였다.

> 남자들끼리 사니 청소하고 빨래하고 하는 것들이 힘들어요. 물론 설거
> 지도 그렇고요. 아들이 어렸을 때는 아들한테 '청소 좀 하지 그러니?'
> 라고 말하면 큰아들이 알아서 하곤 했는데 요즘은 머리 좀 컸다고 왜
> '제가 해야지요?' 하고 말하는 거예요. 남자가 청소하고 설거지하고 내
> 가 왜 그런 것을 해야 하는지, 정말 답답하죠(깊은숲).

ⓒ 자녀 목욕시키기

아버지들은 자녀를 키우는 데 최선을 다하고 있었지만 자녀를 돌
보는 데 한계를 느끼는 경우도 있었다. 특히 아버지와 자녀의 성이
다른 경우 여아를 목욕시키는 것이 부담스럽기도 하고 또 대중목욕
탕에 함께 갈 수 없어 불편하다고 하였다. 아버지들은 가사 및 양육
도우미가 있어 자녀를 목욕탕에 데려가 목욕을 시켜 주는 등 보살펴
주기를 바라고 있었다.

딸아이가 여럿이에요. 아이를 키우면서 예쁘기도 하고 사랑스러운데 아빠가 아이를 키울 때 한계가 있기도 해요. 예를 들면 아이 목욕시켜 줄 때 중요한 부분들은 손을 못 대겠어요. 조심스럽더군요. 그래서 대충대충 씻어주지요(산).

저는 아이가 더러운 것이 싫습니다. 아기가 항상 깔끔하고 단정해서 엄마 없는 아이라는 소리를 듣고 싶지 않아요. 그런데 겨울이 되면 문제예요. 아이를 대중목욕탕에 데려가 목욕을 시켜야 하는데 이제 초등학교 1학년이라 남탕에 못가는 거예요. 그래서 겨울 내내 목욕을 못해요. 어떤 여자 분이라도 좀 데려가 목욕 좀 시켜줬으면 좋겠어요(천사).

ⓓ 자녀 몸치장해 주기

자신의 외모에 별로 신경 쓰지 않는 아버지들이 딸아이의 머리손질, 몸치장을 한다는 것은 그리 쉬운 일이 아니었다. 아버지들은 엄마 없는 자녀라는 말을 듣지 않기 위해 자녀를 더욱 단정하게 키우려고 노력해 옷을 더럽히는 자녀들을 처벌하기도 하였다.

처음에 아이 키울 때는 머리를 못 빗겨주겠더라고요. 해봤어야 하지요. 아이 머리가 미친년 머리가 될 때도 있었어요. 전 그런 것은 또 못 보거든요. 그래서 머리를 만지고 핀 꽂아주고 하는 것을 하고 또 했지요. 그뿐인가요? 옷도 자기 마음에 안 들면 안 입어요. 제가 여자 옷을 사봤어야지요. 아이 챙겨주는 것도 곤혹스러워요. 그리고 내가 입혀주는 옷은 안 입으려고 해서 때려주기도 했지요(천사).

ⓔ 자녀와 놀아주기

아버지들은 자녀와 어떻게 놀아야 하는지 몰라 자신과 함께 놀자고 하는 자녀를 볼 때 난감한 경험을 하고는 한다. 아버지가 해 줄

수 있는 것은 단지 자녀를 안아주는 것뿐이었다고 한다. 이에 따라
아버지들은 자녀와 함께 놀기 위해 자조모임에 참석하기도 하였다.

> 아이가 자기랑 항상 놀자고 해요. 저는 일 갔다 와서 피곤해 쉬고 싶
> 은데 아빠 안아줘, 비행기 태워줘 하면서 귀찮게 굴어요. 아이와 어떻
> 게 노는지를 알아야 놀지요. 잠시 안아주고 내려놓으면 또 놀자고 해
> 요. 어떻게 놀아야 하는지 놀아주는 것도 힘들어요. 그래서 자녀와 함
> 께 놀 수 있는 모임에 참석하려고 하지요(거목).

ⓕ 자녀학대

아버지들은 아이들이 어렸을 때는 아버지의 말을 잘 듣다가 청소
년이 되면서 말을 잘 안 듣는다고 불만을 표시하였다. 자녀가 자신의
말을 안 들으면 아버지의 권위에 도전하는 것 같아 화가 나 폭력을
쓰게 된다고 하였다.

> 아이가 어렸을 때는 제 말을 잘 들었어요. '청소해라' 하면 하고, 설거
> 지도 잘 했어요. 그런데 언젠가부터 말을 잘 안 들어요. 아버지한테
> 반항하는 것 같기도 하고, 무시하는 것 같기도 하고요. 지난번에는 회
> 사에 다녀오니 집안이 엉망이에요. '청소 좀 하지 그랬냐'라고 말하니
> 까 싫은 얼굴을 하더라고요. 아버지의 권위를 무시해도 그렇지……
> 너무 무시당하는 것 같아서 주먹으로 패주었지요…… 심할 때는 뺨을
> 40대 때린 적도 있었어요(태산).

② 사회적 편견

부자가정 아버지들은 자녀를 키우며 열심히 살아가고 있지만 세상
은 그들을 인생실패자, 낙오자로 인식해 경계하는 경우가 많다고 하

였다. 때로는 전셋집 구하기도 어렵고, 자녀를 어린이집에 보내기도 쉽지 않았다. 교사도 이혼가정에 대한 편견으로 자녀들을 차별해 상처를 주기도 하였다.

ⓐ 전셋집 구하기

부자가정 아버지는 전셋집을 구하기 어려운데 이는 집주인이 부자가정 아버지가 언제 도망갈지 모르고 이상하게 보여 집을 줄 수 없다고 하기 때문이라고 하였다.

> 아버지가 아이 키운다고 하니 집을 얻으려고 해도 전세를 안 주더군요. 이사 한 번 하려면 얼마나 힘든지 몰라요. 이혼한 아빠를 어떻게 믿고 집을 주냐고 그래요. 그래서 제가 살고 싶은 집에서는 살아본 적이 없어요. 사람들이 안 들어오는 집이어야 어쩔 수 없이 주더군요. 왜 아빠가 아이를 키우는 것이 이상하게 보이는지…… 생각이 달라졌으면 좋겠어요(천사).

ⓑ 학교 준비물 챙기기

부자가정 아버지가 자녀를 키우면서 자녀를 포기하고 싶었을 때는 학교 준비물을 챙겨주지 못했을 때라고 한다. 하루 이틀도 아니며 매일매일 주어지는 준비물이 부자가정 아버지의 역할에 한계를 느끼게 한다고 한다.

> 아이 키우는 것 중에서 너무 짜증나는 것이 바로 학교 준비물이에요. 아버지가 아이를 키우는 사람들은 밤늦게 집에 들어오는데 작은 아이 준비물을 어떻게 다 챙겨줍니까? 준비물도 헝겊 색 다른 것 네 가지, 꽃잎 3개, 나뭇잎 5개 이런 것들을 가져오라고 해요. 제가 어떻게 헝

겆 4개를 구합니까? 정말 하루 이틀도 아니고 힘들어 죽겠어요. 이혼
가정 아이들에게만 이라도 준비물을 학교에서 준비해 줬으면 좋겠어
요. 필요하다면 준비물 값은 제가 낼게요. 외국의 경우는 학교에서 가
정으로 준비물 가져오라는 말은 없데요. 모두 학교에서 제공한다고 합
니다. 우리도 빨리 그렇게 돼야겠어요(깊은숲).

ⓒ **24시 어린이집 입소**

부자가정 아버지가 자녀를 맡기러 어린이집에 가면 왜 엄마는 안
오고 혼자 왔냐고 하면서 아버지가 키우는 아이는 받아줄 수 없다고
한다고 한다. 그 이유는 부자가정 아버지는 자녀를 버릴 가능성이 많
으며, 그렇지 않다고 해도 원비를 내지 않고 도망갈까 봐 염려되기
때문이라고 하였다.

> 아이를 하루 종일 볼 수가 없어 24시 어린이집에 보내려고 했어요.
> 그래야 직장에 다니니까요. 그런데 몇 곳을 다녀도 아이를 안 받아준
> 다고 하는 거예요. 그래서 왜 그러냐고 하니까 아빠가 키우는 아이들
> 을 받으면 자기들이 힘들다는 거예요. 제 시간에 데리러 오지도 않고
> 또 아이 놓고 안 나타나면 어떻게 하냐고요. 너무 기가 막히더군요.
> 아이를 안 데려갈 거면 고아원에 버리지 왜 어린이집에 보냅니까? 아
> 이를 잘 키우면서 살아보려고 하는 것 아닙니까? 우리나라 교육기관
> 문제 많습니다(천사).

ⓓ **학교 급식당번**

부자가정 아버지가 자녀를 양육하면서 수행하기 어려운 일 중의
하나는 학교급식당번이었다. 남자가 급식당번을 하면 자녀에게 엄마
가 없는 것이 드러나고 또 자신이 이혼했다는 사실을 공개하는 것이
되므로 부담스럽게 느껴진다고 하였다.

학교에서 선생님이 전화를 해요. 급식당번에 오라고요. 그럼, 고모라도 보내려고 하지만 그게 쉽지 않을 때가 있었어요. 그러면 제가 가야 하는데 제가 가면 아이들이 엄마 없다고 소문이 나서 우리 아이의 생활이 힘들어져요. 아이도 아빠는 학교 오지 말라고 해요. 다른 아이들은 엄마가 오는데 왜 아빠가 오냐고 더 싫다고요. 학교에 안가면 선생님은 안 좋아하시고 아이는 학교에 가는 것을 싫어하고 학교 급식당번제 같은 것이 없었으면 좋겠어요(깊은숲).

ⓔ 자녀 위험 노출

부자가정 아버지가 회사에 간 후에는 자녀들이 가정에 홀로 남아 있는 경우가 있는데 이때 유괴, 성학대, 화재 등 위험에 노출될 가능성이 있는 것으로 나타났다. 이러한 문제를 방지하기 위해 부자가정 아버지들은 자신들이 없는 동안 양육도우미를 보내줄 것을 요구하였다.

제가 아르바이트를 하고 집에 돌아오니 동네 아주머니들이 급히 와서는 아이가 나쁜 일을 당했다며 아이를 데려왔어요. 무슨 일인지 조사해 보니 동네 청소년 학생들이 아이를 성추행하려고 한 거예요. 너무 화가 나 경찰에 신고했지만 조사도 복잡하고 아이를 경찰서로 데리고 다녀야 하고…… 그래서 화는 치밀지만 그냥 참기로 했어요. 제가 일하러 나갈 동안 아이를 맡아줄 사람이 있었으면 좋겠어요(바위).

제가 회사에 다니기 때문에 우리 아이가 집에 혼자 있게 되는데 걱정이에요. 목에 열쇠를 걸고 학교 갔다 오면 문 열고 들어와 친구들과 잘 놀거든요. 그런데 언젠가는 모르는 사람이 어디 사는지 물어봤데요. 아이가 너무 무서워 말 안하고 도망갔다고 하더군요. 혹시 나쁜 사람들이 아이를 해칠까봐 걱정돼요(열매).

ⓕ 교사의 편견

부자가정 아버지들은 자신들을 보는 교사의 시선이 마음에 걸린다고 하였다. 오죽했으면 부인이 도망갔을까? 이 사람이 아이를 잘 키울 수 있을까 하는 마음으로 자신들을 보는 것 같아 마음이 상한다고 하였다. 그리고 그런 인식이 자녀에게 나쁜 영향을 주어 자녀를 차별할까봐 걱정된다고 하였다.

> 선생님이 아이가 아빠하고 산다고 하면 아이를 비정상으로 보려고 해요. 엄마가 오죽했으면 애 버리고 도망가겠냐고요. 마치 제가 무슨 범죄자나 된 것처럼 생각하더군요. 저를 이상한 사람으로 보니 우리 아이를 정상으로 보겠습니까? 공부는 잘 못해도 착한 아이인데 선생님이 학교가면 혼내고 벌만 준다고 안 가려고 해요. 선생님이 무섭대요. 너무 답답하지요(바람).

ⓖ 범죄자로 봐요

부자가정 아버지들은 자신들이 이혼했다는 사실을 숨기는 경우가 있는데 사람들이 자신을 범죄자로 인식하기 때문이라고 하였다. 이웃들도 자신을 피하거나 멀리하는 것 같다고 말하기도 하였다.

> 저는 밖에 나가면 모르는 사람들한테는 이혼한 것 말 안 합니다. 말해서 좋은 것이 없지요. 이상한 사람처럼 봐요. 마치 범죄자처럼요. 슬슬 피하는 사람도 있어요. 세상이 참 우습죠(산).

③ 떠나간 부모에 대한 설명

부자가정 아버지는 자녀들에게 떠나간 부모에 대해 욕을 하고, 비난하는 등 부정적으로 평가하는 경우가 많았다. 스스로 전 배우자가

자신을 버렸다고 생각하기에 분노감에 사로잡혀 있고, 자녀들이 떠나
간 부모를 미워하고 원망하도록 만들었다.

> 저는 아이한테 '너희 엄마는 아버지와 너를 버리고 떠나버렸다. 그런데
> 넌 왜 엄마를 그리워하냐…… 너의 엄마는 엄마도 아니니 다시는 찾지
> 말아라. 그리고 엄마한테 전화 오면 앞으로 전화하지 말라고 해라' 하고
> 말하지요. 아이가 엄마와 전화를 하는 것만 봐도 기분이 나빠요(바위암).

이상의 내용을 종합하면 모자가정과 부자가정의 어려움에 차이가
있음을 알 수 있다. 모자가정은 경제적인 불안정과 자녀의 학교부적
응, 사회적 편견 등이 가장 큰 어려움으로 다가온 반면 부자가정의
경우는 자녀를 양육하면서 겪는 일상적인 생활을 가장 큰 어려움으
로 호소하고 있다. 그러나 이혼가정 부모들이 공통적으로 겪는 어려
움은 이혼가정에 대한 사회의 편견으로 나타났다.

이러한 내용을 볼 때 이혼가정 부모는 경제적인 불안정, 자녀양육
문제, 사회적 편견 등으로 이혼 후 적응에 어려움을 겪고 있는 것을
알 수 있다.

(나) 부모교육 진행에 따른 사례

이혼가정 부모교육 프로그램의 진행에 따라 이혼가정 부모의 이혼
후 적응 및 현실극복 의지의 변화과정을 탐색하고자 초기과정, 중기
과정, 후기과정, 추후과정으로 나누어 변화 정도를 분석하였다.

(A) 초기과정

초기과정에서는 이혼가정 부모와 라포를 형성하여 친밀감을 갖도

록 하고 이혼가정 부모의 자아정체성을 발견할 수 있도록 하기 위해 자아재발견을 돕는 프로그램을 진행하였다.

첫 회기에서 이혼가정 부모들은 이혼에 대해 이야기하는 것에 부담스럽게 생각하여 대화를 회피하려고 하였으나 교육 후에는 자신의 삶에 대한 이야기를 털어놓고 이혼 후의 어려움에 대해서도 진지하게 토론하였다.

2회기에서 이혼가정 부모들은 자신의 성격을 알아보고 사람마다 성격이 다를 수 있음을 깨닫고는 자녀와의 갈등을 성격 차이로 인한 문제로 받아들이고 자녀를 자신의 틀에 맞추려던 생각을 바꾸었고 자녀를 있는 모습 그대로 수용하려는 태도를 보이기 시작하였다.

3회기 분노대처 및 예방법에서는 그동안 쌓여 있던 분노감을 건강하게 표출하는 방법을 배우고 증오에서 벗어날 수 있도록 용서하기 과정을 거치면서 이혼한 배우자를 용서하고자 하는 마음을 갖기 시작하였다.

초기과정에서 자신의 정체성에 대한 재발견을 하면서 이혼가정 부모들은 자아정체성을 발견하며 자신의 존재에 대한 새로운 인식을 하기 시작하였다.

① 자아재발견

이혼가정 부모들은 이혼으로 인한 좌절감 등으로 자신 안에 갇혀 있는 경우가 많았지만 교육 후에는 심리적인 감옥에서 벗어나 자신의 정체성을 회복해 가기 시작하였다.

ⓐ **폐쇄에서 개방으로**

이혼가정 부모들은 첫 회기에서 자신을 소개할 때에 이혼에 대해 언급하려 하지 않고 이혼 후의 어려움 등에 대한 이야기를 회피하였으나 교육 후에는 이혼에 대해 진지하게 이야기하고 재혼 등 자신의 소망에 대한 기대감을 표명하였다.

〈교육 전〉 저는 특별히 소개할 만한 것은 없고요…… 자녀는 아들이 두 명이에요. 저는 차분해 보이지만 털털한 편이에요. 밝고 융화를 잘 하지요. 내성적이고요, 옛날에는 RCY를 하기도 했어요……

〈교육 후〉 저는 이혼한 지 4년 됐어요. 아이 아빠는 양보나 배려가 없는 사람이었어요. 저는 이혼한 제 삶에는 만족해요. 힘들었지만 2년 정도 방황했거든요. 저는 29세에 이혼했어요. 남편은 여자들이 많고 빚도 있고 집을 나가기도 했어요. 소송해서 이혼했는데 배신감이 들더군요. 생활력도 없고 제가 먹여 살렸는데…… 제가 빚 갚으며 생활해 왔어요. 소망은 아이가 적응 잘하는 거고요, 개인적으로는 좋은 남자 만나고 싶기도 하고요(천사).

ⓑ **자신의 성격을 알고 타인의 성격 수용하기**

자녀와 갈등을 빚고 있던 이혼가정 부모들은 MBTI 검사를 통해 자신의 성격에 대해 알아보고 자신과 가족, 친구 등이 서로 다른 성격을 갖고 있어 행동에 차이가 있을 수 있음을 깨닫고 자녀의 행동을 수용하려는 태도를 보였다.

〈교육 전〉 저는 딸아이 때문에 도저히 살 수가 없어요. 말을 통 들어야 말이죠. 이것 좀 치워라 하면 말만 '네' 하고는 치우려 하지를 않아요. 제가 아침에 밥 먹고 학교 가게 일찍 일어나라 해도 일어나지를 않아요. 제가 원해서 하라는 일은 통 안 하거든요. 여유롭긴 얼마나 여유롭다고요. 학교 늦어도 태평해요. 무계획적이고 야무지게 하는 일이 하나도 없어요. 제 아이만 생각하면 화가 치밀어 올라요.

〈교육 후〉 제 딸과 저는 정반대 유형을 가졌나 봐요. 성격은 쉽게 고쳐지지 않는다고 해서 딸아이의 성격을 받아들여야지 생각했어요. 어렵긴 하지만 자녀를 있는 대로 인정해 줘야지 생각하니까 좀 마음이 편해지는 것 같아요. 고치려고 들면 싸우게 되고 자녀도 불만이 쌓여 저에게 더 심하게 해요. 그런데 성격유형을 알고 나서는 제가 아이 성격을 인정하려고 하니 화가 좀 덜나요. 쟤는 성격이 저러니까 그런 행동을 하는 거야라고 인정하니 제 마음도 편해지고요(별초롱).

ⓒ **분노에서 용서로**

이혼가정 부모들은 이혼 전 배우자의 폭력, 외도, 무책임한 행동 등으로 인해 전 배우자에 대한 분노감을 갖고 있었으나 '분노대처 및 예방'과 '용서하기'를 다루면서 분노감에서 벗어나기 시작했다. 이들은 자신에게 상처를 안겨준 전 배우자를 어렵지만 용서하게 되었다고 말하였다.

〈교육 전〉 저는 남편이라고 하면 치가 떨려요. 생각하고도 싶지 않아요. 남편은 매일 집에 들어오면 짜증만 내고 조금만 물건이 흩어져 있어도 잔소리를 하고 물건을 부수고 아이를 때리고 나에게 폭력을 썼어요. 성격이 불같고 자기 자신 밖에 모르고 자기 입장만 주장해 아무도 성격을 맞추기가 어려웠어요. 심지어 다른 여자하고 살기까지 했어요. 그 인간을 생각하면 분노가 치밀어 올라요.

〈교육 후〉 그동안 남편에 대해 욕하고 비난하고 인간 이하로 생각하며 지냈어요. 제 입장에서만 보려고 했거든요. 그러나 이제는 아이 아빠의 입장을 조금은 이해할 수 있을 것 같아요. 그동안 힘든 상황을 제가 못 헤아려 줘서 그랬었나 봐요. 이제는 모든 것을 용서하고 싶어요. 재혼해서 한 가정을 이끌고 살아가니까 나한테 한 것처럼 하지 말고 새 가정에 충실해서 잘 살았으면 좋겠어요. 당신을 용서합니다(여인천하).

(B) 중기과정

중기과정에서는 이혼에 대한 바른 정보를 제공하여 이혼 후 적응과 현실극복을 돕고자 하였으며, 이혼가정 자녀에 대한 이해를 바탕으로 부모-자녀관계를 개선하고자 하였다.

4회기에서 이혼가정 부모들은 현실극복 과정에서 이혼에 대한 가치관에 변화를 나타냈다. 즉 이혼에 대해 수치스럽게 생각하던 태도에서 벗어나 이혼을 당당하게 받아들였고 자존감을 회복하기 시작하였다. 5회기에서는 혼란기, 홀로서기 과정에 있던 부모들이 이혼에 대한 인식이 변화되면서 다음 단계로 이동하기 위해 노력하였으며, 극복기에 도달했다고 말하는 부모도 볼 수 있었다.

6회기 미래설계 과정에서는 그동안 자신의 미래에 대해 무계획적인 삶을 살아온 부모들이 자신의 현재와 미래에 대해 깊이 있게 사고하면서 미래에 대한 희망을 갖기 시작하였다. 교육 전 자신과 자녀들의 건강을 최대의 소망으로 삼았던 이혼가정 부모들은 교육 후 개인의 욕구에 따라 대학진학, 자격증 취득, 자원봉사 활동 등 사회활동에 대한 욕구를 드러냈으며 사회에 공헌하려는 자세를 보여주었다.

7회기 자녀학대 그만두기에서는 이혼가정 부모들이 그동안 자녀를 학대해 왔다는 것을 깨닫고 자녀에게 좋은 부모가 되어야겠다고 다짐하게 되었으며 8회기에서는 이혼가정 자녀의 심리를 이해하게 되면서 자녀에게 이혼에 대해 어떻게 설명해야 하는지, 달라진 가족체계를 어떻게 받아들이도록 해야 하는지 등에 대한 정보를 얻게 되어 자녀양육에 대해 자신감을 갖게 되었다. 9회기에서는 부모-자녀관계 개선을 위해 자녀가 바라는 부모상을 발견하게 되면서 좋은 부모가 되어야겠다는 다짐을 하게 되었으며 10회기에서는 자녀와의 의사소통방법을 익히면서 바람직한 부모-자녀관계를 형성하게 되었다.

① 현실극복에 대한 인식

이혼가정 부모들은 교육 전 이혼에 대해 부끄럽거나 수치스러운 것으로 인식하는 경우가 많았으나 교육 후 이혼에 대해 긍정적인 인식을 갖기 시작하였다. 또한 이혼을 당당하게 받아들이고 자신의 선택에 자신감을 갖게 되었으며 직장생활, 사회생활에 적극적으로 참여하려는 의지를 보였다.

ⓐ 이혼에 대한 인식

이혼가정 부모들은 이혼을 부끄럽거나 수치스러운 것으로 인식하였으나 교육 후 이혼에 대한 부정적인 인식에서 벗어나 이혼을 당당하게 받아들이는 모습을 보여주었다.

> 전 이혼을 했지만 이혼에 부정적인 사람이었는데요. 이 강의를 들으면서 이혼이 그리 나쁜 것은 아니란 생각이 들었어요(장미나라).

> 이혼이 부끄러운 것인가요? 이제는 당당하고 떳떳하게 살고 싶어요. 이전에는 외부에 제가 노출되는 것이 싫었지만 지금은 그렇지 않아요.

지금은 방송 인터뷰도 하니까요. 방송사에서 연락 왔을 때 원하지 않
으면 얼굴 모자이크 처리를 하겠다고 하더군요. 그래서 제가 말했어
요. 이혼이 죄냐고요. 왜 모자이크 처리해야 하냐고요. 난 자유롭다고
요(바위암).

그동안 직장 다니면서 이혼했다는 말을 안 했어요. 뭐 사람들이 물어
보지도 않았고요. 그러나 꼭 속이는 것 같아 마음 편하지는 않았지요.
그런데 교육을 받으면서 죄인같이 살 필요가 없다는 생각을 하게 되
었어요. 그래서 지난주에 이혼했다고 말했어요. 그 이야기를 하면서도
부장님이 뭐라고 할까 걱정했는데 의외로 부장님이 '이혼할 수도 있
지'라고 편하게 말해 주더군요. 진작 말했으면 더 편했을 텐데 이제는
당당하게 말할 수 있어요(꽃잎).

ⓑ 이혼에 대한 편견과 차별을 넘어서

이혼가정 부모들은 사회의 이혼에 대한 편견을 내면화하여 이혼을
잘못되었거나 수치스러운 것으로 인식하였다. 그러나 교육 후 이혼에
대한 사회의 편견에 대응하여 이혼을 바르게 보기 시작하였고, 이혼
의 멍에에서 벗어나 자유로운 삶을 살려고 하였다. 그리고 이혼을 당
당하게 받아들이고 사회의 편견과 맞서 나가려는 자세를 나타냈다.

남들은 이혼한 사람들은 이혼했다는 이유로 자격지심이 있어 성격이
모날 것이라고 말하지요. 그동안 남들이 말하는 것에 너무 많이 신경
쓰면서 살았어요. 그래서 화도 나고 아이들한테도 아비 없는 자식이란
소리 듣지 않게 하려고 혼내기도 많이 했지요. 그러나 이제는 아니에
요. 이혼한 것이 무슨 죄인가요? 이제는 당당하게 살아갈래요. 주위
사람들이 흉을 보려면 보라고 해요. 전 무조건 열심히 아이들과 살아
갈 거예요. 주위 사람들을 신경 쓰지 않고 나의 삶을 보람 있게 살
거예요(고목).

예전에 알던 남자들이 이혼녀라면 좀 성적으로 우습게보고 말투도 쉽게 생각하는 경우가 있었어요. 예를 들면 '저녁때 술 한 잔 어때' 은근슬쩍 스킨십을 하려고 하기도 하고요. 이전에는 그런 모습을 보면 내 자신이 초라해 보이고 기운이 빠지기도 했어요. 그러나 이제는 당당하게 살 거예요. 아무도 나를 쉽게 볼 수 없도록, 가볍게 볼 수 없도록 나를 만들 거예요. 내 자신을 채찍질을 하고요. 내가 훌륭하게 되면 그 사람들이 나한테 한 짓을 부끄럽게 생각할 거예요. 그렇게 되기 위해서라도 나는 더욱 힘차게 달릴 거예요(소나무).

모든 사회 사람들은 이혼한 부모에 대해 이혼은 잘못된 것, 이혼은 성격이 이상한 사람이 하는 것이라고 말하지요. 또 인내심이 부족한 사람이라고 하기도 해요, 그런 것은 편견인 경우가 많아요. 저는 한때 그런 말에 민감하게 반응하고 너희들이 그렇게 보면 그런 사람이 되어 주지 하고 나쁜 행동도 많이 했어요. 그러나 지금은 생각이 달라졌어요. 이혼은 누구나 할 수 있는 것이지만 아무나 하는 것은 아니지요. 이 세상에서 용기 있는 사람만 할 수 있는 거예요. 전 용기 있는 선택을 한 것이고 그런 저에게 박수를 보내야 해요(장미나라).

ⓒ **다음 적응 단계로의 이동**

이혼가정 부모들은 혼란기, 홀로서기 과정에 있는 경우가 많았기 때문에 이혼 후 이전보다 더 행복하고 안정적인 극복단계에 도달할 수 있다는 것을 인식하지 못하고 있었다. 그러나 교육 후 자신들이 혼란기, 홀로서기 적응단계에 머물고 있는 상황을 인식하고 극복단계로 이동하려는 의지를 보였다.

전 그동안 혼란기에 있었나 봐요. 앞으로의 소망은 당당하게 홀로서기 하는 거지요. 그래서 자녀에게도 멋진 엄마가 되고 싶어요. 그럼, 자녀도 열심히 공부해 원하는 대학에 갈 수 있게 될 것 같아요(양귀비).

처음 교육받을 때는 전 홀로서기 단계와 극복단계에 걸쳐 있다고 생각했어요. 완전히 극복단계에 있는 것은 아니었으니까요. 그러나 요즘은 제가 극복기에 있다는 생각이 들어요. 이전에는 힘겹다는 생각이 많았는데 지금은 뭔가 희망적으로 보이기 시작해요. 저도 하면 잘 할 수 있다. 이런 생각이 들어요. 그리고 제 현실에 가능성이 느껴져요. 앞으로는 미래를 바라보고 열심히 살 거예요. 그래서 저도 제 일을 찾고 다른 사람들을 도울 수 있다는 것을 확인시키고 싶어요(소나무).

세상 사람들은 이혼한 부부가 둘 다 문제가 있다고 생각하지요. 손바닥도 부딪쳐야 소리가 나니까요. 그래서 이혼했다고 하면 모두 문제 있는 사람으로 보는 것 같아요. 그런 이야기를 들을 때마다 남들이 나를 그런 눈으로 보겠구나 생각했지요. 그래서 이혼했다는 사실이 창피스러웠어요. 그러나 이제는 달라요. 이혼을 해서 마음이 얼마나 홀가분한데요. 남들이 갖고 있는 편견으로 인해 상처받고 싶지 않아요. 서류상에 정상가정의 부모로 남는 것보다 이혼했지만 지금 위치에 있는 것이 더 좋아요. 이제는 당당하게 살 수 있기 때문이에요(별초롱).

ⓓ 목적 상실의 삶에서 목표 설계로

이혼가정 부모들은 교육 전 자신의 삶에 대한 목표의식 없이 생계를 유지하면서 하루하루를 보내거나 삶에 대해 자포자기한 모습을 보였다. 그러나 교육 후 자신의 삶에 대한 가능성을 확인하고 새로운 미래를 개척해 나가려고 하였다. 이들은 교육 후 인생에 대해 새로운 목표를 세우고 가정폭력상담원, 한부모가정지도사, 사회복지사 자격증 등을 취득하려고 교육을 받기도 하였다. 또한 교육을 통해 자아를 재발견하고, 자신에 대한 가능성을 믿고 이혼의 굴레에서 벗어나 사회에 당당하게 참여할 수 있는 자신감을 회복해 나갔다.

저는 제 자신에 대해서는 별로 생각해 보지 못한 것 같아요. 뭐든지 자녀에게 초점을 맞췄어요. 그렇게 산 것이 10년은 되었군요. 이제 곧 50세인데 이제는 제 자신을 위해서 살아야겠어요. 이전에는 제 자신을 위해 계획하지 못했는데 이제는 상담 공부를 열심히 해 보고 싶어요. 요즘은 마음도 안정되어 전문 카운슬러가 되면 잘 해낼 수 있을 것 같아요(사랑).

아이들이 많으니 아이들 뒤치다꺼리 하느라 나를 둘러볼 기회가 없었어요. 이제 제가 50대가 되면 아이들은 사춘기를 지나 안정적인 삶을 살게 되겠지요. 그럼 모두 떠나갈 거예요. 이제는 내 인생을 준비해야 하겠어요. 제가 앞으로 무엇을 할 수 있을까 생각해 봤어요. 그래도 할 수 있는 것이 지압이니 유명한 지압사가 되어 보고 싶어요. 저도 할 수 있겠지요(철새).

저는 곧 가족폭력상담원 교육을 받으려고 해요. 이것을 마치고 시간제 대학에 입학할 거예요. 그리고 한부모가정지도사도 될 거에요. 이제는 제가 뭔가 할 수 있다는 것을 깨닫게 되었어요. 지금부터라도 열심히 해서 꼭 전문가가 되고 싶어요. 저는 할 수 있어요. 꼭 이루어 보이겠어요(소나무).

② 이혼가정 자녀이해하기

이혼가정 부모는 심리적인 불안정으로 인해 자녀에게 무관심하거나 아이에게 욕을 하고 매를 때리며 언어적 폭력, 신체적 폭력을 가하는 경우가 있었지만 그것을 아동학대로 인정하려 하지는 않았다. 그러나 교육 후에는 자신이 자녀를 학대해 왔으며 그러한 행동은 잘못된 것이었다고 반성하고, 이혼가정 자녀를 이해하고 이혼에 대한 바른 정보를 제공해야 자녀가 건강하게 자랄 수 있다는 것을 깨닫게 되었다. 이후 이혼가정 부모들은 자녀교육에 대한 자신감을 회복하고 자녀를 이해하려는 자세를 보였다.

ⓐ **자녀학대하기에서 그만두기로**

이혼가정 부모들은 전 배우자에 대한 분노와 자녀로 인해 인생을 망쳤다는 왜곡된 인식으로 자녀를 멀리하거나 신체적인 학대를 가하는 경우가 있었다. 그러나 교육 후 자신의 행동이 자녀의 생명과 건강을 위협하였다는 것을 깨닫고 자녀를 보호하려는 자세를 갖게 되었다. 그리고 좋은 엄마가 되기 위한 10계명을 작성하고 이를 지킬 것을 선언하였다.

> 그동안 아이한테 너무 함부로 대한 것 같아요. 아이가 어리다 보니 아무 것도 모른다고 제멋대로 한 거지요. 아이를 보면 전남편 생각이 나서요. 아이까지 미워지려고 해요. 아이만 없었다면 하는 생각도 나고요…… 이제는 자녀에게 좋은 부모가 되어 주고 싶어요. 제가 그동안 나빴어요. 좋은 부모가 되려고 노력할거예요(풀잎).

ⓑ **이혼에 대한 침묵에서 대화로**

이혼가정 부모들은 부모의 이혼에 대해 자녀에게 이야기하지 않는 것으로 나타났다. 이혼가정 부모들은 대부분 이혼 사실을 숨기거나 떠나간 부모를 외국 출장이나 유학을 떠났다고 둘러대는 경우가 많았다.

이들은 자녀에게 이혼에 대해 어떻게 설명해야 하는지, 달라진 가족체계와 떠나간 부모에 대해 어떻게 이야기해야 하는지, 그리고 떠나간 부모와 자녀를 만나게 할 것인지 아닌지 등으로 혼란스러워하였다. 몇몇 이혼가정 부모들은 떠나간 부모를 욕하고 원수처럼 대하거나, 반대로 자녀를 학대하던 아버지를 좋은 아버지라고 이야기하는 등 이혼가정 자녀지도에 문제점을 드러냈다. 특히 가족에게 무책임하고 자녀를 학대하던 아버지를 좋은 아버지로 미화시켜 자녀로 하여금 아버지에 대한 왜곡된 인식을 갖도록 하였고 이로 인해 자녀가 어머니에게 왜 그렇게 좋은 아버지를 버렸느냐고 원망을 하며 아버지와 함께 살겠다고 반항하여 이혼가정 어머니의 마음을 아프게 하기도 하였다.

그러나 교육 후 달라진 가족구조 안에서 가족원의 역할을 깨닫게 되고 떠나간 부모에 대해 어떻게 설명해야 하는지에 대한 바른 정보를 얻음으로써 가족관계가 원만해지기도 하였다.

전 그동안 이혼에 대해 아이와 이야기하지 못했어요. 감히 이혼이란 말도 꺼내기 힘들었지요. 아이가 이혼이야기를 하면 어떻게 반응할까 걱정되기도 하고요. 그래서 서로 이혼에 대해서는 전혀 이야기하지 않았어요. 그런데 교육 후 용기를 내어 자녀와 이혼에 대해 이야기했어요. 아이한테 엄마, 아빠가 사실 이혼했었다고 하니 아이는 알고 있었다고 하더군요. 그리고는 엄마를 이해한다는 거예요. 자기는 엄마를 이해하고 잘 지내고 있으니 걱정하지 말라고도 하더군요. 너무 마음이 편안했어요. 꼭 아이한테 숨기는 것 같고 당당하지 못했는데 아이가 다 이해해 주었으니까요. 우리는 서로 부둥켜안고 앞으로 열심히 살자고 다짐했지요. 진작 왜 이런 이야기를 하지 않았는지 몰라요(빛님).

저는 아이에게 아빠를 나쁘게 이야기하면 아이가 아빠에 대해 나쁜 인상을 갖을까봐 그동안 아빠는 좋은 사람이라고 말했어요. 사실은 아이 아빠는 자녀에게 무관심하고 폭력을 쓰는 나쁜 아빠였어요. 언젠가는 아이한테 흉기를 겨누기까지 했지요. 그래도 아빠에 대한 좋은 기억을 주려고 아빠가 돈 벌면 너희들한테 보낸다고 했어. 아빠가 너희들을 얼마나 사랑하는데 하고 말해 주었지요. 그랬더니 아이가 그렇게 좋은 아빠를 왜 엄마는 버렸느냐고 엄마는 나쁘다고, 아빠가 불쌍하다고 하더군요. 너무 어이가 없더군요. 아빠하고 떨어져 있으니까 자기들이 어떻게 당해왔는지 잊어버렸나 봐요. 그래서 자녀에게 사실대로 이야기를 했어요. 사실은 그런 것이 아니라고요. 아빠는 너희들을 위험에 빠뜨렸고, 제대로 돌보지 않았다고요. 엄마는 너희들이 아빠를 미워하게 될까봐 아빠를 좋은 사람으로 만들었다고요. 그랬더니 아이가 저한테 그런 거짓말을 왜 하느냐고 앞으로는 거짓말하지 말라고 하더군요(웃음).

저 역시 아이들한테 무책임한 아빠를 좋은 사람이라고 말해 줬더니 아이가 왜 아빠랑 이혼했냐고 엄마가 잘못한 거라고 하더군요. 그래서 아이들한테 말 못한 이야기를 했어요. 아빠가 바람을 피워 자식도 있고 새엄마도 있다고요. 그래서 엄마가 이혼하게 된 거라고 말해 줬지요. 그랬더니 아이들이 엄마 잘했다고 나라도 이혼했을 거라고 하더군요. 한때 이혼했다고 저에게 대들던 아이들이 이제는 잘 하고 있어요(대추).

③ 부모-자녀 간 친밀감 회복

이혼가정 부모와 자녀는 부모-자녀관계가 단절되거나 부정적인 관계에 있는 경우가 많았다. 이혼가정의 자녀들 중에는 엄마와 대화하는 것을 거부하거나 엄마를 보면 짜증이 난다고 이야기하는 경우도 있었다. 엄마 역시 자녀에게 화를 내고 무시하고 비난하고, 짜증을 부리는 등 의사소통에 문제를 보였다.

교육 후 이혼가정 부모의 짜증이 줄고 나-전달법 등 의사소통방법을 사용하고 자녀에게 효자상을 전달한 후에는 부모-자녀관계가 개선되어 친밀감을 회복하는 것을 볼 수 있었다.

ⓐ 관계의 단절에서 애정과 신뢰의 단계로

이혼가정 부모와 자녀는 서로에 대한 상처가 깊어 부모-자녀관계가 단절되는 등 부정적인 경우가 많았지만 효자상 추천을 통해 서로에 대한 믿음을 재확인한 이후에는 애정과 신뢰감을 회복하여 긍정적인 관계를 회복해 나갔다.

> 아이한테 효자상을 주었어요. 아이가 이게 뭐냐고 하더군요. 그래서 엄마가 너의 효행을 효자상 주는 곳에 신청했더니 이렇게 효자상을 주더라 했어요. 효자상을 받은 아이는 처음으로 상을 받아 봤어요. 상을 받고 아이가 말하더군요. '엄마 저 진짜 효자 될게요. 엄마 실망시켜 드리지 않을 거예요.' 제 아들이 그렇게 자랑스러워 보일 수가 없었어요. 처음에 효자상 추천할 때는 추천할 내용이 있어야 추천하지, 말썽꾸러기인데 생각했어요. 그래서 추천도 하지 않으려고 했지요. 그러나 제가 아들을 받아들이고 믿어 주니까 아들도 저에게 마음을 열더군요. 효자상이 우리 모자를 새롭게 만들었어요(아기새).

ⓑ 명령, 비난, 훈계에서 경청과 격려의 대화로

이혼가정 부모는 자녀와 대화할 때에 주로 명령, 비난, 훈계 등의 의사소통방법을 사용하여 부모-자녀관계를 해치고 있었다. 이후 경청, 격려, 나-전달법 등의 의사소통 기술을 익히면서 부모-자녀관계가 호전되는 것을 볼 수 있었다.

> 저는 명령형, 잔소리형인 것 같아요. 자녀에게 선택권을 주어야 하는데 제가 다 명령, 지시를 하죠. 자녀가 스스로 할 수 있는 기회를 주

지 못했어요. 이제부터라도 아이 스스로 자신의 의지대로 생각하고 결정할 수 있도록 돕겠어요(소금).

저는 아이들한테 사랑한다는 말을 하지 못했어요. 어린 아이일 때는 사랑한다고 했지요. 그러나 청소년이 되면서부터는 그런 말을 못하겠더라고요. 사랑보다는 엄하게만 다루었어요. 이제는 내 아이한테 사랑한다는 말을 할 거예요. 그것도 매일매일 아침, 점심, 저녁으로요. 이제는 사랑을 고백하면서 살래요. 그럼 아이도 달라질 거예요(별초롱).

(C) 후기과정

이혼가정 부모들은 이혼관련 법률, 모·부자복지법 등에 의한 정부지원에 대해 궁금해 하였으나 직접 문제를 해결하기 위해 관련기관을 찾거나 활용하지는 못하였다.

11회기에서 이들은 이혼하면서 재산분할, 위자료, 양육비 등을 거의 받지 못했으며 남편의 부채를 떠안고 있다고 하였다. 또한 이혼한 후에는 전남편이 자녀들을 본다는 이유로 수시로 집에 드나들고 있었고 심지어는 함께 생활하는 경우도 있었으나 전남편의 폭력을 두려워하여 참고 살아가고 있었다. 이들은 대부분 성희롱의 피해를 겪기도 하였는데 직장 내 성희롱 피해 후 부당하게 쫓겨난 경우도 있었다.

12회기에서 이들은 저소득 한부모가정 지원정책과 관련해 선정방법, 정부지원내용에 대한 정보를 알고자 하였고, 자신이 정부지원을 받을 수 있을지 궁금해 하였다. 이혼가정 부모가 수급자인 경우는 복지급여의 명세에 대해 알지 못해 궁금해 하였으며 소득의 상승으로 수급자에서 탈락할까봐 걱정하고 있었다. 특히 자녀들이 심리적, 행동적 문제를 보이고 있는 가정의 경우는 무료상담 및 부모교육에 대한 요구가 높았는데 이는 상담 및 부모교육 등이 무료로 제공되지 않고 있어 적절한 도움을 받을 수 없었기 때문이었다.

그러나 교육 후 사회지원망을 활용하게 되면서 이혼가정 부모들은 면접교섭권, 위자료, 양육비 등의 법률자문을 받을 수 있게 되었고, 성희롱에 대한 대처방법에 대한 정보를 얻었으며 민간단체에서 제공하는 무료상담 및 부모교육서비스를 제공받을 수 있게 되었다. 또한 정부의 한부모가정 지원정책에 대해 구체적인 내용을 알게 되었고, 이에 대한 개정의 필요성과 적절한 한부모가정 지원내용을 요구할 수 있게 되었다. 이혼가정 부모들은 이런 사회지원망 활용으로 심리적인 안정과 자녀양육의 문제를 덜게 되었으며 사회에 참여할 수 있는 힘을 얻게 되었다.

① 사회지원망 활용

사회지원망과 관련해 이혼관련 법률, 성희롱 대처법, 모·부자복지법, 무료상담 및 부모교육 서비스에 대한 구체적인 정보를 제공받고 난 후 이혼가정 부모들은 전 배우자에게 면접교섭권을 요구하고, 성희롱의 개념을 확립하였으며 무료상담 및 부모교육기관에 대한 정보를 얻게 되었다.

ⓐ 법률에 대한 무지에서 활용으로

이혼가정 부모들은 이혼과 관련해 재산분할, 위자료, 양육비 등에 대한 법률정보를 받지 못했으며 전남편이 경제적인 능력이 있어도 자녀양육비를 청구하지 않고 있었다. 또한 전남편의 주택 무단침입과 폭력 속에서도 어떻게 대처해야 할지 몰라 폭력을 묵인해 오고 있었다.

 그러나 교육 후 인식이 전환되면서 전남편에게 양육비를 청구하였고, 면접교섭권에 의한 자녀면접을 요구하고 무단으로 가택을 침입하는 경우 112에 신고하는 등 적극적으로 자신을 보호하려는 자세를 보였다.

> 이혼 당시 저는 아이들은 당연히 제가 키우는 것으로 알았기 때문에 양육권과 양육비의 관계에 신경을 쓰지 않았어요. 양육비 재산분할에 유효기간이 있는지도 몰랐고, 면접교섭권이라는 말은 처음 들었어요. 이혼 후 전남편이 경제적인 여유가 생기면 그때 양육비를 청구할 수 있다는 것도 처음 알았어요. 이제는 아이 아빠에게 양육비를 요구할 거예요. 그리고 아이 아빠가 수시로 집에 들어와 폭력을 썼거든요. 이제는 그냥 당하지 않을 거예요. 이제는 당당하게 맞서 싸울 거예요(소나무).

> 양육비를 받기 위해 전남편의 소재를 파악 중입니다. 아이 아빠를 찾으면 양육비를 청구하려고요(파랑).

ⓑ 억울한 피해자에서 신중한 대처자로

 이혼가정 부모들은 성희롱을 단순히 성적 접촉이나 요구가 있었을 때로 한정하고 시각적, 언어적 성희롱에 대해서는 성희롱으로 인식하고 있지 못하였다. 또한 성희롱의 피해를 당하고도 직장에서 쫓겨나는 경우도 있었다. 그러나 교육 후에는 성희롱의 피해경험이 있었다는 것을 인식하게 되었고, 앞으로 이런 일이 발생하면 어떻게 대처해야 하는지 알게 되었다고 하였다.

> 저는 이혼 후 모 캐피탈 회사에서 일할 때에 직장 상관으로부터 성희롱을 당했던 적이 있어요. 그때 피해를 당했으면서도 억울하게 회사를

쫓겨나게 되었지요. 지금처럼 이런 교육을 미리 받았다면 어떤 조치를 취할 수 있었을 것 같아요. 이제는 다시 그런 일이 생긴다면 억울하게 참고 있지는 않을 거예요. 문제를 해결해 나가도록 대처해 나갈 거예요(소나무).

ⓒ **수동적인 자세에서 적극적인 자세로**

이혼가정 부모들은 모·부자복지법에 의한 정부지원에 대한 선정기준과 지원내용 등에 대해 거의 알지 못하고 있었으나 교육 후에는 모·부자가정 선정기준과 지원내용을 통해 모·부자복지법의 문제점을 지적하고 현실에 맞는 지원을 요구하였다. 또한 사회에 봉사하겠다는 생각을 현실로 옮겨 자원봉사를 하기도 하였다.

정부는 제가 가장 힘들 때는 큰 도움이 못됐어요. 남편의 폭력으로 아이와 맨몸으로 도망쳐 나오다시피 했는데 갈 곳도 받아주는 곳도 없었어요. 앞으로 어떻게 살아야 할지 난감하던 때가 지금도 눈에 선해요. 이혼가정 부모가 어려움에 처할 때 바로 도움을 주었으면 좋겠어요. 아이와 함께 있을 곳을 마련해 주고 자녀를 굶기지 않도록 양육비와 생계비를 지원해 주면 좋겠어요(대추).

(D) **추후과정**

이혼가정 부모를 대상으로 프로그램 종료 후 3주 뒤에 추후면담을 실시한 결과 이혼가정 부모들은 자신의 자아 정체성을 찾아가고 있었고 이혼가정에 대한 사회의 편견으로부터 벗어나 당당한 자세를 갖게 되었으며 미래에 대한 계획을 세워 나갔다. 부모-자녀관계를 개선하기 위해 자녀를 이해하고 격려하는 모습을 보였으며 사회지원망을 잘 활용하여 무료상담 및 부모교육을 받기도 하였다.

① 새로운 나를 발견했어요

이혼가정 부모들은 자아정체성을 찾지 못하고 주위 사람들의 평가에 예민하게 반응하는 등 자신에 대해 당당하지 못하였다. 또한 이혼했다는 이유로 가족과 친구들로부터 외면당하여 사회로부터 고립된 생활을 하기도 하였으나 최근에는 자신의 존재에 대해 자부심을 느끼고, 이혼가정으로 살아가는 데에도 만족스러워하고 있었다.

> 이전에는 세상을 그냥저냥 살았던 것 같아요. 아니 그냥 살았다기보다는 체념하면서 살았는지도 몰라요. 제 자신에 대해 생각해 보거나 자녀에 대해서도 객관적으로 평가해 보지 못했어요. 그리고 세상사에 신경 써서 뭐하나 먹고 살기만 하면 되지 하는 생각을 해 온 것 같아요. 그래서 남들로부터 착하다는 이야기를 들었지만 왜 사는지도 모르고 살았지요. 그런데 교육 후 많은 것이 달라졌어요. 제 자신에게 욕심이 생기는 것 같아요. 나도 잘 할 수 있다는 생각, 내 아이도 공부 잘 시켜보고 싶다는 생각…… 이런 생각이 들어요. 예전에는 생각해 보지 않았거든요. 요즘은 생각도 많이 해요. 나를 위해 뭔가 해야 하겠다. 인생을 새롭게 살아야 하겠다 등등요…… 이제는 제 자신에 대해 다르게 생각하게 되었어요. 뭔가 표현하기 어렵지만 저는 달라지고 있는 것 같아요. 이제야 새로운 사람이 되는 것 같아요(장미나라).

② 나에게도 희망찬 미래가 있어요

이혼가정에 대한 현실은 그리 호락호락하지만은 않았다. 문제가 발생해 해결되려 하면 또 다른 문제가 발생해 삶에 대한 희망마저 포기하고 싶도록 만들었다. 그러나 최근 들어 이혼가정 부모들은 어려운 상황에 처했을 때 좌절하지 않고 일어설 수 있는 새로운 도전의식을 가지게 되었다. 이제 이들에게는 좌절과 싸워 이겨낼 수 있는 힘과 용기가 생긴 것이다.

요즘은 저에게 최악의 상황이 닥쳤어요. 1년 8개월 동안 사귀어 온 남자친구와 헤어지게 되었어요. 그동안 서로 너무 순수하게 사귀어 왔지만 남자친구 가족의 반대로 헤어지기로 결정했지요. 너무 마음이 좋지 않던 차에 아이가 화상을 입어서 병원에 입원하게 되었어요. 제가 직장에 다녀야 하기 때문에 오빠가 간병을 해 주셨는데 얼마 전 그 오빠마저 돌아가셨어요. 그런 사이에 다른 아이가 몸이 이상해 큰 병원에 가야 한다는 거예요. 남자친구와 헤어지고 오빠까지 돌아가신 상황에서 너무 힘들었지만 같은 형편에 있는 언니들이 옆에서 도와주셔서 큰 위로가 됐어요. 이런 혼란스러운 상황에서 제 마음에 들어오는 생각은 인생은 살 가치가 있다는 것이었어요. 나를 위로해 주려는 사람들이 있어 난 아직 외롭지 않다는 생각이었지요. 그리고 새롭게 시작해야겠다는 생각이 들었어요. 그리고 모진 인생을 살았기에 어떠한 어려움도 극복해 낼 수 있다는 자신감도 생겼어요. 그게 모두 부모교육을 배우면서 제가 달라졌기 때문이에요. 교육을 받으면서 새로운 것을 많이 배웠어요. 내가 잘 할 수 있는 것들을 배우고 다른 사람들에게 힘이 되고 싶어요. 전 상담 공부를 하고 싶거든요. 제가 상담 공부를 어떻게 할 수 있는지 방법을 가르쳐 주세요(소나무).

③ 아이의 꿈을 키워주고 싶어요

교육을 마친 후 자녀의 장래에 대한 인식의 차이로 갈등을 빚고 있던 이혼가정 부모는 추후면담에서 자신의 왜곡된 생각으로 자녀의 꿈과 희망을 꺾을 뻔했다고 말하며 이제 자녀의 생각을 존중해 주고 자녀가 하고 싶은 일을 할 수 있도록 격려하고 있다고 말해 부모-자녀관계가 개선되고 있는 것을 보여주었다.

큰 아이가 가수가 된다고 해서 너무 속상했어요. 교육을 받으면서 제 자신에게 문제가 많다고 하는 것을 알았지만 생각대로 변화되지는 않는 것 같았어요. 선생님이 가르쳐준 대로 이렇게 해야지 노력하지만 어느 사이 평소의 제 모습으로 돌아오곤 했지요.

그런데 요즘은 자녀와 생각이 다를 수 있다는 것을 인정하려고 노력해요. 아이 아빠가 끼가 있어서 엑스트라 한다고 다닐 때 고생만 했던 것이 생각나서 아이가 가수된다고 하면 가슴이 뛰고 애가 망가지면 어떻게 하나 그런 생각이 들어서 싸우게 되었거든요.

그러나 이제는 생각이 좀 달라졌어요. 내가 아이의 끼를 죽이는 것은 아닐까? 그래서 자녀가 나를 원망하게 되지는 않을까? 하는 생각을 하게 돼요. 또 내가 너무 안 된다고 해서 아이가 더 그쪽으로 가고 싶어 하는 것은 아닐까? 내가 그냥 인정해 주면 가수가 되고 싶다고 하는 꿈도 변하지 않을까 그런 생각을 해요. 또 가수가 되면 어때요? 큰 아이가 요즘 가수들은 대학도 다니고 공부도 잘한다고 자기도 대학가겠다고 하더군요. 그렇다면 자녀의 그런 생각을 인정해 주고 키워 줄 필요도 있을 것 같아요. 이제는 제 생각을 좀 변화시켜야 하겠어요 (별초롱).

④ 우리는 하나예요

이혼가정 부모들은 이혼가정 부모교육 프로그램에 참석하면서 이혼가정 부모라는 사실로 인해 언니, 동생하면서 친밀한 관계를 유지하게 되었다. 이러한 밀접한 관계망이 형성되면서 가족 간에 경사나 어려운 일이 생길 때 서로 도움을 주고받는 협력관계를 유지해 나갔다.

소나무가 상을 당해서 저랑, 날개님, 땅님이 장사지내는 곳에 함께 있었어요. 갑작스러운 오빠의 죽음 앞에서 어떻게 해야 할지 모르는 상황에서 저희들이 함께 해줘서 위로가 된 듯해요. 저희들도 아이들이 있고 생활하기 바쁘지만 어려운 처지에 놓인 친구를 위해 함께하게 되었지요. 소나무님이 정신없을 텐데 잘 이겨 나갔으면 좋겠어요 (파랑).

이혼가정 언니들이 며칠 동안 함께 해 주어서 큰 힘이 되었어요. 오빠 장래를 치르는 데 장례비가 6백만 원이나 나왔지요. 한 달 생활비도 없는 상황에서 어떻게 해야 할지 모르겠더군요. 그런데 언니들도 형편이 어려운데 땅님이 1백만 원을 해왔고, 날개님이 2백4십만 원을 구해왔어요. 언니들이 빌려준 돈과 월급가불하고 해서 장례비를 치를 수 있었어요. 언니들이 없었다면 장례도 치르지 못했을 거예요(소나무).

⑤ 나와 가족을 넘어 사회로

이혼에 대해 부끄러움을 느끼고 이혼 사실을 숨기던 이혼가정 부모들은 교육이 끝나고 시간이 지나면서 이웃에게 이혼사실을 알리는 등 긍정적인 인식을 갖게 되었다. 이들은 이혼가정에 대한 사회의 부정적인 인식을 개선하기 위해 방송에 출연하여 이혼가정에 대한 정부지원을 호소하고 이혼가정을 긍정적으로 보아줄 것을 요구하기도 하였다. 최근 들어 이혼가정 부모들은 자신, 가족에 대한 관심을 확대시켜 이혼가정 전체의 권익을 위해 일할 수 있는 용기를 얻게 된 것으로 보였다.

선생님 만나기 전에는 제가 이혼했다는 것이 좀 부끄럽게 느껴졌어요. 이혼은 꼭 나쁜 것은 아니지만 이혼해서는 안 된다는 생각이 지배적이었지요. 그래서 이혼했다는 것을 밝히기가 싫었어요. 그런데 요즘은 내가 왜 이혼했다는 것을 숨겨야 하나 그런 생각이 들어요. 이혼이 나쁜 거나 죄가 아니잖아요. 내 자신을 속일 필요가 없을 것 같아요. 그래서 이번에 부자가정의 어려운 생활을 보고하는 방송에 출연하게 되었어요. 제 삶을 보여줘서 이혼가정 부모들에게 도움이 될 수 있다면 계속 출연할 거예요(바위암).

이상의 내용을 종합하면 이혼가정 부모의 교육진행에 따른 변화과정을 볼 때 이혼가정 부모교육 프로그램은 이혼가정 부모의 자아재발견, 현실극복, 이혼가정 자녀이해, 부모-자녀관계 개선, 사회지원망 활용 등에서 이혼가정 부모의 적응 및 현실극복에 도움이 되는 것을 확인할 수 있다.

(다) 참여 집단에 따른 효과

이혼가정 부모교육 프로그램에 참여한 집단은 모자보호시설 1곳과 사회복지기관 3곳의 이혼가정 부모 네 집단으로 모두 독특한 환경적 배경을 가지고 있었다. 먼저 첫 집단인 모자보호시설의 이혼가정 부모들은 공동생활을 하기 때문에 서로에 대해 많은 것을 알고 있었고 이미 관계가 형성되어 있어 친밀한 관계를 형성한 집단과 그렇지 않은 집단으로 나뉘어져 있었다.

둘째 집단인 M 사회복지관의 이혼가정 부모는 자녀들이 복지관에서 학습지원을 받고 있어 어느 정도 안면이 있는 사람들이었다. 셋째 집단인 G 복지관의 부모들은 남녀 혼합집단으로 4명의 이혼가정 부모가 주축이 되어 움직이고 있었다. 이 중 한 쌍은 서로에게 관심을 갖고 있어 집단에 열심히 참석하였다. 넷째 집단은 C 사회복지관의 이혼가정 부모들로 자녀들이 복지관의 도움을 받고 있었지만 부모들은 서로에 대해 만나보지 못한 상태였다. 이 집단은 학력이 낮고 단순노동에 종사하거나 신병으로 고생하는 사람들이 4명이나 있는 남녀혼합집단이었다.

이러한 배경을 지닌 네 집단을 대상으로 부모교육 프로그램을 진행했을 때 가장 활발한 역동을 보여준 집단은 M 복지관이었다. 이들은 서로에 대해 알고 지내왔기 때문에 집단에 대한 라포가 형성되어 있었고 집단을 이끌어 가는 2-3명의 어머니가 있어 그룹 활동 시 적극적으로 참여하였다. 이 집단에는 이혼에 대해 부정적인 인식을 갖고 있는 사람들이 많았으나 교육 후 인식의 변화를 나타냈고, 특히 이혼가정 부모교육으로 인생이 달라졌다고 보고한 사람이 10명 중 7명에 이르렀다. 이 중 3명은 교육 후 새로운 직업을 찾기 위해 대학 입학을 준비하고 사회복지사, 한부모가정지도사, 가정폭력상담원 교육을 받기도 하였다.

교육 후 추후검사를 위해 면담을 한 결과 이 집단에 문제가 발생하였다. 이들은 프로그램 종료 이후 집단원이 너무 친하게 지낸 나머지 서로 돈거래를 하게 되었고, 빌린 돈을 갚지 못해 채권자와 채무자 관계로 변하게 되었다. 또한 교육 후 새로운 인생을 찾기 위해 노력하면서 자신보다 더 열심히 살아가려고 하는 사람에 대한 부러움이 시기와 질투로 나타나 분쟁을 보이기도 하였다. 이러한 갈등은 긍정적으로 작용하기도 하여 서로 더 발전하기 위해 경쟁하게 만들어 자격증 취득, 대학 진학 등 자신을 개발하는 일에 더 적극적이도록 만들었다.

H 모자보호시설의 이혼가정 부모들은 모자보호시설 퇴소 이후의 삶에 대해 불안감을 갖고 있는 사람들이 많았으며 학력 및 소득은 모두 낮은 편이었다. 모자보호시설의 부모들은 문제를 보이는 경우가 많았는데 우울증이 심한 어머니는 자녀가 자신을 망쳤다는 생각으로 어린 자녀를 살해하려는 생각을 갖고 있었던 부모도 있었다. 특히 좁은 공간에서 여러 명이 함께 생활하기 때문에 서로에 대해 잘 알기도 하였지만 불만도 많아 집단구성원 간에도 갈등이 심한 편이었다. 교육 1회기에서는 서로의 이야기에 집중하지 않고 딴 짓을 하여 상

대방을 무시하는 듯한 태도를 보이기도 하였고, 심지어는 실시자가 있는 상황에서도 서로 언성을 높이며 상대를 비난하기도 하였다.

그러나 중기과정으로 넘어가면서 극단적인 대립이 줄어들고 서로에 대한 갈등을 오해로 돌리며 새로운 관계를 형성해 갔다. 특히 이혼에 대해 수치스럽게 생각하던 사람들이 이혼을 당당하게 받아들였고, 자녀들을 이해하고 잘 교육하고자 하는 의지를 보였다. 이후 이들은 교육이 끝나고도 자리를 뜨지 않고 이야기할 정도로 관계가 회복되었고, 자신의 이야기를 풀어놓을 수 있는 교육이 있어 너무 좋다고 하였다. 그리고 자신의 존재에 대해 새로운 인식을 갖게 되면서 한국한부모가정연구소의 자조모임에 참석하는 등 사회지원망을 활용하고 확대해 나갔다.

G 사회복지관의 부모들은 직장이 있거나 교회활동을 하는 등 사회생활을 활발히 하고 있는 집단이었다. 이들은 남녀 혼합집단으로 매 회기 즐거운 시간을 보냈고 서로에 대해 호감을 표시하기도 하였다. 2-3명이 한 집단을 이루었지만 그 친밀도는 아주 높았고 소수이기 때문에 각자의 삶에 대한 깊은 이야기를 공개하면서 더 가까워졌다. 소수였지만 남녀가 한 집단이 되어 마지막 회기까지 단결된 모습을 보여주었으며 인식의 변화도 큰 폭으로 나타났다.

C 사회복지관의 이혼가정 부모들은 남녀 혼합집단이면서 장애를 지닌 사람이 많은 집단이었다. 이들은 저임금 노동을 하고 있거나 국민기초생활보장법에 의한 수급자로 학력이 중졸, 고졸이 대부분이었다. 이들은 이혼에 대해 이야기를 하는 것을 스트레스로 받아들였고 심지어 토의를 하거나 활동지에 자신의 생각을 정리하는 것도 부담스러워하였다.

그러나 이 집단의 남성 2명이 친절하게 여성들을 돌봐주면서 집단 간 친밀도가 높아지고 전체 티 파티나 회식을 가지면서 친밀감을 형성해 나갔다. 중반으로 들어서면서 더 큰 변화를 보였는데 이혼가정 부모들은 그동안 기억하지 않으려고 했던 과거를 회상하고 자신의 이야기를 완전 공개하는 등 태도의 변화를 보였으며 우울하던 표정들도 밝아지기 시작했다. 또한 자녀와 갈등을 빚고 있던 어머니의 경우 이혼가정 자녀의 심리를 이해하면서 자녀와의 갈등을 줄이게 되었고 의사소통 기술을 익혀 자녀와 대화하려는 노력을 보였다.

이러한 결과를 볼 때 이혼가정 부모교육 프로그램은 각 집단의 유형 및 특징에 따라 그 효과가 달라지는 것을 볼 수 있다. 이혼가정의 이혼 후 적응과 현실극복 의지는 M사회복지관과 같이 삶의 변화를 바라는 집단이 그렇지 않은 집단에 비해 더 높은 성과를 나타내는 것을 볼 수 있었다. 또한 C, G 복지관과 같이 소수의 동성 집단에 비해 혼합집단이 참여율과 교육효과 측면에서도 더 높게 나타났다. 그 외 H 모자원과 같이 집단원 간의 관계가 불편한 집단보다는 친밀한 집단이 더 집단 간 역동이 크고 교육성과도 높았다. 그러나 처음에는 불편한 인간관계를 갖고 있던 집단도 프로그램을 진행하면서 관계를 개선할 수 있으므로 프로그램에 참여할 수 있도록 독려하는 것이 중요하다 하겠다.

(라) 사회복지사의 역할에 따른 효과의 차이

이혼가정 부모교육 프로그램을 운영하는 기관의 사회복지사의 역할은 집단 참여자의 규모 및 교육에 대한 자세에 중요한 영향을 미치게 된다. 부모교육 프로그램을 진행한 네 기관의 사회복지사의 역할을 통해 사회복지사의 역할이 프로그램에 어떤 영향을 미치는지 알아보고자 하였다.

네 집단 중 교육적 효과가 가장 높다고 할 수 있는 M 사회복지관의 사회복지사는 27세의 연령이지만 30-40대 이혼가정 부모들을 효과적으로 지원하고 있었다. 즉 프로그램에 참석할 수 있도록 클라이언트를 철저히 관리하고 이혼가정 부모교육 프로그램 등 복지관 사업에 적극적으로 참여하는 사람에게 더 많은 관심과 지원을 약속하였다. 또 평소에도 이혼가정 부모의 어려움을 들어주고 관심을 나타내 이혼가정 부모의 절대적인 신뢰를 받고 있었다.

프로그램 진행 준비도 철저하게 준비하여 실시자의 불편함을 최소화하였고 식사를 못하고 오는 부모들을 위해 김밥, 빵, 다과 등 식사 준비를 완벽하게 하여 주었다. 그리고 교육시간대에 자원봉사자를 활용해 이혼가정 부모의 자녀들을 위한 프로그램을 진행하도록 도왔다. 이런 노력으로 13주간의 프로그램이 참여자의 큰 변동 없이 꾸준히 진행될 수 있었다. 즉 M 사회복지관의 복지사는 이혼가정 부모교육 프로그램 뿐 아니라 평상시에도 이혼가정에게 관심과 애정을 나타냈고 철저히 관리하여 집단을 효과적으로 이끌고 있었다. 그런 관리 시스템 안에서 부모교육 프로그램이 효과적으로 진행될 수 있었다.

G 사회복지관은 소수 인원이 한 팀이 되어 적극적으로 프로그램에 참여한 집단이다. 이 집단의 사회복지사는 이혼가정 부모들과 긴밀한 교류를 하고 있었으나 일부 심리적으로 민감한 어머니들과는 갈등상태에 놓이기도 하였다. G사회복지관의 사회복지사는 프로그램을 관리하는 데도 적극적이지 못하여 매주 부모님께 전화하는 것을 잊거나 감기나 회의 등의 이유로 프로그램에 6회 정도 참석하지 못하였

다. 그리고 간식도 간소하게 준비해 식사를 못하고 오는 부모님들의 불만을 사기도 하였다. 이에 따라 첫 회기에 8명이 참여한 프로그램은 이후 조금씩 줄기 시작해 4회 정도 이후에는 2-3명이 고정적으로 참석하게 되었다.

C 사회복지관의 사회복지사는 29세의 남성으로 이혼가정 부모에게 절대적인 신뢰를 받고 있었다. C 사회복지관의 사회복지사는 같은 남자 입장에서 이혼가정 아버지들의 마음을 알아주고 지지해 주는 역할을 하였다. 모자가정 어머니에게는 친절하고 다정한 사람으로 느껴져 좋은 남성의 모델이 되어 있었다. 특히 C 사회복지관의 사회복지사는 재가복지팀에 소속되어 있어 수급자들에게 도시락을 배달하는 일을 하고 있어 그 관계가 더 밀접한 것으로 보였다.

C 사회복지관의 집단은 이혼가정 부모와 사회복지사의 관계가 좋은 편이고 교류도 활발히 이루어져 프로그램 참여율은 높은 편이었다. 그러나 사회복지사가 남성이라 섬세한 부분은 적어 여성 사회복지사에 비해 다과준비, 프로그램 준비에는 미흡한 점이 있었다. 그러나 프로그램 참여를 위해 전화, 면담, 가정 방문 등 관리를 철저히 하여 프로그램의 효과를 높이는 데 기여하였다.

H 모자보호시설의 사회복지사는 25세의 나이였지만 이혼가정을 그 누구보다 잘 지원하고 지지하는 전문가였다. 항상 친절하고 섬기는 자세로 이혼가정 부모를 대하고 돌보는 듯하였다. 그리고 프로그램에 부모들이 참석할 수 있도록 전화, 방송 등 협조를 아끼지 않았다. 그러나 H 모자보호시설은 시설이 부족하여 집단상담실이 한 곳밖에 없어 방과후지도 후 이혼가정 부모교육 프로그램이 진행되도록 되어 있어 준비가 늦어지는 경우가 많았다.

또한 시설 안에 부모님들의 집이 있어 집안일을 하다 중단할 수 없어 못 내려오는 부모들도 많아 모자보호시설 내의 부모교육의 문제점으로 드러났다. 즉 외부에서 하는 프로그램이라면 프로그램에 참여할 것으로 결정하면 모든 일을 마치고 바로 교육장으로 오게 되지만 모자보호시설의 경우는 집에서 내려와야 하기 때문에 직장 일을 마치고 잠깐 살림을 돌보다가 교육을 놓치는 경우가 종종 있었다. 그리고 아이들이 집에서 내려와 교육을 방해하거나 부모의 참여를 어렵게 하기도 하였다.

이상의 내용을 종합해 보면 이혼가정 부모교육 프로그램은 사회복지사의 철저한 준비에 따라 그 성패가 달라질 수 있다는 것을 알 수 있었다. 즉 사회복지사가 얼마나 프로그램에 대해 중요성을 느끼고 어느 정도 지원하고 있는지 등이 프로그램의 성패를 결정하는 요인 중 하나라고 할 수 있다. 따라서 사회복지사들은 이혼가정 부모교육 프로그램의 목표를 명확히 인지하고 목표에 도달하기 위해 철저한 준비를 하여야 하며, 참여자 자녀를 보호하거나 관리하여 부모들이 편안한 마음으로 교육에 참석할 수 있도록 하여야 하겠다.

(마) 이혼가정 부모가 요구하는 정부지원정책

이혼가정 부모들은 이혼가정 부모교육 프로그램의 사회지원망 활용에서 모·부자복지법에 의한 정부지원에 대한 정보를 제공받고, 모·부자가정 선정기준과 지원내용의 문제점을 지적하고 현실에 맞는 지원방안을 모색해 줄 것을 건의하였다. 이혼가정 부모들은 모·부자복지법의 선정기준의 완화와 현실에 맞는 생계비 지급, 충분한 아동양육비 지급, 학원비 지급, 창업자금의 융자완화, 신속한 임대아

파트 분양, 원하는 취업교육, 무료상담 및 교육서비스의 제공, 그리고
사회복지 전담공무원의 친절봉사를 요구하였다.

(ㄱ) 선정기준의 완화

이혼가정 부모들은 선정기준의 문제점으로 자동차(1,500cc 이상)
소유의 문제와 소형 주택이 있거나 부모님이 소득이 있다고 하여 모
자가정으로 선정되지 못하는 것에 대해 불만을 나타냈다.

- 자동차가 있다고 모·부자가정이 안 된다는 것은 말도 안 돼요.
- 소형 아파트 하나 있는데 집이 있다고 월급은 한 푼도 없는데 모자
  가정이 안 된다고 하면 어떻게 해요.
- 부모님 집에 살면서 자립할 기회를 보고 있는데 부모님의 도움을
  받고 있다고 모자가정이 안 되면 어떻게 살아요.

(ㄴ) 생계비의 인상

생계비는 모자가정에 거주하는 국민기초생활 수급자에게 가구원 1
인당 약 10만 원 정도 지급되고 있는데 이혼가정 부모들은 그 생계
비를 인상해 줄 것을 요구하였다.

- 지금 생활비가 너무 적다고 생각합니다. 월 100만 원 정도는 되었
  으면 합니다(봄날).
- 생활 필수품비가 상승하는 데도 전혀 맞지가 않아요(소나무).
- 생계비를 30만 원 정도 아니면 35만 원 정도 주세요(솜사탕).
- 모자시설 1인당 105,000(2003)→1인당 150,000(나와 너).
- 1인 생계비가 너무 작습니다. 최저 생계비 인상해 주세요(장미꽃).
- 1인당 20만 원 또는 30만 원(철새).
- 부자가정에 직장이 없을 경우 까다롭지 않게 생계비 지원

㈐ **아동 양육비의 인상**

정부는 아동양육비로 만 6세 미만 자녀에게 5만 원을 지급하고 있으나 이혼가정 부모들은 아동양육비를 만 18세 미만의 자녀로 확대하고 약 30만 원 정도 지급해 줄 것을 요구하였다.

- 학원비 보조해 주세요. 아이가 공부하고 싶어 하는 데 뒷바라지를 못해요(목화).
- 양육비 50만 원 정도 주었으면 합니다(들국화).
- 20만 원에서 40만 원 정도 주세요(철새).
- 사교육비 지원해 주세요(인내).
- 아이들 치료비가 한 달에 너무 많이 들기 때문에 현재 생활 자체가 힘들어요. 아이들을 장애인으로 만들어야만 보조를 받을 수 있는 것인가?
- 30-50만 원 정도 있어야 아이를 키울 수 있습니다(꽃잎).
- 20만 원 이상(웃음).

㈑ **아동학자금의 인상**

정부는 아동학자금으로 입학금과 수업료를 지급하고 있지만 이혼가정 부모들은 그 이외에 학교 준비물비, 방과후센터, 학원비 등을 요구하고 있었다.

- 학교 수업료 지원→사교육비를 함께 지원(들국화).
- 사교육을 받지 않으면 대학 또는 취직이 어렵다(천사).
- 자녀 교육시키려면 50만 원 정도 있어야 해요(나와 너).
- 학생들 사교육이 눈물겹게 절실합니다(웃음).
- 학자금 지원이 부족합니다. 중·고등학교에 가면 참고서도 사서 보아야 합니다(장미꽃).

㈁ **모자보호시설의 증설**

이혼가정 부모들은 모자보호시설에 입주하기를 희망하였으며 시설의 규모는 방 2칸 정도로 넓혀주고 시설의 입주기간은 3년에서 5년으로 연장하고, 자립지원금도 전세방을 얻을 수 있을 정도로 책정되어야 한다고 보았다.

- 아이들이 커 가는데 방이 너무 좁아요. 큰방주시고요 방도 2개 이상인 것으로 옮겨주세요(날개).
- 독립할 수 있는 자금이 필요하다(봄날).
- 자립자금은 5백만 원 이상 이어야 해요(천사).
- 천만 원 이상의 혜택을 부탁합니다(웃음).
- 부자시설도 신설되어야 한다(천사).
- 남자 아이와 여자 아이가 커가는 과정에서 방이 2개 정도면 좋겠다(여천).
- 빈곤에 목숨을 버리는 모자세대에 복지 혜택을 넓혀 영세 주택을 많이 지어 빈곤의 격차를 줄여주시기를 바랍니다(대추).
- 모자원에 영유아기 아이들이 많은데 놀이시설이 전혀 없고 아이들이 밖에 나가면 주의에 신경이 많이 쓰임(웃음).
- 시설의 증원도 중요하지만 거주기간을 5년 정도 더 늘렸으면 한다(별 초롱).
- 방음이나 문단속시설이 잘 되었으면 좋겠다. 위험에 노출되어 있어요.(풀잎)

㈂ **연대보증인 없는 대출**

정부는 사업자금 등으로 2천만 원 정도 대출을 해 주고 있으나 연대보증인을 요구하고 있어 자금을 대출받기 쉽지 않다. 이에 따라 이혼가정 부모들은 보증인 없이 대출해 줄 것과 신용불량자들에게도 대출의 기회를 주어 자립할 수 있도록 해야 한다고 보았다.

- 보증인 없이 창업자금 대출해 주세요(인내).
- 신불자도 융자해 주세요(빛님).
- 창업자금 받기 그림의 떡이다(천사).
- 가게 임대를 할 수 있는 창업자금을 보조해 달라.
- 신용불량이라는 타이틀 때문에 아무것도 받을 수가 없다. 조금씩 벌어서 갚을 수 있다. 창업을 해 보고 싶어도 꿈같은 생각이다.
- 꿈은 이루어지지 않는다. 희망을 주세요. 우리도 폼 나게 살고 싶다.(스마일 태양).
- 창업자금은 3천5백만 원 정도 되어야 해요(양귀비).
- 5천만 원 이상은 되어야 구멍가게라도 얻을 수 있을 것 같은 생각입니다(웃음).
- 4천만 원 정도야 4인 이상 전세 자금이 필요(사랑).
- 창업자금 지원이 어려워서 신청할 의욕이 없습니다(영원한 벗).

㈂ 국민임대주택의 증설

국민임대주택에 입주하려면 모·부자가정으로 선정되어야 한다. 그러나 모·부자가정이 되었다고 해도 자녀 수, 장애유무 등에 따라 순서가 밀리는 경우가 있어 입주할 수 없는 경우도 있다. 따라서 이혼가정 부모들은 접수신청 순서대로 입주할 수 있도록 하고 임대주택의 평수도 늘려줄 것을 요구하였다.

- 자녀 수, 장애 등과 관계없이 접수신청 순서대로 입주했으면 좋겠다(여천).
- 4인 가족 이상의 영구임대 아파트 너무 좁은 것 같아 최소 15평 이상 바랍니다(웃음).
- 임대 아파트가 많았으면 합니다(영원한 벗).

㉼ 직업교육

이혼가정 부모들은 직업교육을 받을 수 있는 기회가 주어지나 막상 직업교육을 받으려고 하면 자신이 원하는 직업교육이 없어 교육을 받지 못하고 있다고 하였다. 따라서 이혼가정을 위한 직업교육을 위해서는 이혼가정 부모가 자신을 개발하고 자립할 수 있도록 다양한 직업교육을 실시하여야 한다.

- 정해져 있는 교육 이외에 원하는 직장 구할 수 있도록 체계적으로 교육을 해 주세요.
- 필요한 교육을 받으려고 할 때 지원해 줄 것(정부에서 지정된 것 말고).
- 직접적으로 취업과 연계될 수 있는 교육을 원합니다(빛님).

㉽ 개인상담 및 의료비 지급

이혼가정 부모는 정신적, 신체적인 질병으로 장기입원 및 통근 치료를 받고 있는 경우가 많았다. 특히 이혼가정 자녀들은 우울증, 과잉행동장애, 학습부진 등의 어려움을 겪고 있어 전문상담 및 치료를 받고자 하였으나 상담 및 치료가 의료보험이 되지 않아 병원비 부담으로 치료를 미루고 있었다. 이에 따라 무료상담 및 의료비 지원을 요구하였다.

- 무료상담을 할 수 있도록 해 주세요(날개).
- 상담 및 정신치료를 무료로 받게 해 주세요(빛님).
- 아이들의 치료를 위한 오랜 기간 동안 상담 시 너무 많은 시간과 돈이 들어 무료가 가능해야 한다(대추).
- 전문 상담인 상담비도 보험료 혜택을 주어라.
- 모·부자가정 의료비 지원도 요청합니다.

ⓓ **무료상담 및 부모교육의 요청**

이혼가정 부모들은 심리적인 불안과 경제적인 스트레스 등으로 어려움을 겪고 있었는데 이러한 어려움을 함께 나눌 사회지원망을 활용하지 못해 상황을 악화시키고 있었다. 특히 이혼가정 부모들은 자녀양육 및 교육문제, 자녀의 문제행동 등으로 인해 무료상담 및 부모교육을 원하고 있었지만 무료상담 및 부모교육기관을 찾지 못해 힘들어하고 있었다. 이에 무료상담 및 부모교육 서비스를 요청하였다.

> 저는 그동안 집 울타리를 벗어나지 못하고 산 것 같아요. 힘들고 어려운 일이 있어도 혼자 해결하려고 발버둥쳤지요. 그런다고 뭔가 해결책이 나오는 것도 아닌데요. 아이가 학교생활에 어려움을 겪고 있는데도 상담비용 때문에 치료도 못 받았어요. 어디 가서 고민을 털어놓을 곳도 없고요. 그런데 우리 주변에 제 고민을 들어주고 함께 해 줄 수 있는 곳이 이렇게 많다는 것을 처음 깨달았어요. 그리고 제가 봉사할 곳도 있다는 것도 좋고요. 항상 남한테 신세만 지고 살았는데 제가 봉사할 곳이 있다는 것도 좋아요(대추).

이상의 내용을 종합해 보면 이혼가정 부모는 모자가정과 부자가정의 어려움 정도에 차이를 보이기는 하였지만 대체적으로 경제적, 자녀양육, 사회적 편견 등의 어려움을 호소하였다. 이들은 이혼가정 부모교육 프로그램을 통해 이혼 후 적응과 현실극복의 변화과정에 긍정적인 변화를 나타내기도 하였다. 또한 이혼가정 부모교육 프로그램의 효과를 높이기 위해서는 집단구성이 친밀하고 사회복지사의 역할을 강조할 필요성이 있다는 것을 알게 되었다.

(3) 이혼가정 부모의 프로그램에 대한 만족도

이혼가정 부모들을 대상으로 이혼가정 부모교육 프로그램을 실시하고 매회 평가를 실시한 결과 자아재발견, 현실극복, 이혼가정 자녀이해, 부모-자녀관계 개선, 사회지원망 활용 등의 5개 주제, 총 12개 활동에서 높은 만족도를 나타냈다. 구체적인 목표와 내용의 만족도는 〈표 Ⅳ-20〉과 같다.

5점 만점 평가지의 평균만족도는 교육목표에서 평균 4.32, 교육내용은 4.26으로 모두 높게 나타났다. 교육목표 중 가장 높은 만족도를 보인 목표는 행복하고 당당한 이혼가정 만들기(4.33), 자녀학대방지(4.33)였으며 이어 이혼에 대한 편견 버리기(4.30), 부모-자녀관계를 개선(4.30) 등이었고, 상대적으로 낮은 만족도를 나타낸 것은 이혼관련 법률(4.03), 이혼에 대한 자녀의 이해 정도(4.10), 내 자신의 분노 용서하기(4.13), 이혼 후 달라진 환경 받아들이기(4.13), 성희롱 대처 방법(4.17) 순을 나타났다.

〈표 Ⅳ-8〉 이혼가정 부모의 부모교육 프로그램 만족 정도

(N=33)

		구 분		평균	표준편차
자아재발견	1 정체성	목표	정체성 재발견	4.20	.81
		내용	정체성을 재확인	4.34	.72
			존재가치 느끼기	4.20	.76
			현재 모습을 깊이 생각하기	4.51	.57
	2 성 격	목표	성격과 심리적인 상태 이해하기	4.27	.70
		내용	성격 이해	4.48	.57
			심리상태를 이해	4.41	.73
			부적감정을 파악	4.37	.72
	3 분 노	목표	분노와 용서하기	4.13 ▪	.73
		내용	분노유형	4.34	.86
			분노 조절 및 예방	4.25	.84
			용서하기	4.25	.93
현실극복	4 달라진 삶	목표	이혼 후 달라진 환경 받아들이기	4.13 ▪	1.01
		내용	이혼 후 적응상태 확인	4.13*	.79
			결혼과 이혼에 대한 새로운 신념	4.24	.83
			이혼 후 달라진 환경에 대해 이해	4.17*	.76
	5 홀로 서기	목표	이혼에 대한 편견 버리기	4.30	.79
		내용	홀로서기	4.14*	.74
			현재의 위치 파악하기	4.21	.73
			자신의 적응단계 파악하기	4.31	.79
	6 미 래	목표	행복하고 당당한 이혼가정 만들기	4.33	.71
		내용	미래의 모습	4.36	.87
			성공적인 삶 찾기	4.29	.90
			미래설계하기	4.25	.93
자녀이해	7 학 대	목표	자녀학대방지	4.33	.61
		내용	부모의 양육태도 알아보기	4.20	.92
			자녀와의 관계 분석하기	4.17*	.70
			감정을 통제하기	4.40	.81

			구 분	평균	표준편차
자녀이해	8	이해	목표 이혼에 대한 자녀의 이해 정도	4.10 ▪	.80
			이혼가정 자녀의 심리	4.21	.82
			내용 자녀의 이혼에 대한 인식	4.14*	.74
			자녀에게 이혼설명하기	4.38	·.73
부모자녀관계	9	관계개선	목표 자녀와 효과적으로 의사소통방법	4.23	.68
			일상적인 의사소통방법을 배우기	4.27	.64
			내용 관계를 단절시키는 의사소통방법	4.30	.70
			효과적인 의사소통방법	4.43	.68
	10	의사소통	목표 부모-자녀관계를 개선	4.30	.70
			자녀의 어려움 이해	4.17*	.79
			내용 자녀가 바라는 부모에 대해 알기	4.37	.81
			좋은 부모 되기 위한 길	4.30	.60
사회지원망	11	가족법	목표 이혼관련 법률	4.03 ▪	1.10
			내용 이혼과 관련된 법률	4.17*	.79
		성희롱	목표 성희롱 대처방법	4.17 ▪	.79
			내용 성희롱 대상	4.07*	.74
			직장 내 성희롱 대처방법	4.17*	.71
	12	정부지원	목표 정부와 민간단체의 지원 활용하기	4.23	.73
			정부의 이혼가정 지원정책	4.27	.78
			내용 민간단체의 무료상담, 교육 정보 획득	4.34	.77
			사회활동에 참여	4.23	.86
전체			목 표	4.32	.71
			내 용	4.26	.63

▪) 교육목표의 상대적 하위 만족도.
*) 교육내용의 상대적 하위 만족도.

교육내용 중에서 가장 높은 만족을 보인 내용은 자신의 현재 모습을 깊이 생각하기(4.51)이었으며 이어 자신의 성격 이해(4.48), 효과적인 의사소통방법(4.43), 자신의 심리상태를 이해(4.41), 감정을 통제하기(4.40) 순이었고, 상대적으로 낮은 만족도를 보인 부분은 이혼 후 적응상태 확인(4.13), 이혼 후 달라진 환경에 대한 이해(4.17), 홀로서기(4.14), 자녀와의 관계 분석하기(4.17), 자녀의 이혼에 대한 인식(4.14), 자녀의 어려움 이해(4.17), 이혼과 관련된 법률(4.17) 순으로 나타났다.

이상의 내용을 종합하면 이혼가정 부모교육 프로그램은 당당하고 행복한 이혼가정을 만들고 부모-자녀관계를 개선하는 데 전반적인 도움을 주는 것으로 볼 수 있다.

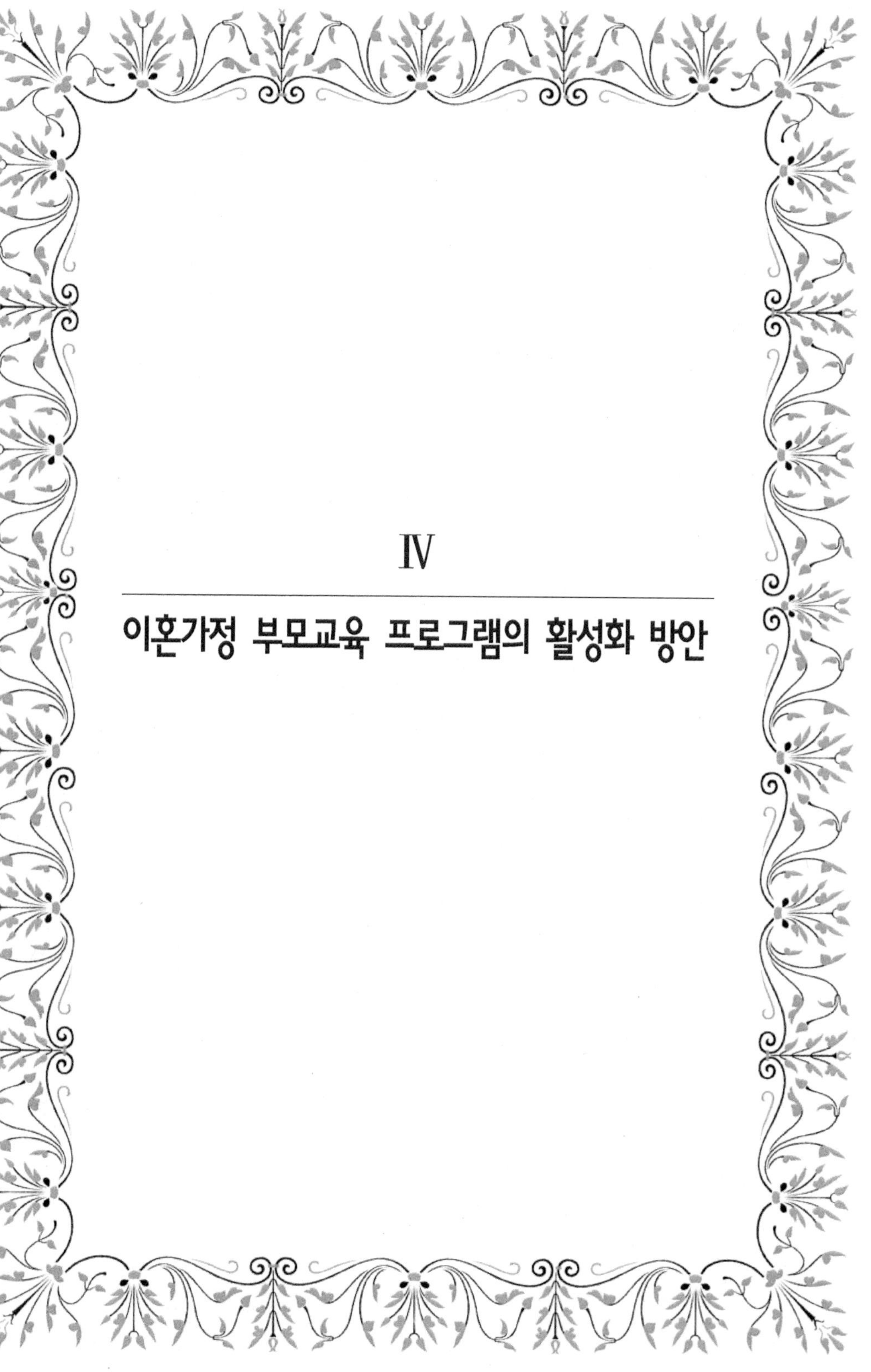

IV

이혼가정 부모교육 프로그램의 활성화 방안

이혼가정 부모교육 프로그램의 활성화 방안을 알아보기 위해 연구
방법과 연구결과로 나누어 제시하였다.

1. 연구방법

가. 조사대상

이혼가정 부모교육 프로그램의 활성화 방안을 위한 조사대상은 이
혼가정 관련 업무를 담당하고 있는 서울시와 경기도 지역 사회복지
전담공무원 30명과 사회복지시설 종사자 40명, 민간단체 활동가 14명
등 총 84명을 대상으로 실시하였다. 질문에 응답한 대상자는 〈표 Ⅲ
-2〉의 현장활동가와 동일한 대상이었다.

조사대상자로 사회복지 전담공무원, 사회복지기관 종사자, 민간단
체 활동가를 선정한 배경을 보면 이혼가정 부모는 모·부자복지법에

근거한 정부지원을 받기 위해서는 절차상 거주지 동사무소의 사회복지 전담공무원과 상담을 거쳐야 한다. 사회복지 전담공무원은 저소득 모·부자가정의 선정과 복지급여지급, 시설입소 등의 실무를 담당하고 있다.

사회복지 전담공무원 이외에 이혼가정을 적극적으로 지원하는 그룹이 바로 모자보호시설과 사회복지관 소속의 사회복지사들이다. 이들은 현장에서 이혼가정 부모의 사회적 지지기반으로서의 역할을 수행하고 이혼가정 부모의 어려움 정도에 따라 적절한 서비스를 제공하고 있다.

이혼가정 구성원을 지원하고 있는 집단 중 하나는 이혼가정을 지원하고 있는 민간단체의 활동가들이다. 민간단체 활동가는 이혼가정 구성원을 상담하고 집단상담, 부모교육 등 이혼가정을 위한 다양한 프로그램을 운영하는 등 이혼가정 관련 사업을 추진하는 전문활동가라 할 수 있다.

따라서 이혼가정 부모교육 프로그램의 활성화를 위한 방안을 모색하기 위해서는 사회복지 전담공무원과 사회복지기관 종사자, 민간단체 활동가 등 현장 전문가의 현장경험이 중요하다고 판단되어 조사대상으로 선정하였다.

나. 질문지

현장활동가의 이혼가정 부모교육 프로그램에 대한 활성화 방안은 김은주(2005)의 대전시 저소득 한부모가정 지원정책연구에서 사용되었던 질문지 중 사회복지전담, 모자보호시설 종사자용을 참조하여 시설종사자용, 사회복지 전담공무원용, 민간단체 활동가용으로 수정해 사용하였다.

현장활동가용 질문지의 내용은 본 연구자가 개발한 이혼가정 부모교육 프로그램의 실시 여부, 이혼가정 부모교육 프로그램을 실시하는 데 필요한 조치, 이혼가정 부모교육 프로그램 활성화 방안에 대한 의견 등 총 3문항으로 되어 있다.

<표 V-1> 이혼가정 부모교육 프로그램의 활성화 방안 질문지

대 상	질문 내용	문항
시설종사자	활성화 방안	3
사회복지 전담공무원	활성화 방안	3
사회단체활동가	활성화 방안	3

다. 조사절차

이혼가정 부모교육 프로그램에 대한 활성화 방안은 사회복지시설 종사자, 사회복지 전담공무원, 민간단체 활동가 등 현장활동가 84명을 대상으로 2005년 3월 15일부터 4월 30일까지 2개월 반 동안 조사하였다.

조사대상자 중 사회복지시설 종사자는 서울시와 경기도의 모자보호시설(6개소)과 사회복지시설(16개소) 종사자를 대상으로 사전에 우편으로 질문지를 보낸 후 이후 회수하는 방법을 취하였다. 이에 따라 45부를 배부해 40부를 회수하게 되었다.

사회복지 전담공무원의 경우는 서울시 소재 동사무소 45개소에 직접 전화를 걸어 요구조사에 응해 줄 것을 청한 후 이에 응한 35명에게 질문지를 우편으로 보내 30부를 회수하였다.

　민간단체 활동가의 경우는 전국에 산재한 이혼가정 부모를 지원하고 있는 민간단체 30여 곳에 직접 전화를 걸어 요구조사에 응답해 줄 것을 요청하고 이에 응한 17명의 대상에게 질문지를 우송해 14부를 회수하였다.

라. 자료처리

　이혼가정 부모교육 프로그램의 활성화 방안을 조사하여 이를 빈도수와 백분율로 산출하고, 이혼가정 부모교육 프로그램의 활성화 방안으로 제시하였다.

2. 연구결과

　이혼가정 부모교육 프로그램의 활성화 방안으로 현장활동가와 본 연구자가 제안하는 활성화 방안을 제시하였다.

가. 현장활동가가 제안하는 활성화 방안

　본 연구는 현장에서 이혼가정을 지원하는 현장활동가의 경험을 바탕으로 이혼가정 부모교육 프로그램의 활성화 방안에 대한 의견을 조사하여 그 내용을 분석하고자 하였다.

현장활동가들은 본 연구에서 개발된 이혼가정 부모교육 프로그램을 이혼가정 부모에게 제공하겠느냐는 질문에 45명(54.9%)이 그렇다고 응답하였다. 현장활동가들은 부모교육 프로그램의 내용으로 이혼 이해 교육(10명, 43.5%), 이혼가정을 위한 다양한 프로그램(10명, 43.5%), 직업훈련교육(3명, 13.0%) 등을 제공해야 한다고 보았다. 이들은 프로그램 운영을 위한 활성화 방안으로는 효율적인 운영을 위해 교육 대상자의 확보(21명, 51.3%), 이혼가정 부모교육 프로그램을 실시하고 있는 기관과 사회복지사의 정보공유(8명, 19.5%), 교육시간대에 부모와 자녀교육 동시 실시(7명, 17.1%), 교육 대상에 맞는 시간대 운영(5명, 12.2%) 등이 이루어져야 한다고 보았다.

또한 현장활동가들은 이혼가정 부모교육 프로그램의 활성화를 위해서는 정부의 지원이 필요하다고 보고 몇 가지 정부 차원의 활성화 방안을 제안하였다. 이는 정부의 예산지원(15명, 27.8%), 이혼가정 부모의 경제적인 안정(14명, 25.9%), 이혼가정 부모교육 프로그램을 진행할 전문 강사의 양성(10명, 18.5%), 이혼가정을 위한 상담 서비스 제공(9명, 16.7%), 프로그램을 진행할 기관 및 장소확보(6명, 11.1%) 등이었다.

〈표 Ⅴ-2〉 이혼가정 부모교육 프로그램 활성화 방안

(N=84)

		구 분	빈 도	백분율
활성화 방안	운영 여부	그렇다	52	62.7
		아니다	1	1.2
		잘 모르겠다	30	36.1
	프로 그램	이혼 이해교육	10	43.5
		다양한 프로그램 제공	10	43.5
		직업훈련교육 제공	3	13.0
	운영	부모교육에 대한 욕구파악과 참여유도	17	41.5
		적극적인 교육대상자 모집	4	9.8
		교육대상에 맞는 시간대 운영	5	12.2
		부모, 자녀 프로그램 동시 실시	7	17.1
		기관 및 복지사의 정보 공유	8	19.5
	정부 지원	예산지원	15	27.8
		상담 서비스 활성화	9	16.7
		경제 안정 도모	14	25.9
		전문 강사의 양성	10	18.5
		프로그램 진행장소 확보	6	11.1

*복수응답.

이상의 현장활동가의 활성화 방안을 종합해 보면 현장활동가들은 현행 실시되고 있는 부모교육 프로그램이 이혼가정 부모에게 도움을 주기는 하지만 이혼가정의 특수한 상황을 반영하지 못하고 있다는 점에서 미흡한 것으로 보았다.

또한 이혼가정 부모교육 프로그램을 효과적으로 운영하기 위해서는 교육에 대한 필요성 인식과 프로그램에 대한 홍보가 절실하며, 실시방법에 있어서도 참여 시간대에 자녀를 위한 프로그램을 동시에 실시하여야 한다고 보았다. 특히 정부는 이혼가정 부모교육 프로그램을 위해 예산을 편성해 지원하여야 하며, 프로그램을 진행할 전문 강사를 양성하는 일에 힘써야 한다고 보았다.

나. 연구자가 본 이혼가정 부모교육 프로그램의 활성화 방안

본 연구자가 제안하는 활성화 방안을 프로그램 실시와 현행법을 통한 활성화 방안으로 나누어 제시하였다

(1) 프로그램 실시에 따른 활성화 방안

이혼가정 부모교육 프로그램에 대한 활성화 방안은 이혼가정 부모교육 프로그램을 효율적으로 실시하여 운영상의 어려움을 줄여주고 프로그램을 활성화하고자 제시되었다.

첫째, 이혼가정 부모교육 프로그램은 7-10명의 소집단을 대상으로 매주 1회 2시간씩(오후 7시-9시) 총 10-12주의 장기교육프로그램으로 진행되어야 한다고 본다. 이혼가정 부모는 양부모가정 부모와는 달리 이혼 후 심리적인 어려움을 겪고 있는 경우가 많으므로 단기 프로그램에 의한 교육으로는 심리적인 문제를 해결하는 데 한계가 있다 하겠다. 또한 이혼가정 부모는 생업 또는 직장생활 등으로 늦은 시간 귀가하게 되므로 교육시간대로 퇴근 후인 오후 7-9시 정도가 적당하다고 본다.

둘째, 이혼가정 부모교육 프로그램의 수업전개방법은 일반적인 강의식 수업보다는 서로 이야기를 나누고 공감하고 토의할 수 있는 집단상담 형태를 취해야 한다. 집단상담 형태를 취한 부모교육 프로그

램은 이혼가정 부모의 심리적인 안정을 도모하고 자녀양육의 정보를 제공받아 부모–자녀관계를 개선하는 데 도움이 되며 상호 교류를 통해 대인관계, 사회적응에도 도움을 줄 것으로 사료된다.

셋째, 이혼가정 부모교육 프로그램을 진행할 수 있는 한부모가정지도사를 양성하는 것이다. 이혼가정 부모교육이 그동안 활성화되지 못한 데에는 이혼가정 부모를 위한 부모교육 프로그램이 부족한 것에도 원인이 있지만 이혼가정 부모교육을 실시할 전문 강사의 부족이 더 큰 문제였다. 이러한 문제를 해결하기 위해서 한국한부모가정연구소에서는 한부모가정지도사 양성과정을 운영하고 있지만 재원 및 홍보 부족 등으로 소수 전문가만을 육성하고 있을 뿐이다.

따라서 한부모가정지도사 과정을 국가 자격으로 바꾸고 사회복지사, 청소년지도자, 유아교사, 초중등 교사, 성폭력상담사, 가정폭력상담사, 임상심리상담사, 교역자 등으로 하여금 50시간의 한부모가정지도사 과정을 이수하도록 한다면 단기간에 이혼가정 전문가를 양산할 수 있을 것으로 본다.

넷째, 이혼가정 부모들은 프로그램의 실시자로 여성 한부모가정지도자를 선호하였다. 이혼가정 부모가 한부모가정지도사를 선호하는 이유는 일반 강사의 경우 이혼가정에 대한 편견을 갖고 있는 경우가 많아 이혼가정을 수용하기 어렵고, 이혼가정의 고충을 현실적으로 이해하는 데 한계가 있기 때문으로 보인다. 그러나 한부모가정지도사는 이혼에 대한 편견 없이 이혼가정을 지지하기 때문에 적응에 도움이 될 수 있다. 이혼가정 부모가 한부모가정지도사 중 여성을 선호하는 것은 남성 지도자에게는 가정폭력, 외도 등 수치스러운 이야기를 하기 어렵지만 여성의 경우 편안하게 자신의 이야기를 털어놓을 수 있다는 장점 때문으로 보인다. 그러나 남성의 경우도 한부모가정에 대한 바른 이해를 갖고 있는 경우라면 이혼가정을 위한 부모교육 프로그램의 실시자로 큰 무리가 없을 것으로 판단된다.

다섯째, 이혼가정 부모교육 프로그램을 활성화하기 위해서는 이혼가정 부모교육을 실시할 수 있는 기관이 확보되어야 한다. 현재에는 모자보호시설과 사회복지관, 민간단체를 중심으로 간헐적으로 실시되고 있어 이혼가정 부모들이 필요할 때에 적절한 서비스를 제공받지 못하고 있다. 이에 따라 한국한부모가정연구소 등 이혼가정을 전문으로 지원하고 있는 단체로 하여금 이혼가정 부모교육 프로그램을 연중 4회 실시할 수 있도록 하여 이혼가정 부모들이 필요시 적절한 도움을 받을 수 있도록 지원해야 할 것으로 본다.

여섯째, 이혼가정 부모교육 프로그램을 활성화하기 위해서는 이혼가정 부모교육에 대한 홍보와 함께 접근 가능한 교육장이 확보되어야 한다. 이혼가정 부모들은 이혼가정 부모교육 프로그램을 선호하고 교육에 참여하기를 희망하지만 정보 부족으로 참여 기회를 얻지 못하고 있다. 따라서 이혼가정 부모에게 이혼가정 부모교육 프로그램의 필요성을 강조하고 부모교육에 참석할 수 있도록 홍보전략을 수립할 필요성이 있으며 이들이 쉽게 부모교육 장소를 찾을 수 있도록 구청 및 주민자치센터 등을 활용하는 방안을 모색하여야 한다.

일곱째, 현장활동가와 이혼가정 부모들은 이혼가정 부모교육 프로그램의 참여저조 및 불참 이유로 이혼가정 부모의 긴 노동시간을 들고 있다. 우리나라는 현재 주 5일제 근무를 시행하고 있는데 공무원과 300여 명 이상 사업장 근로자 등을 중심으로 실시되고 있고, 소규모 사업장의 근로자들은 그 대상에서 제외되고 있다. 이혼가정 부모의 상당수는 세탁소 직원, 식당종업원, 간병사, 학원교사 등으로 주 5일제의 혜택을 누리지 못하고 있다. 따라서 이혼가정 부모들이 주로 활동하는 작업장에서도 주 5일제 근무가 실시되도록 제도화한다면 이혼가정 부모의 교육 참여율의 증가는 물론 건강한 가정을 이루는 데 도움이 되리라 생각한다.

이상의 이혼가정 부모교육 프로그램 활성화 방안에 따라 이혼가정 부모교육이 이혼가정 부모에게 제공된다면 건강하고 행복한 이혼가정을 육성하는 데 큰 도움이 되리라 판단된다.

(2) 현행법을 통한 활성화 방안

정부는 건강하고 행복한 가정을 육성하기 위해 몇 가지 법률을 제정하여 실시하고 있는데 대표적인 법률이 모·부자복지법, 건강가정기본법, 가정폭력방지 및 피해자보호등에 관한 법률 등이라 할 수 있다.

정부는 모·부자가정을 위해 모자복지법을 모·부자복지법으로 개정하여 모·부자복지 정책을 추진하며 저소득 모·부자가정을 지원하고 있다. 정부지원내용을 보면 아동 양육비, 아동교육비, 보호시설, 복지자금, 영구임대주택 입주 등의 지원을 제공하고 있다. 그러나 모·부자가정의 심리와 자녀양육 등의 어려움을 덜어주기 위한 무료 상담 및 부모교육 등은 제공하지 못하고 있다. 그동안 이혼가정 부모들은 심리적인 불안정과 자녀양육의 어려움으로부터 벗어나기 위해 상담 및 부모교육 서비스를 절실히 요구하였다. 그러나 현행법 안에서는 적절한 도움을 받을 수 없었다. 이에 이혼가정 부모교육 프로그램의 서비스를 활성화하기 위한 방안으로 현행 법률을 통한 지원방안을 모색하고자 한다.

첫째, 본 연구자가 개발한 이혼가정 부모교육 프로그램을 현장에 적용하기 위해서 정부는 먼저 모·부자복지법 제1조[17]에 따라 모·부자가정이 건강하고 문화적인 생활을 영유할 수 있도록 생활안정과 복지증진에 노력해야 하겠다.

모·부자복지법 제2조[18]에 의하면 국가와 지방자치단체는 모·부자가정의 복지를 증진할 책임을 지고 있으며, 모든 국민은 모·부자가정의 복지증진에 협력해야 한다고 밝히고 있다. 이에 따르면 정부와 지방자치단체 그리고 전 국민은 생활능력이 없는 이혼가정 부모와 자녀를 보호하고 인간다운 삶을 살아갈 수 있도록 지원해야 한다.

그러나 정부와 지방자치단체, 그리고 국민은 이러한 책임에도 불구하고 이혼가정 발생을 우려하여 이혼 예방 및 방지를 강조한 나머지 이혼가정의 복지를 위한 적극적인 대책을 수립하지 못하고 있다. 그로 인해 정부의 도움을 제공받지 못하는 수많은 이혼가정 부모와 자녀들이 심리적, 경제적, 교육적인 위기 상황에 처해 있는 경우가 많다. 이제라도 위기에 처한 이혼가정을 지원하기 위해 정부와 지방자치단체, 그리고 국민은 이혼가정에 대한 부정적인 인식을 버리고 이혼가정의 생활안정과 복지증진을 위해 최선을 다해야 하겠다.

둘째, 모·부자복지법 제7조에 근거해 모·부자가정상담소를 활성화하는 방안이다. 이혼가정은 이혼 후 상실감, 분노감, 우울감, 실패

---

17) 제1조(목적) 이 법은 모·부자가정이 건강하고 문화적인 생활을 영위할 수 있도록 함으로써 모·부자가정의 생활안정과 복지증진에 기여함을 목적으로 한다.〈개정 2002. 12. 18〉

18) 제2조(국가 등의 책임) ① 국가와 지방자치단체는 모·부자가정의 복지를 증진할 책임을 진다.〈개정 2002. 12. 18〉 ② 모든 국민은 모·부자가정의 복지증진에 협력하여야 한다.〈개정 2002. 12. 18〉

감 등 심리적인 고충으로 자녀양육에 어려움을 겪고 있다. 이러한 이혼가정의 어려움을 덜어주고 신뢰할 수 있는 부모−자녀관계를 유지하기 위해 이혼가정 부모교육 프로그램을 제공하여야 하겠다.

이혼가정 부모에게 무료로 부모교육을 제공하기 위해서는 모·부자복지법 제7조1항[19])과 동법 제8조1항,[20]) 동법시행령 제13조[21]) 등에 근거한 법적 근거를 마련하여야 한다. 모·부자복지법 제7조1항은 모·부자복지상담소의 설치에 대해 언급하고 있고, 동법 제8조1항에는 모·부자복지상담소 상담원의 주둔 근거를 제공하고, 동법 시행령 제13조에서는 모·부자복지상담원의 직무를 다루면서 '7) 기타 모·부자복지 상담에 필요한 사항'을 두고 있다.

이러한 법에 근거해 이혼가정을 상담 및 지도하는 모·부자복지상담소를 증설하고 모·부자복지상담소에 근무하는 상담원의 직무범위로 이혼가정 부모교육 프로그램을 운영 관리하도록 하는 방안을 모색할 수 있다.

---

19) 제7조(모·부자복지상담소) ① 모·부자복지에 관한 사항을 상담하거나 지도하기 위하여 특별시장·광역시장·도지사(이하 "시·도지사"라 한다)와 시장·군수·구청장(자치구의 구청장을 말한다. 이하 같다)은 관할 구역 안에 모·부자복지상담소를 설치할 수 있다. 이 경우 시장·군수·구청장은 시·도지사의 승인을 얻어야 한다.〈개정 97. 12. 13 법5454, 2000. 12. 18〉

20) 제8조(모·부자복지상담원) ① 특별시·광역시·도와 시·군·구 및 제7조의 규정에 의한 모·부자복지상담소에 모·부자복지상담원을 둔다.〈개정 2002. 12. 18〉

21) 시행령 제13조에는 모·부자복지상담원의 직무를 1) 모·부자가정에 대한 신상 및 고충상담, 2) 보호대상자의 실태조사 및 통계작성, 3) 모·부자가정에 대한 취업상담 및 지원, 4) 모·부자가정에 대한 보호내용의 구분, 5) 피보호자의 일시보호, 6) 피보호자에 대한 사후관리, 7)기타 모·부자복지상담에 필요한 사항으로 정하고 있다.

이를 위해서는 동법 시행령 제12조[22]의 모·부자복지상담원의 자격을 상향조정하여야 한다. 현재 모·부자복지상담소의 상담원의 자격은 사회복지사 3급으로 이혼가정에 대한 상담 및 부모교육을 실시하는 데 어려움이 있을 수 있다. 따라서 상담원의 자격을 사회복지사 1급 또는 한부모가정지도사 1급 이상인 자이면서 현장 경력이 3년 이상인 자로 하고 이혼가정 부모교육 프로그램을 진행하거나 프로그램 운영을 관리하도록 할 수 있다.

셋째, 모·부자복지법 제17조[23]는 복지의 내용으로 전문사회사업서비스를 제공하도록 하고 있다. 그러나 현재 이 법에 근거한 전문사회사업서비스는 거의 제공되지 않고 있다. 사회복지사업법 제2조에 의하면 사회사업서비스[24]란 도움을 필요로 하는 모든 국민에게 상담·재활·직업소개 및 지도, 사회복지시설의 이용 등 정상적인 사회생활을 가능하도록 제도적으로 지원하는 것으로 정의하고 있다. 따라서 동법 제17조를 개정하여 무료상담 및 부모교육 서비스를 제공하도록 명문화한다면 이혼가정 부모교육 프로그램을 이혼가정 부모에게 제공할 수 있는 법적 근거를 마련하게 될 것으로 보인다.

---

22) 시행령 제12조(모·부자복지상담원의 자격) 법 제8조의 규정에 의한 모·부자복지상담원은 사회복지사업법시행령 별표 1의 2에 의한 사회복지사 3급 이상의 자격소지자 중에서 모자복지상담소를 설치하는 기관의 장이 임용한다.〈개정 98. 12. 31, 2003. 6. 13〉

23) 제17조(전문사회사업서비스) 국가 또는 지방자치단체는 모·부자가정의 모 또는 부와 아동에게 전문사회사업서비스를 제공하도록 노력하여야 한다.〈개정 2002. 12. 18〉

24) 제2조(정의) 4. "사회복지서비스"라 함은 국가·지방자치단체 및 민간부문의 도움을 필요로 하는 모든 국민에게 상담·재활·직업소개 및 지도, 사회복지시설의 이용 등을 제공하여 정상적인 사회생활이 가능하도록 제도적으로 지원하는 것을 말한다.

넷째, 이혼가정 부모교육 프로그램을 실시하기 위해서는 운영기관의 재원확보가 선행되어야 한다. 정부는 헌법 34조[25]와 모·부자복지법 제2조에 의해 이혼가정에 대한 복지증진과 동법 제17조에 근거한 전문사회사업서비스의 차원에서 이혼가정 부모들이 이혼가정 부모교육을 제공받을 수 있도록 예산을 우선적으로 편성해 주어야 한다. 만약 예산 부족의 이유로 이혼가정 부모교육 프로그램의 실시를 미룬다면 이후 이혼가정의 어려움은 더욱 가중되고 결국에 가서는 이혼자 자신과 가족, 사회를 위험에 빠뜨리는 결과를 가져오게 될지 모른다.

다섯째, 이혼가정 부모교육 프로그램을 활성화하기 위한 방안의 하나는 건강가정기본법에 의해 운영되는 건강가정지원센터를 활용하는 방안이다. 그러나 건강가정 지원센터를 활용하기 위해서는 선행되어야 할 문제로 건강가정기본법의 개정이 요구된다.

현행 건강가정기본법은 저출산과 이혼율의 증가 등으로 가족해체 현상이 가속화되고 있다고 보고 이러한 가족문제를 해결하고 건강한 가족을 만들기 위해 예방적인 차원에서 제정된 것으로 이혼가정을 억제하기 위한 수단으로 출발하였다. 건강가정기본법의 건강한 가족은 외형적인 구조에 근거하여 양부모가정만을 정상적인 가정으로 보려하는 것으로 이혼, 사별, 별거, 미혼모 등으로 발생하는 한부모가정

---

25) 제34조 ① 모든 국민은 인간다운 생활을 할 권리를 가진다. ② 국가는 사회보장·사회복지의 증진에 노력할 의무를 진다. ③ 국가는 여자의 복지와 권익의 향상을 위하여 노력하여야 한다. ④ 국가는 노인과 청소년의 복지향상을 위한 정책을 실시할 의무를 진다. ⑤ 신체장애자 및 질병·노령 기타의 사유로 생활능력이 없는 국민은 법률이 정하는 바에 의하여 국가의 보호를 받는다. ⑥ 국가는 재해를 예방하고 그 위험으로부터 국민을 보호하기 위하여 노력하여야 한다.

을 포함한 다양한 가족에 대한 차별이 이루어지고 있다.

이러한 문제를 해결하기 위해서는 건강가정기본법의 목적을 수정하여 건강가정의 범위에 이혼가정을 포함시키고 이혼가정에 대한 차별화를 제거해 나가야 하겠다.

여섯째, 또 다른 활성화 방안으로 가정폭력방지 및 피해자보호등에 관한 법률을 들 수 있다. 가정폭력방지 및 피해자보호등에 관한 법률은 가정폭력을 예방하고 가정폭력 피해자를 보호하여 건강한 가족을 육성하고자 한 것(제1조)[26]으로 동법 제4조①항 3,[27] 제6조에 근거하여 이혼가정 부모교육 프로그램을 가정폭력상담소에서 실시할 수 있을 것으로 사료된다. 현재에는 가정폭력상담소에서 이혼가정을 위한 프로그램을 거의 제공하지 않고 있으나 가정폭력으로 이혼이 발생하고, 이혼가정에서도 가정폭력이 발생하고 있는 상황에서(노일석, 2005) 이혼가정 부모교육 프로그램은 가정폭력의 피해자로 하여금 결혼 유지 또는 이혼을 결정하는 데 바른 정보를 제공해 주고 가정폭력의 피해로부터 벗어날 수 있는 길을 제시해 주는 데 도움이 될 것으로 사료된다.

일곱째, 각 지방자치단체는 지방자치법에 근거하여 주민자치센터를 운영하고 있는데 주민자치센터에서 이혼가정 부모교육 프로그램을

---

26) 제1조(목적) 이 법은 가정폭력을 예방하고 가정폭력의 피해자를 보호함으로써 건전한 가정을 육성함을 목적으로 한다.

27) 제4조(국가 등의 책무) ① 국가와 지방자치단체는 가정폭력의 예방과 방지를 위하여 다음과 같은 조치를 취하여야 한다. 1. 가정폭력에 관한 신고체제의 구축 및 운영, 2. 가정폭력의 예방과 방지를 위한 연구, 교육 및 홍보, 3. 피해자를 위한 보호시설의 설치, 운영 및 기타 피해자에 대한 지원서비스의 제공, 4. 가정폭력의 실태조사, 5. 가정폭력의 예방과 방지를 위한 관계 법령의 정비 및 각종 정책의 수립 및 시행.

실시하는 방안이다.

주민자치센터는 주민복리의 증진과 주민자치기능의 강화로 주민 스스로 지역자치 기능의 구심체 역할을 수행할 수 있도록 하는 데 목적을 두고 있다. 지방자치법 제8조[28]에 의하면 주민복리증진을 도모하고 주민자치기능을 강화하여 지역공동체 형성에 기여하기 위하여 주민이 이용할 수 있도록 동사무소에 설치된 각종 문화, 복지, 편의시설과 프로그램을 총칭한다(정일섭, 2001). 또한 동법 제9조② 항[29]은 지방자치단체의 사무에 의해 주민의 복지증진에 관한 사무를 처리하도록 하고 이에 따라 주민자치센터를 통해 지역 주민에게 생활체육, 전통예술, 어학, 취미생활, 어린이교육, 청소년교육, 부모교육 등을 실시하도록 하고 있다. 이에 따라 동법 제9조② 2. 다, 라 등의 조례에 의해 저소득 이혼가정 부모를 위한 부모교육 프로그램을 제공할 수 있을 것이다.

---

28) 제8조(사무처리의 기본원칙) ① 지방자치단체는 그 사무를 처리함에 있어서 주민의 편의 및 복리증진을 위하여 노력하여야 한다. ② 지방자치단체는 조직 및 운영의 합리화에 노력하고 그 규모의 적정화를 도모하여야 한다. ③ 지방자치단체는 법령이나 상급 지방자치단체의 조례에 위반하여 그 사무를 처리할 수 없다.

29) 동법 제9조(지방자치단체의 사무범위) ② 제1항의 규정에 의한 지방자치단체의 사무를 예시하면 다음 각호와 같다. 다만, 법률에 이와 다른 규정이 있는 경우에는 그러하지 아니하다.[개정 95. 12. 29, 99. 2. 8] 2. 주민의 복지증진에 관한 사무. 가. 주민복지에 관한 사무, 나. 사회복지시설의 설치, 운영 및 관리, 다. 생활곤궁자의 보호 및 지원, 라. 노인·아동·심신장애자·청소년 및 부녀의 보호와 복지증진, 마. 보건진료기관의 설치·운영, 바. 보건진료기관의 설치. 운영, 사. 전염병 및 기타 질병의 예방과 방역, 아. 묘지·화장장 및 납골당의 운영·관리, 자. 공중접객업소의 위생개선을 위한 지도자. 청소·오물의 수거 및 처리, 차. 지방공기업의 설치 및 운영.

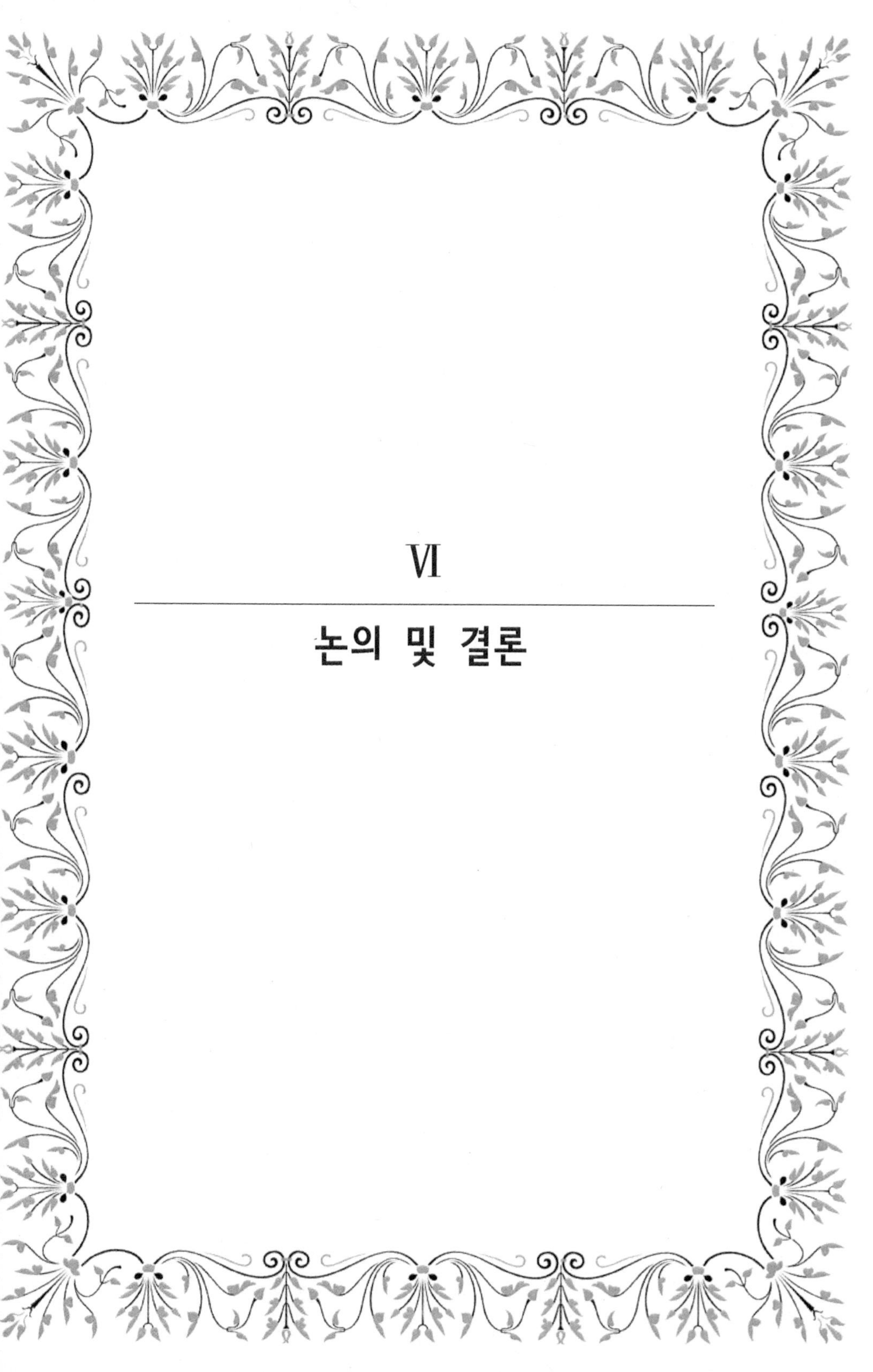

VI

논의 및 결론

1. 요약 및 논의

이혼가정 부모교육 프로그램의 개발과 활성화 방안은 이혼가정 부모교육 프로그램을 개발하고 이를 활성화하기 위한 것으로 연구문제별로 결과를 제시하면서 논의하고자 한다.

가. 이혼가정 부모교육 프로그램에 대한 요구

이혼가정 부모교육 프로그램에 대한 요구조사는 이혼가정 부모 100명과 사회복지사(40명), 사회복지 전담공무원(30명), 민간단체 활동가(14명) 등 현장활동가 84명을 대상으로 실시하여 다음과 같은 결과를 얻었다.

(1) 이혼가정 부모의 이혼가정 부모교육 프로그램에 대한 요구

첫째, 이혼가정 부모의 이혼가정 부모교육 프로그램에 대한 요구를 알아보기 위해 이전 부모교육에 대한 의견을 알아본 결과, 대부분 부모교육 프로그램을 제공받지 못하고 있는 것으로 나타났고, 부모교육에 참여하지 못한 이유로 시간부족과 홍보부족을 들었다. 이러한 결과는 방선욱(1992)과 최경희(1999)의 연구에서 부모교육에 참여하지 못한 부모들이 언급한 불참이유와 비슷한 것이라 할 수 있다. 이에 따라 이혼가정을 위한 부모교육 프로그램은 이혼가정 부모의 긴 노동시간과 늦은 귀가시간을 고려하여 교육장과 가정을 연계해 실시될 수 있도록 소식지, 비디오, 인터넷 등을 통한 부모교육(김재연, 2004; 박진옥, 2004; Charles & Clark, 1994) 방법도 고려되어야 하겠다.

둘째, 부모교육에 참석했던 이혼가정 부모들은 주로 심리치료 프로그램, 부모역할 프로그램, 한부모가정 부모교육, 자녀성교육, 인성교육 등에 관한 프로그램을 제공받아 왔다. 이에 앞으로 제공받고자 하는 이혼가정 부모교육 프로그램의 내용으로 자아재발견, 현실극복, 이혼가정 자녀이해, 부모-자녀관계 개선, 사회지원망 활용 등의 내용을 요구하였다. 프로그램의 실시방법과 관련해서는 총 12회 매주 1회 오후 7시-9시의 2시간 프로그램을 희망하고 있었고, 프로그램의 실시자로 이혼한 40대-50대 여성 한부모가정지도사(58명, 37.4%)를 선호하고 있었다.

이혼가정 부모들이 프로그램의 실시자로 한부모가정지도사를 선호하는 것은 전문수련인을 요구한 다른 부모교육 프로그램(최경희, 1999)에서는 찾아보기 어려운 것이다. 이혼가정 부모가 한부모가정지도사를 선호하는 것은 한부모가정지도사가 이혼에 대한 편견 없이 이혼을 다루고 진심으로 이혼가정을 격려하고 지지해 줄 것으로 믿기 때문으로 보인다. 이혼가정 부모교육 프로그램을 실시하고자 하는 실시자는 먼저 이혼가정에 대한 편견을 버리고 프로그램을 진행하여야 하겠다.

(2) 현장활동가의 이혼가정 부모교육 프로그램에 대한 요구

첫째, 현장활동가들에게 부모교육 운영과 프로그램 실시 등에 대해 문의한 결과, 현장활동가들은 부모교육 프로그램을 거의(57명, 70.4%) 실시하지 못하고 있었다. 이들은 실시상의 어려움으로 모자가정은 재정 및 예산문제(38명, 47.5%), 부자가정은 부모교육 참여율 저조(21명, 35.0%) 등을 들었다.

이러한 실시상의 어려움 중 참여율 저조현상은 이혼가정 부모교육을 희망하는 수요자와 운영기관을 연결하지 못했기 때문으로 이혼가정 부모교육 프로그램에 대한 홍보부족을 들 수 있다. 이러한 문제에 대해 황은숙(2005b), 박은미(2005)는 네트워크의 형성을 강조한 바 있다.

이혼가정 부모교육의 참여율을 높이기 위해서는 국가 및 지방자치단체의 관리체계 구축과 이를 통한 홍보가 절대적으로 필요하다. 즉 이혼가정을 지원하고 있는 단체와 다양한 이혼가정 부모교육 프로그램, 이혼가정 전문 강사, 부모교육 참가 희망자 등의 정보를 중앙관리시스템을 통해 관리하고 이를 전국 네트워크를 통해 접근할 수 있도록 한다면 이혼가정 부모의 요구를 반영한 부모교육 프로그램을 제공하는 데 큰 어려움이 없을 것으로 사료된다.

둘째, 부모교육 프로그램을 실시한 경험이 있는 24명(29.6%)의 현장활동가들은 이혼가정 부모교육 프로그램으로 주로 집단심리, 자아성장프로그램, 내적치유프로그램 등을 제공하고 있었다. 이들은 현장경험을 바탕으로 이혼가정 부모를 위한 부모교육 프로그램의 내용으로 자녀양육 및 교육(31명, 43.9%)과 이혼 후 현실적응 교육, 부모－자녀관계 개선, 사회지원망 활용 교육 등을 들었으며, 실시회기는 4

회기 이하, 교육시간대는 2시간 정도, 교육시간대는 오후 7-9시, 집단 구성은 7-10명가 적당하다고 보았다.

프로그램 실시방법과 관련해 현장활동가와 이혼가정 부모는 회기에 있어 다른 관점을 보여주고 있는데 이는 운영자와 참여자의 관점이 다르기 때문으로 보인다. 운영자는 예산과 실시상의 어려움을 들어 4회기 이하의 프로그램을 선호하는 반면 참여자들은 문제해결을 위해 12회기의 장기 프로그램을 선호하고 있는 것을 볼 수 있다. 이에 따라 운영자와 참여자의 욕구를 절충할 수 있는 회기의 조정이 필요하다 하겠다.

나. 이혼가정 부모교육 프로그램에 대한 개발과 효과

(1) 이혼가정 부모교육 프로그램의 개발

첫째, 이혼가정 부모들의 요구를 바탕으로 개발한 이혼가정 부모교육 프로그램의 구성체계를 보면 교육목적은 이혼가정에 대한 사회적인 편견으로부터 이혼가정 부모와 자녀를 보호하고 이혼 후 적응과 현실극복을 통해 건강하고 행복한 이혼가정을 육성하는 것이다. 이를 달성하기 위한 교육목표로는 자아재발견, 현실극복, 이혼가정 자녀이해, 부모-자녀관계 개선, 사회지원망 활용 등을 설정하였다.

이혼가정 부모교육 프로그램의 구성은 다섯 가지 대주제와 12개의 소주제 그리고 하위 영역에 24개 소활동으로 구성되었다. 실시방법은 매주 1회 2시간씩 총 12회 진행되며 집단은 7-10명 정도 참여할 수 있도록 조직되었다. 이러한 이혼가정 부모교육 프로그램은 국내외 이혼가정을 위한 부모교육 프로그램과 이혼 후 심리적인 안정, 자녀양육, 의사소통방법(한국한부모가정연구소, 2004, 2005; Granvold & Welch, 1977; Devlin, 1992) 등을 다루고 있다는 점에서는 유사하나 이혼가정에 대한 사회적인 편견을 집중적으로 다루고 있다는 점에서 차이를 보이고 있다 할 수 있다.

둘째, 이혼가정 부모교육 프로그램의 진행방법은 기존의 부모교육 프로그램(군포민우회, 2005; 최경희, 1999; Zibbell, 1992)과 유사하였으나 기존의 프로그램의 실시자가 부모교육 전문수련자, 상담자, 사회복지사, 변호사, 교사, 간호사 등 다양한 영역의 전문가들이라면 본 프로그램의 실시자는 전문교육과정을 이수한 한부모가정지도사라는 점에서 다르다 할 수 있다. 이혼가정 부모교육 프로그램은 각계의 전문가에 의해 실시되는 것보다 한 명의 실시자에 의해 진행되는 것이 이혼가정 부모의 심리적인 안정과 이혼 후 적응을 돕는 데 효과적이라 판단되기 때문이다.

(2) 이혼가정 부모교육 프로그램의 효과

이혼가정 부모교육 프로그램의 효과를 알아보기 위해 실험설계에 의한 통계적 분석과 이혼 후 적응과 현실극복의 변화과정을 탐색하기 위한 질적 분석, 평가지만족 정도로 나누어 효과를 검증하고 이를 논의하고자 하였다.

① 이혼가정 부모교육 프로그램의 효과 검증

이혼가정 부모교육 프로그램의 효과를 알아보기 위해 이혼가정 부모 85명을 실험집단(33명)과 통제집단(52명)으로 나누어 사전검사, 사후검사 그리고 추후검사에서의 변화를 비교하기 위하여 반복측정을 통한 다변량분산분석과 집단 간 사전 – 사후점수의 변화와 사후점수 – 추후점수의 변화를 알아보고자 집단 내 평균의 차이검증을 실시하였다. 그 결과 집단 간 사전, 사후, 추후검사에서는 유의미한 차이를 나타냈고, 집단 간 사전 – 사후검사의 변화에서는 유의한 차이를 보였다. 또한 사후 – 추후검사의 변화에서는 사후검사의 점수가 지속적으로 유지되고 있는 것을 볼 수 있었다. 이를 볼 때 이혼가정 부모교육 프로그램이 이혼 후 적응 및 현실극복에 도움을 주는 것으로 판단할 수 있다고 본다.

이러한 결과는 최경희(1999)의 부모교육 프로그램의 결과가 사전검사 – 사후검사, 사후검사 – 추후검사에서 유의미한 차이를 보인 것과는 다른 것이었다. 이러한 이유는 일반 부모교육의 경우 양부모가정의 부모를 대상으로 프로그램을 진행하기 때문에 이혼가정에 비해 상대적으로 안정적인 상태에 놓여 있지만 이혼가정은 이혼으로 인한 심리적인 불안, 경제적인 고통, 사회적인 편견 등으로 위기 상황에 처해 있어 일시적인 교육으로 모든 문제를 해결하는 데는 한계가 있기 때문이다. 또한 실험설계기간이 16주간 진행되어 이 기간 안에 또 다른 스트레스 상황이 발생해 스트레스가 누적되면서 적응에 어려움을 받았기 때문으로 보인다. 따라서 이혼가정 부모교육 프로그램을 종료한 이후 심화과정으로 후속프로그램이 제공되어야 하겠다.

② 이혼 후 적응과 현실극복을 위한 질적 분석

이혼가정 부모의 이혼 후 적응 및 현실극복의 변화과정을 질적 분석 절차에 의해 살펴본 결과, 부모교육 진행에 따라 초기과정에서는 자아재발견, 중기과정에서는 현실극복, 자녀이해, 부모-자녀관계 개선, 후기과정에서는 사회지원망 활용 등에서 긍정적인 변화를 나타내고 있는 것을 볼 수 있었다. 또한 교육 종료 후 추후면담에서도 이혼 후 적응과 현실극복에 대해 지속적인 변화를 나타내 이혼가정 부모교육 프로그램이 이혼가정 부모로 하여금 이혼에 대한 수치심에서 벗어나 새로운 삶에 도전할 수 있도록 돕는 데 효과가 있는 것으로 나타났다. 이러한 결과는 문현숙(1998)의 이혼 여성들이 자존감을 회복해 나가는 연구의 결과와 유사한 것이라 할 수 있다.

③ 평가지의 만족도에 의한 효과

실험집단에 속한 이혼가정 부모를 대상으로 이혼가정 부모교육 프로그램을 실시한 후 매회 평가를 실시한 결과 교육목표 평균 4.32, 교육내용 평균 4.26으로 다른 부모교육 프로그램(유희정, 2005; 최경희, 1999)의 결과와 비슷하게 나타났다. 이와 같이 부모들이 만족스러운 결과를 제시한 것은 본 프로그램을 개발한 연구자가 실시자로 참여하였기 때문에 프로그램의 목표 및 내용을 잘 파악하고 있었고, 실시자가 이혼가정의 부모이자 이혼가정 전문가로 활동하고 있어 이혼가정 부모의 신뢰를 쉽게 얻을 수 있었기 때문으로 보인다.

(3) 이혼가정 부모교육 프로그램의 활성화 방안

(가) 현장활동가가 제안하는 활성화 방안

첫째, 현장활동가의 이혼가정 부모교육 프로그램에 대한 활성화 방안을 조사한 결과, 현장활동가들은 프로그램을 활성화하기 위해서는 부모교육 프로그램의 내용으로 이혼 이해교육(10명, 43.5%), 이혼가정을 위한 다양한 프로그램(10명, 43.5%), 직업훈련교육(3명, 13.0%) 등이 제공되어야 한다고 보았다. 현장활동가들이 제안한 이혼 이해교육은 서영숙·황은숙(2004)에 의해 개발된 것으로 이혼 후 자존감 향상, 이혼에 대한 바른 이해, 부모-자녀관계 개선 등의 내용을 다루고 있다. 현장활동가들은 이혼가정 부모교육 프로그램을 활성화하기 위해서는 이혼가정의 욕구를 반영한 이혼 이해교육 등이 이혼가정 부모에게 제공되어야 한다고 보았다.

둘째, 효율적인 부모교육 프로그램을 위해서는 대상자의 확보(21명, 51.3%)가 중요하며, 이혼가정 부모교육 실시기관과 사회복지사들의 정보공유(8명, 19.5%), 교육시간대에 부모와 자녀를 위한 교육 프로그램 동시 실시(7명, 17.1%), 이혼가정 부모에 적합한 교육시간대(5명, 12.2%) 등을 고려해야 운영해야 한다고 보았다.

특히 이혼가정 부모를 프로그램에 참여하도록 하기 위해서는 부모교육 교육시간대에 자녀를 위한 교육 프로그램을 동시 실시하는 것이 도움이 된다. 양부모가정을 위한 부모교육(최경희, 1999; 박진옥, 2005)에서는 자녀가 학교에 가고 난 이후의 시간을 이용해 부모교육이 진행되어 자녀에 대한 부담을 줄일 수 있지만 이혼가정을 위한 부모교육은 귀가 후 이루어지는 경우가 많아 부모교육에 집중할 수 없도록 하고 있다. 따라서 홀로 남는 자녀를 돌보는 것이 부모교육의 참여를 높일 수 있다.

(나) 본 연구자가 본 프로그램 활성화 방안

첫째, 이혼가정 부모교육 프로그램의 실시자로 한부모가정지도사를 제안한다. 한부모가정지도사는 이혼가정 관련 전문 교육과정을 이수한 자로 이혼가정에 대한 전문지식을 갖고 있으며, 이혼가정 부모교육 프로그램에 대한 교육과정을 이수하여 프로그램을 효과적으로 진행할 수 있는 자이다. 이혼가정 부모는 양부모가정 부모와는 달리 사회적인 편견으로 차별을 받고 있으므로 이혼가정을 이해하고 지지할 수 있는 한부모가정지도사의 역할이 중요하다 하겠다.

둘째, 이혼가정 부모교육 프로그램의 활성화를 위해서는 이혼가정 부모교육을 전문적으로 실시할 운영기관이 신설되어야 한다. 현재는 이혼가정을 위한 부모교육 프로그램은 소수 기관(군포민우회, 2004; 한국가정법률상담소, 2005; 한국한부모가정연구소, 2005)에 의해 간헐적으로 운영되어 전국에 산재한 이혼가정 부모의 참석이 용이하지 못하다. 따라서 한국한부모가정연구소와 같이 이혼가정을 전문적으로 지원하는 기관으로 하여 전국의 이혼가정 부모를 대상으로 부모교육을 실시하여 건강한 이혼가정을 육성할 수 있도록 하여야 하겠다.

셋째, 이혼가정 부모교육 프로그램에 참여하는 집단으로 남녀혼합집단을 제안한다. 참여집단이 남녀혼합집단일 경우 집단의 응집력이 강해지고 모자가정 부모가 부장가정 부모를 도와주는 등 서로 협력관계를 유지하는 것을 볼 수 있다. 또한 이혼가정 부모가 건전한 교육 공간을 통해 이성을 만날 수 있도록 하여 재혼에 대한 기대감을 가질 수 있도록 지원할 필요성이 있다고 본다.

넷째, 현행법을 통한 활성화 방안은 모·부자복지법에 근거하여 모·부자가정 상담소의 시설수를 확대하고 전문사회사업서비스에 무료상담 및 부모교육 서비스를 명문화하여 이혼가정 부모교육 프로그램을 제공하는 방안을 제시하였다.

2. 결론 및 제언

본 연구는 이혼가정 부모교육 프로그램의 개발과 활성화를 위하여 이혼가정 부모들을 대상으로 이혼가정 부모교육 프로그램의 요구를 조사하고, 이혼가정 부모교육 프로그램을 개발하여 이의 효과를 검증하고 이혼가정 부모교육 프로그램을 활성화하기 위한 것으로 결론을 제시하면 다음과 같다.

첫째, 이혼가정 부모교육 프로그램의 요구조사 결과를 보면 이혼가정 부모들은 프로그램의 교육내용으로 이혼 후 적응과 현실극복을 돕는 내용을 중시하였으며 매주 1회 2시간 총 12회기 프로그램을 요구하였다. 반면 현장활동가는 운영상의 어려움을 감안해 매주 1회 2시간 4회기 이하 프로그램을 선호하였다. 이를 볼 때 운영자와 참여자의 요구를 수용하여 이혼가정 부모교육 프로그램의 회기는 융통성 있게 조정될 필요성이 있다고 하겠다.

둘째, 이혼가정 부모교육 프로그램은 교육목표로 자아재발견, 현실극복, 이혼가정 자녀이해, 부모-자녀관계 개선, 사회지원망 활용 등 다섯 가지 대주제와 자신 바로알기, 심리검사, 미움을 버려요, 현실적응, 홀로서기, 미래설계, 자녀학대방지, 이혼가정 자녀교육, 부모-자녀관계 개선, 효과적인 의사소통, 법률정보, 모·부자가정지원정책 등 12개의 소주제로 매주 1회 2시간 오후 7시-9시 총 12회기 프로그램으로 개발되었다.

셋째, 이혼가정 부모교육 프로그램의 효과는 통계적 분석, 질적 분석, 평정지로 검증했다. 실험설계에 의한 통계적 분석에 따르면 이혼가정 부모교육 프로그램은 이혼가정의 이혼 후 적응과 현실극복에 긍정적인 영향을 미쳤으며, 질적 분석에서는 초기, 중기, 후기과정과 추후면담에서 이혼가정 부모의 적응과 현실극복 의지를 변화시켰고 이를 유지시키는 것으로 나타났다. 평정지에서는 교육목표 달성에 높은 만족도를 보였다. 이를 볼 때 이혼가정 부모교육 프로그램이 이혼 후 적응과 현실극복에 긍정적인 영향을 미치는 것을 확인할 수 있다.

넷째, 이혼가정 부모교육 프로그램의 활성화 방안으로 현장활동가는 부모교육 프로그램의 활성화를 위해 이혼 이해교육 등을 제공하고 부모교육시간대에 자녀를 돌볼 수 있도록 자녀를 위한 프로그램을 동시에 실시할 것을 제안하여 이를 프로그램 개발과정에 반영하였다. 정부에 대해서는 예산지원과 전문 강사의 양성을 촉구하였다.

본 연구자는 이혼가정 부모교육 프로그램의 활성화로 현행법을 통한 활성화 방안을 제안하였다. 이를 정책적인 제언과 추후연구를 위한 제언으로 나누어 제시한다.

가. 정책적 제언

본 연구자는 이혼가정 부모교육 프로그램의 활성화 방안으로 모·부자복지법, 지방자치법, 건강가정기본법, 가정폭력방지 및 피해자보호등에 관한 법률 등 현행법의 개정을 통한 활성화 방안을 제안하고자 한다.

첫째, 이혼가정 부모교육 프로그램을 무료화하는 방안을 제안한다.

이를 위해 모·부자복지법 제7조1항과 제8조1항 동법시행령 제13조의 내용을 개정하여 모·부자복지상담소를 확대 설치하고, 상담원의 자격을 사회복지사 3급 이상에서 사회복지사 1급자로서 동 분야 활동경력 3년 이상인 자로 상향조정하고 상담원의 직무를 이혼가정 부모교육 프로그램 진행 및 운영관리로 확대하는 방안이다.

둘째, 모·부자복지법 제17조의 사문화된 전문사회사업서비스를 부활시켜 무료상담 및 부모교육 서비스를 제공하는 방안이다. 이러한 방안을 현실화시키기 위해서는 전문사회사업서비스의 내용에 무료상담 및 부모교육 서비스를 구체적으로 명문화할 필요가 있다. 전문사회사업서비스의 일환으로 무료상담 및 부모교육이 제공된다면 이혼가정 부모의 적응과 현실극복에 큰 도움이 되리라 판단한다.

셋째, 건강가정기본법의 목적을 개정하여 건강가족의 범위에 이혼가정을 포함시키고 이혼가정 부모교육 프로그램을 건강가정 지원센터에서 제공하는 방안이다. 현행 건강가정기본법은 이혼가정을 예방하고 방지하고자 한 것으로 양부모가정 중심의 건강가정을 지원하는 데 중점을 두고 있다. 전국의 건강가정지원센터를 활용하여 이혼가정 부모교육을 실시하기 위해서는 먼저 건강가정기본법을 개정하여 건강가정기본법의 범위를 조정하고, 다양한 모든 가정을 건강가정에 포함시켜야 하겠다.

넷째, 가정폭력방지 및 피해자보호등에 관한 법률에 근거한 방안으로 동법 제1조와 제4조①항 3에 따라 건전한 가정을 육성하기 위해 가정폭력 피해자의 지원서비스로 이혼가정 부모교육 프로그램을 제공하는 방안이다. 이 경우 전국의 가정폭력상담소를 통한 이혼가정 부모교육 프로그램이 제공될 수 있으며 이는 가정폭력으로 결혼을 유지할 것인지 아니면 이혼해야 할 것인지를 결정할 때에 바른 정보를 제공해 주어 건강한 가정을 만들 수 있도록 하는 데 도움이 될 것이다.

다섯째, 지방자치법에 근거한 방안으로는 동법 제8조와 제9조에 의해 주민복리증진을 도모하기 위해 이혼가정 부모교육 프로그램을 실시하는 방안이다. 이 경우 거주지 동사무소 등 지역사회 공공기관을 활용하게 되면 이동시간을 줄이게 되어 이혼가정 부모의 참여율을 높일 수 있을 것으로 보인다.

나. 추후연구를 위한 제언

첫째, 이혼가정 부모교육 프로그램은 한부모가정 중 이혼가정을 대상으로 한 것으로 사별가정을 배제하고 있다. 그러나 사별가정은 이혼가정보다 더 큰 집단으로 사별가정에 대한 부모교육 프로그램이 개발될 필요성이 있다 하겠다.

둘째, 이혼가정 부모교육 프로그램은 이혼가정의 다양한 요구를 수용해 12회기 동안 진행되고는 있지만 프로그램 교육 후 후속조치가 부족한 실정이다. 따라서 이혼가정 부모교육 프로그램을 마친 후 일정기간 후에 심화된 프로그램을 제공할 수 있도록 후속프로그램이 개발되어야 한다고 본다.

셋째, 이혼가정은 재혼을 통해 혼합가정으로 발전할 가능성이 높으므로 이혼가정 부모교육 프로그램의 내용을 재혼준비과정으로 확대할 필요성이 있겠다.

참고문헌

가건모(2004). 이혼 후 적응 프로그램. 가정을 건강하게 하는 시민의 모임.

권석만(2004). 침체와 절망의 늪 우울증. 학지사.

권영옥. 이정덕(1997). 자녀가 지각한 부부갈등척도(CPIC)의 타당화 연구. 아동학회지. 18(1), 65-78.

군포여성민우회(2004). Divorce Care 프로그램 자료집.

김경신(2004). 한부모가정의 부모자녀관계 향상교육 프로그램. 한국가족상담교육단체협의회.

김민예숙 역(2001). 나는 이혼한다. 도서출판 다해.

김석우. 김대현(2003). 교육과정 및 교육평가. 학지사.

김영희(1996). 빈곤층 편모의 스트레스, 사회적 지원 및 심리적 스트레스가 부모역할 수행에 미치는 영향. 서울대학교 대학원 박사학위논문.

김인숙(1994). 빈곤모자가족의 자녀문제와 가족복지접근. 한국청소년연구. 제19호.

김은주(2005). 저소득 한부모가정의 생활실태 및 지원 방안 연구. 대전광역시.

김정자(1987). 저소득층 모자가족에 관한 연구. 여성연구. 6(3), 5-43.

김재연(2004). 재판상 이혼절차에서 이혼부모교육 프로그램의 효과. 숙명여자대학교 박사학위논문.

김태현. 장휘숙(1991). 발달심리학. 서울: 박영사.

김형립. 김동식. 양용철 역(1996). 체제적 교수설계. 교육과학사.

김혜련(1993). 여성의 이혼경험을 통해 본 가부장적 결혼 연구. 이화여자대학교 석사학위논문.

노일석(2005). 가폭행위자 특성, 유형 및 표준프로그램. 잠실종합사회복지관, 가정폭력전문상담원교육 자료집, 10-41.

마주해(1996). 이별 그리고 홀로서기. 국민일보사. pp.71-73.

문현숙(1998). 이혼 후 적응과정에 관한 사례연구. 부산대학교 대학원 석사학위논문.

문현숙·김득성(2002). 이혼 후 적응을 위한 장기교육프로그램의 모형개발. 대한가정학회지, 40, 6. 197-211.

박승배(2002). 교육과정학의 이해. 양서원.

박은미(2005). Mentoring Program. 21C 지역사회복지관의 발전과 사업전문화 방안 모색 학술심포지움. 부천종합사회복지관. 69-72.

박진옥(2004). 인터넷 커뮤니티 활동을 병행한 체계적 영유아 부모교육 프로그램 적용 연구. 숙명여자대학교 대학원 박사학위논문.

방선욱(1993). 이혼적응을 위한 프로그램 개발에 관한 조사연구. 서울여자대학교 석사학위논문.

보건복지부(2005). 모·부자가정 정부지원정책(2005).

__________(2005b). 2004년 전국아동학대현황 보고서.

변화순(1996). 이혼가족을 위한 대책연구 한국여성개발원. pp.79-82.

서영숙·황은숙(2002). 한부모가정을 위한 반편견유아교육프로그램의 개발 연구. 유아교육연구. 7-1.

서영숙·황은숙(2003). 한부모가정과 이혼이해교육프로그램. 한국유아교육. 보육행정학회 추계학술대회 자료집. 33-51.

서영숙·황은숙(2004). 교사. 아동. 부모를 위한 한부모가정과 이혼 이해교육. 양서원.

__________(2004b). 한부모가정과 이혼 이해교육프로그램 개발. 유아교육. 보육행정연구. No.8.1. 199-219.

성정현(2002). 이혼 후 적응을 위한 집단프로그램의 개발. 한국가족복지학. 2002, No.9, 32-52.

성정현·송다영·한정원(2004). 한부모가족 자녀에 대한 교사의 인식 및 태도. 한국여성민우회 가족과 성상담소 자료집, 19-74.

성영혜(2002). 외현화 장애와 TP접근. 한국아동치료놀이교육연구소 고급
    TP Workshop 자료집.

새중앙상담센터(2003). Divorce Care. 새중앙상담센터.

송성자(2001). 한국문화와 가족치료. 서울: 법문사.

송인섭 외(2001). 교육과정 및 교육평가. 양서원.

신화용. 조병은(1996). 편모가 인지한 자원과 편모의 심리적 적응. 가족학
    논집, 8, 57-76.

신기영·옥선화(1991). 중년기 주부의 가족역할 수행과 심리적 복지에 관
    한 연구. 대한가족학회지, 35(1), 111-128.

온누리교회(2005). 회복사역자 학교. 온누리회복사역.

양혜원(2001). 가정폭력 노출아동에 대한 이해 및 개입의 실제. 잠실종합
    사회복지관 부설 잠실가정폭력상담소.

여성가족부(2005). 2005년 모·부자복지사업 안내.

유헌식(1989). 또래에 의한 집단상담이 자존감 및 인간관계 변화에 미치
    는 효과. 고려대학교 석사학위논문.

유희정(2005). 미국의 이혼 후 부모교육 프로그램의 현황과 평가에 대한
    고찰. 대한가정학회지, No.43. 6.

이근후(2004). 이혼가정의 복리를 위한 교육 및 자녀캠프. 이혼 후 성생활
    의 적응. 한국가정법률상담소.

이동원 외(2001). 변화하는 사회 다양한 가족. 양서원.

이병진(1996). 사회지원망이 소년소녀가장의 정서적 안정에 미치는 영향.
    숭실대학교 박사학위논문.

이소희·이무영(2003). 한국이혼가정에서의 억제요인과 사회적 개입. 한국
    가족복지학회 추계학술대회 자료집, 37-57.

이종숙(1998). 이혼가정 자녀의 적응에 대한 심리사회적 발달적 이해. 인
    간발달연구. 5(1)., 162-183.

원효종(1997). 도시 핵가족 주부의 사회관계망 유형 연구. 서울대학교 대

학원 박사학위논문.

유희정(2005). 미국의 이혼 후 부모교육 프로그램의 현황과 평가에 대한 고찰. 대한가정학회지. No.43, 6.

윤애경(1997). 이혼모 적응과정에 있어 자녀관계에 관계에 관한 연구. 대구효성가톨릭 대학교 대학원 석사학위논문.

전명희(2001). 외현화 반항심.

정일섭(2001). 주민자치센터에 대한 연구. 한국지방자치학회보, 제13권 4호.

조경아(1996). 이혼자를 위한 프로그램에 관한 기초연구. 성신여자대학교 대학원 석사학위논문.

조원탁(2004). 사회복지법제론. 양서원.

조흥식 외(1997). 「가족복지학」, 서울: 학지사

최혜숙(2004). 이혼가정 복리를 위한 교육 및 자녀캠프/이혼 후 심리 정서적 문제 극복과 대처방안. 한국가정법률상담소.

최경희(1999). 부모교육 프로그램 개발에 관한 연구 - 정신력동적 상담이론의 시험적 적용. 대구효성가톨릭 대학교 박사학위논문.

통계청(2005). 2004 결혼・이혼통계.

______(2004). 2003 결혼・이혼통계.

한경혜(2003). 한국 이혼가족의 급증현상과 이혼 결정. 한국가족복지학회 추계학술대회 자료집, 9-25.

한국가족상담교육단체협의회(2004). 한부모가정의 부모자녀관계 향상교육 프로그램 보급.

한국가족학연구회(1993). 이혼과 가족문제. 도서출판 하우.

한국가정법률상담소(2004). 이혼가정여성교육프로그램.

______________(2004b). 이혼 숙려기간의 제도화에 관한 의식조사 및 이혼과정의 실태에 관한 연구.

한국여성민우회(2000). 한부모를 위한 가이드. 한국여성민우회 가족과 성 상담소.

한국한부모가정연구소(2005). 2004년도 한부모가정 지원사업 보고.

___________________(2005b). 2005년도 한부모가정 지원사업 보고.

한혜경(1993). 한국 이혼부부의 적응과 관련 변인에 관한 실증적 연구. 한
국가족학연구회(편)/이혼과 가족문제. 도서출판 하우.

허정원(1998). 이혼한 편모의 가족 및 사회과계망 지원과 이혼 후 적응.
서울대학교 석사학위논문.

황은숙(2004). 한부모가정과 이혼 이해교육프로그램. 열린유아교육학회 제
45차 학술발표회 자료집, 7-21.

황은숙(2004b). 해체가정 청소년, 사회(학교)에서 어떻게 할 것인가? 서울
가정법원소년자원보호자협의회 제19차 청소년 상담세미나 자료집,
85-108.

황은숙(2005). 한부모가정지도사 중급과정 자료집. 한국한부모가정연구소.

황은숙(2005b). 한부모가정과 이혼 이해교육. 울산여성회.

황은숙(2005c). 21C 지역사회복지관의 발전과 사업전문화 방안 모색 학술
심포지움. 서울신학대학교 부천종합사회복지관, 73-76.

황은숙(2005d). 이혼가정 부모교육 프로그램. 한국한부모가정연구소.

Arburhnot, J., & Gordon, D.(1996). Does mandatory divorce education
for parents work? A six-month outcome evaluation. *Family and
Conciliation Courts Review, 34,* 60-81.

Achenbach, T. M. & Edelbrock, C(1991). Manual for the Child
Behavior Checklist 4-18 and Profile. Burlington: University of
Vermont.

Albrecht, S. L.(1980). Reactions and Adjustment to Divorce; Differences
in The Experiences of Males and Females. *Family Relations,*
29(1), 59-68.

Amato, P. R.(2000). The Consequences of divorce for adults and
children. *Journal of Marriage and the Family, 62(November),*
1269-1287.

Amato, P. R., & Keith, B.(1991). Parental divorce and the well-being of children: A meta-analysis. *Psychological Bullentin,* 110, 26-46.

Arendell, T. J.(1987). Women and the economics of divorce in the contemporary United States, 13, 121-135.

Babad, E. Y. & Inbar, J.(1982). Pygmalion, Galatea, and the Golem: Investigations of Biased and Unbiased Teachers, Journal of Educational Psychology, V. 74(4): 459-474.

Berman, W. H. and Turk, D. C.,(1981). Adaptation to divorce: problems and coping stategies. *Journal of Divorce. 22(3/4):* 147-161.

Blaisure, K. R., & Geasler, M. J.(1996). Results of a survey of court-connected parent education programs of court-connected parent education programs in U.S. counties. *Family and Conciliation Court Rwview, 34(1),* 23-40.

Brady, L.(1992). Curriculum Development(4th). New York: Prentice Hall.

Braver S. L. Salem, P., Pearson, I., & KeDuse, S. R.(1996). The content of divorce education programs: Results of survey. *Family and Conciliation Courts Review,* 34, 41-59

Bohannan, P.(1970). The six station of divorce. In P. Bohannon (Ed.), Divorce and after. New York: Doubleday.

Carroll, P. J., & Fraze, E.(2001). Program Can Help Protect Children in Break-Ups. New York Law Journal, January, 64-78.

Charles D. Clark, et. al(1994). "Evaluation of a Newsletter Intervention for Kivorced Mothers". *Family Relations,* Jul. pp.298-304.

Clark, R. & Clifford, T.(1996). Toward a resources and stressors model: The psychological adjustment of adult children of divorce. journal of divorce and remarriage, 25, 105-136.

Devlin, A. S. et. al.(1992). "Parent Education for Divorced Fathers", *Family Relations,* Jul. pp.290-296.

Diamond, E. L.(1982). The role of anger and hostility in essential hypertension and coronary heart disease. Psychological Bulletin 92: 410-433.

Diedrick, P.(1991). Gender Differences in Divorce Adjustment. In S. S. Volgy(eds), Women and Divorce/Men And Divorce: Gender Differences in Separation, Differences and Remarriage, New York: The Haworth Press.

Dimsdale, J. E., C. Pierce, D. Schoenfeld, A. Brown.(1986). Suppressed anger and blood pressure: The effects of race, sex, social class, and age. *Psychosomatic Medicine* 48: 430-436.

Dormbusch, S., Carlsmith, M., Bushwall, S., Ritter, P., Leiderman, H., Hastorf, A., & Gross, R.(1985). Single parent, extended household, and the control of adolescents. Child Development, 56, 326-341.

Emery, R. E.(1994). Renegotiating family relationships: divorce child custody, and mediation. New York. Guilford, Press.

Emery, R & Forehand, R(1994). Parental divorce and children's well-being a focus on resilience. In R. Haggery, L. Sherrod, N. Garmezy & M. Ruttera(Eds), *Stress, risk, and resilience in children and adolescents: Processes, mechannisms, and interventions.* London, Cambridge University Press.

Fisher, R.(1997). The impact of an educational seminar for divorcing parent: Results from a national survey of family court judges. *Journal of Divorce and Remarriage, 28(1),* 35-48.

Fisher, B. & R. Alberti(1981). Rebuilding: When Your Relationship Ends. Impact Publishers Inc, U.S.A.

Frieman, B., Garon, H., & Garon, R.(2000). Parenting through change: An effective prevention program for single mother. *Journal of Consulting and Clinical Psycholigy, 67(5),* 711-724.

Gentry, W. D.(1982). Habitual anger-coping styles: Effect on mean blood pressure and risk for essential hypertension. *Psychosomatic Medicine* 44: 195-202.

Goetting A.(1980). Divorce outcome research: Issues and perspectives. *Journal of Family Issues, 2,* 350-378.

Gray, C., Verdieck, M. J., Smith, E. D., & Freed K.(1997). An evaluation of court-mandated parenting workshops for divorcing families. Family and Conciliation Court Review, 35(1), 280-291.

Granvold, D. K. and Welch, G. J.(1977). Intervention for Postdivorce Adjustment Problems: The Treatment Seminar. *Journal of Divorce. 1*: 81-92.

Greenglasss, E. R.(1996). Anger suppression, cynical distrust, and hostility: Implications for coronary heart disease. In Spielberger, C. D. and Sarason, I. C.(Eds). *Stress and emotion: Anxiety, anger and curiosity.* 205-225.

Guttman, J., Geva, N. et al(1988). Teacher's and school children's stereotypic perception of The children of Divorce, *American Educational Research Journal,* V. 25(4): 555-571.

Guttmann, J.(1993). Divorce in Psychosocial Perspective: Theory and Research. New Jersey: Hillsdale.

Hall. M. S. & Rhomberg. V.(1995) the affective Curriculum. teaching the Anti-Bias approach to Young Children. Nelson Canada.

Hazaleus, S., and J. Deffenbacher.(1986). Relaxation and cognitive treatments of anger. *Journal of Consulting and Clinical Psychology,* 54: 222-226.

Hetherington, M., Stanley-Horgan M., & Anderson, E.(1989). Marital transition: A child's perspective, American Psychologist, 44.

Hetherington, E. Cox, M, Cox, R.(1982). Effects of Divorce on Parents and Young Childen. in M. Lamb(Ed), Nontraditional Families: Parenting and Child Development. Hillsdale, NJ: Erlbeum.

Hethereington, E. M.(1989). Marital Transitions: A child's perspective. *American Psychologist, 44, 303-310.*

Johnstone, J., R. & Roseby, V.(1997). In the Name of the Child: A Developmental Approach to Understanding and Helping Children of Conflicted and Violent Divorce. New York: The Free Press.

Judson J.(1995). Life event as stressors in childhood and adolescence. Beverly Hills: Sage.

Kaplan, L. K. et. al.,(1992). Family Life Education-Remarriage Education; The Personal Refections Program, *Family Relations*, Apr, pp.127-134.

Kitson, G. C. Babri, K. B. Roach, M. J. & Placidi, C. S.(1989). Adjustment to Widowhood and Divorce. *Journal of Family Issues*, 10(1), 5-32.

Kitson, G. C. & Morgan, L. A.(1990). The Multiple Consequences of Divorce; A Decade Review. *Journal of Marriage and Family*, 52(4), 913-924.

Kitson, G. C. & Morgan, L. A.(1990). The Multiple Consequences of Divorce; A Decade Review. *Journal of Marriage and the Family*, 52(4), 913-924.

Kitson, G. C.(1982). Attachment to Spouse in Divorce: A Scale and its Alication. *Journal of Marriage and Family*, 44(2), 379-393.

Kurdek, L. & Blisk, D.(1983). Dimensions and Correlates of Mothers' Divorce Experiences. *Journal of Divorce*, 6, 1-24.

Kramer, L., & Washo, C. A.(1993). Evaluation of a court-mandated prevention program for divorcing parents. Family Relation, 42, 179-189.

Narren & Amara,(1984).

McLanahan, S. & Booth, K.(1989). Mother-only Families: Problems, prospects and Politics. *Journal of Marriage and Family.* 51(2), 557-580.

Mckenry, P. C., Clark K. A., & Stone G.(1999), Evaluation of Parent Education Program for Divorcing Patents. Family Relation, 48, pp.129-137.

McKay. M. & Rogers, P.(2000). The Anger Control Workbook. New Harbinger Publications, Inc.

Mcknry, P. C., Clark, K. A., & Stone, G.(1999). Evaluation of a parent education program for divorcing parent. *Family Relations,* 48, 129-137.

Madelene, O. S.(1981). Religions and Mid Life Crisis. *Religious Life Review,* 20, 124-131.

Nelson, G.(1981). Moderators of women's and children's adjustment following parents. *Journal of Divorce,* 4, 71-83.

Petersen, V. & Steinman, S. B.(1994). Helping children Succeed After Divorce: a Court-Mandated Education program for divorcing parents. Family and Conciliation Courts Review, 32(1), 27-39.

Pett, M. A. & Vangham-Cole, B.(1986). The Impact of Income Issues and Social Status on Post-Divorce Adjustment of Custodial Parents. Family Relations, 35(1), 103-111.

Pettit, E. J. & Bloom, B. L.(1984). Whose Decision was it? The Effects of Initiator Status on Adjustment to Marital Disruption. *Journal of Marriage and the Family,* 4, 587-595.

Price, S. J. & Mckenry, P. C.(1988). *Divorce.* Newbury Park: Sage.

Ratcliffe & Keith(1992). 나는 이혼한다(김민예숙 역[Being Single and Happy]). 서울: 다해.

Robert D. Enright(2001). Forgiveness is a Choice. American Psychological Association.

Roeder-Esser, C.(1994). Families in transition: A divorce workshop. *Family & Conciliation Courts Review,* 32(1), 40-49.

Ron, Pat Potter-Efron(1995). Letting go of anger. New Harbinger Publications.

Richard, L. N. & Schmiege, C. J.(1993). Problems And Strengths of Single-Parent Families, Family Relations, 42(3), 277-285.

Smilansky, S.(1992). Children of Divorce: The Roles of Family and School, Rockville, MD: BJE Press.

Spanier, G., & Castro, R.(1979). Adjustment to separation and divorce: A qualitative analysis, In G. Levinger & O. Males(eds). *Divorce and separation: Context causes consequences(pp.211-227)*, NY: Basic Books.

Spanier, G. B. & Thompson, L.(1984). Parting: *The aftermath of separation and divorce.* Beverly Hills: Sage.

Stone, G., McKenry, P & Clark, K.(1999). Father's Parenting in a Divorce Education Program: A qualitative evaluation. *Journal of Divorce and Remarriage,* 30(1/2), 99-113.

Tashman, J. M, Johnston, J. R, & Wallerstien, J.(1989). Resources, Stressor, and Attachment as Predictors of Adult Adjustment after Divorce: A Longitudinal Study. *Journal of Marriage and the Family,* 51(4), 1033-1046.

Thabes, V. A.(1997). Survey analysis of women's long-term, postdivorce adjustment. *Journal of divorce and remarriage, 27(3),* (1997), 163-175.

Tyler, R. W.(1949). *Basic Principles of Curriculum and Instruction.* Chicago: University of chicago Press.

Taba. H.(1962). *Curriculum Development: Theory and Practice.* New York: Harcourt, Brace & World.

Umberson, D. & Grove, W. R.(1989). Parenthood and Psychological Well-being: Theory, Measurement, and Stage in the Family Life Course. *Journal of Family issues,* 10(4), 440-462.

Walker, D.(1971), A Naturalistic Model for Curriculum Development. School Review, 56-65.

Wallerstein, J. S. & Blakeslee, S.(1990). Second Chances: Men. Women, and Children a Decade After Divorce, New York: Ticknor & fields.

Wallerstein & Kelly(1980). Surviving The Break up; *how children cope with divorce,* new york: basic books.

Weiss, R. S.(1975). Marital separation. New York: basic books. Propost.

Zibbell, R. A.(1992). A short-term, small-group education and counseling program for separated and divorced parents in conflct. *Journal of Divorce and Remarriage,* 18(1/2), 189-203.

– 인터넷 사이트 검색

EBS(2004). 변화하는 가정 그리고 아이들.
　　　http://www.ebs.co.kr/Homepage/?progcd=0001965
SBS(2005): http://tv.sbs.co.kr/7days/
KBS(2004). 세상의 아침.
　　　http://www.kbs.co.kr/2tv/sisa/livetoday/vod/vod.html
한국가정법률상담소 http://lawhome.or.kr
한국가족상담교육단체협의회: http://www.consult.or.kr/
한국한부모가정연구소: www.hanbumo.org
대구지하철참사희생자대책위원회
공식홈페이지: http://www.daegusubway.or.kr/

【부록-1: 요구조사】

이혼가정 부모교육 프로그램 개발을 위한 요구조사용 설문지

※ 아래의 문항은 새로 개발될 이혼가정 부모교육 프로그램의 목표, 내용, 실행방법에 대한 의견에 관한 것입니다.

1. 다음의 목표들은 이혼가정 부모교육 프로그램 개발 시 어느 정도 강조하는 것이 바람직하다고 생각하십니까? 각 문항마다 해당되는 곳에 O표 해 주십시오.

	문항내용	5 매우 중요 하다	4 중요 하다	3 보통 이다	2 거의 중요 하지 않다	1 전혀 중요 하지 않다
1	이혼가정 부모에 대한 바른 이해 돕기					
2	이혼가정의 현실 적응과 극복					
3	이혼가정 자녀에 대해 이해하기					
4	이혼가정 부모 - 자녀관계 개선					
5	홀로서기를 위한 정보교육					

2. 다음의 내용들은 이혼가정 부모교육 프로그램 개발 시 어느 정도 강조하는 것이 바람직하다고 생각하십니까? 해당되는 곳에 O표 해 주십시오.

문항내용	5 매우 중요 하다	4 중요 하다	3 보통 이다	2 거의 중요 하지 않다	1 전혀 중요 하지 않다
1 이혼가정 부모를 바르게 인식하기					
2 나의 심리 상태 알기					
3 내 안의 분노 해소하기					
4 이혼가정 부모로 살아가기 위한 준비과정					
5 이혼가정의 홀로서기					
6 미래에 대한 희망 설계하기					
7 이혼가정 자녀를 이해하기					
8 자녀와 이혼에 대해 이야기 방법					
9 이혼가정 부모와 자녀의 효과적인 의사소통방법					
10 이혼가정 부모와 자녀의 관계 개선을 위한 노력					
11 이혼 및 성희롱 관련 법률정보					
12 정부지원 지원정책과 사회단체 활용하기					

3. 다음은 프로그램 실행방법에 대한 내용입니다. 해당되는 것에 O표 해 주세요.

1) 본 연구자가 여러분과 자녀들을 위해 이 프로그램의 실시에 초대한다면 참여하시겠습니까?

　　(1) 예　　　　　　　　(2) 아니오

2) 본 프로그램을 실시하는 지도자로는 누가 적당하다고 생각하십
니까?**(1개 이상 O표 가능)**

    (1) 부모교육 프로그램 전문수련자　　(2) 학교교사

    (3) 사회복지사

    (4) 프로그램을 경험한 이웃사람

    (5) 관련학과 학사 이상 졸업자

    (6) 관련학과 석사 이상 졸업자　　(7) 이혼가정 부모

    (8) 한부모가정 전문지도사　　(9) 기타 (＿＿＿＿＿)

3) 지도자의 결혼 여부는 어떠해야 한다고 생각하십니까?

    (1) 기혼　　(2) 미혼　　(3) 이혼　　(4) 상관없음

4) 지도자의 성별은 어떠해야 한다고 생각하십니까?

    (1) 남자　　(2) 여자　　(3) 상관없음

5) 지도자의 연령은 몇 살 정도가 적당하다고 생각하십니까?

    (1) 25세 이상　(2) 30세 이상　　(3) 35세 이상

    (4) 40세 이상　(5) 45세 이상　　(6) 상관없음

6) 이 프로그램의 안내자료를 정기적으로 보내드리는 것에 대해
어떻게 생각하십니까?

    (1) 찬성　　　(2) 반대

7) 교육을 받는 시간은 어느 시간이 적당하시겠습니까?(상황에 따라 다를 수 있으므로 1개 이상 O표 가능함)

    (1) 오전 9시-11시   (2) 오전 10시-오전 12시

    (3) 오후 2시-4시   (4) 오후 4시-6시

    (5) 오후 6시-8시   (6) 7시-9시   (7) 기타 (______)

8) 이 프로그램의 기초과정에 대한 구상은 총 24시간의 교육으로 짜여져 있습니다. 여러분은 이 시간을 어떻게 배당하는 것이 적당하시겠습니까?

    (1) 1주에 1회 2시간씩: 총 12주 소요

    (2) 1주에 2회 2시간 씩: 총 6주 소요

    (3) 2주에 1회 각 2시간씩: 총 12주 소요

    (4) 2주에 1회 각 4시간 씩: 총 6주 소요

    (5) 기타 (__________________)

※ 아래의 문항은 기존 부모교육에 대한 의견 등에 관한 것입니다.

4. 다른 종류의 부모교육을 받으신 경험이 있으신지요?

    (1) 있다 ---4-1)로 이동   (2) 없다

4-1) 아래 내용은 부모교육을 받은 경험이 있는 분들만 체크해 주세요.

    1) 경험하신 부모교육은? (__________________)

    2) 부모교육은 몇 회기 프로그램이었습니까? (__________)

3) 교육시간이 회기당 약 몇 시간 정도였나요?(______________)

4) 경험 이후 효과의 지속성의 정도는?(매우 오래, 약간 오래, 짧게, 교육 직후 사라짐)

5) 경험하신 부모교육의 좋았던 점은?**(다수 O표 가능)**

    (1) 자녀의 발달 측면 이해   (2) 의사소통 기술

    (3) 부모의 문제파악   (4) 자녀지도방법

    (5) 부모 감정의 조절   (6) 교육 후의 지속성

    (7) 프로그램 과정   (8) 성격이해

    (9) 교육시간   (10) 필요한 정보의 제공

    (11) 자존감 향상 프로그램

    (12) 한부모가정과 이혼에 대한 이해

    (13) 한부모가정 아동에 대한 이해

    (14) 기타 (______________________)

6) 경험하신 부모교육의 아쉬웠던 점은?(다수 O표 가능)

    (1) 후속 프로그램이 없는 점   (2) 분노감 해소방법

    (3) 부모문제의 해결방안   (4) 의사소통 기술의 사용

    (5) 정보량의 부족

    (6) 분노조절 및 분노예방의 어려움

    (7) 무의식적 습관적인 행위 조절

    (8) 교육 후 습관적 행위 반복

    (9) 성격에 대한 이해   (10) 프로그램 과정

    (11) 교육시간

    (12) 한부모가정과 이혼에 대한 이해교육의 깊이 정도

    (13) 기타 (______________________)

7) 본 연구자가 여러분을 이혼가정 부모교육 프로그램에 초대한다면 참여하시겠습니까?

(1) 찬성   (2) 반대

5. 부모교육을 받은 경험이 없으시다면 어떤 이유에서입니까?**(다수 O 표 가능)**

1) 나 자신이 부모교육을 받을 정도로 문제가 없다고 생각되어서

2) 자녀를 맡길 곳이 마땅치 않아서

3) 시간이 부족해서

4) 부모교육 정보를 접하지 못해서

5) 함께 부모교육에 참석할 친구가 없어서

5) 직장 때문에 시간을 낼 수 없어서

6) 추천하는 사람이 없어서

7) 아직은 부모교육을 받을 시기가 되지 않아서

8) 기타 (   )

6. 다음은 응답하신 여러분의 개인적인 사항입니다. 해당하는 곳에 **O 표 해 주시기 바랍니다.**

1) 본인의 나이는?(__________세)

2) 성별   (1) 남자   (2) 여자

3) 귀하는 이혼한 지 얼마나 되셨습니까? (__________년)

4) 지금 무슨 일을 하고 계십니까?

   (1) 사무직   (2) 노동   (3) 전문기능 및 기술직

   (4) 전업주부   (5) 개인 사업   (6) 기타 (__________)

5) 가정의 월수입은 얼마입니까?(________________________)

6) 당신의 학력은?

  (1) 중졸 미만   (2) 고졸   (3) 대졸

  (4) 대학원졸 이상 (5) 기타 (__________)

7) 자녀의 수는? (1) 1명   (2) 2명   (3) 3명

                (4) 4명 이상   (5) 없음

8) 자녀의 성별은? (______) (______) (______) (______)

9) 자녀의 나이는? (______) (______) (______) (______)

10) 귀하의 종교는? 1) 기독교   2) 불교   3) 천주교

                  4) 유교   5) 기타

11) 함께 거주하는 가족 중 자녀 외에 누구와 있습니까? (   )

【부록-2: 사전검사】

이혼가정 부모의 이혼 후 적응 및 현실극복에 대한 인식 질문지

(사전, 사후, 추후검사의 질문지를 동일하나 사후검사에는 문항의 앞에 현재, 추후검사에서는 최근이라는 문구를 삽입해 사용하였다.)

※ 다음은 이혼 후 귀하가 겪는 현실극복과 적응에 대한 노력을 알아보는 질문입니다. 해당되는 곳에 ∨표를 하십시오.
1. 이혼 후 귀하가 느끼는 감정에 가깝다고 느끼는 것에 O표 해 주시기 바랍니다.

	문항내용	1 전혀 그렇지 않다	2 대체로 그렇지 않다	3 보통 이다	4 대체로 그렇다	5 매우 그렇다
1	이혼 후 신경이 예민해지고 안절부절 해졌다					
2	이혼 후 경제적인 어려움, 심리적인 갈등 등으로 인해 자살을 생각해 보았다.					
3	이혼을 결정하게 한 전 배우자나 시댁 식구 등을 생각하면 화가 나고 분노심이 쏟아 오른다.					
4	짜증이 많이 나고 엉뚱한 사람에게 화풀이를 하기도 한다.					
5	친척이나 친구 윗사람들을 만나면 이혼했다고 동정하거나 비난하는 것 같아 피하게 된다.					

2. 귀하의 이혼에 대한 생각을 표시해 주시기 바랍니다. 해당되는 곳에 O표를 하십시오.

	문항내용	1 전혀 그렇지 않다	2 대체로 그렇지 않다	3 보통 이다	4 대체로 그렇다	5 매우 그렇다
1	나는 이혼이 나쁘다고 생각한다.					
2	나는 이혼이 가정을 파괴하는 것으로 본다.					
3	이혼의 증가는 심각한 사회문제를 일으킨다.					
4	이혼은 부모-자녀관계를 단절시킨다.					
5	이혼은 비도덕적인 것이다.					
6	이혼한 사람들은 모두 불행하다.					
7	이혼한 사람들은 모두 후회하게 된다.					
8	이혼한 사람들의 자녀들은 문제아나 비행아가 될 확률이 높다.					
9	이혼은 또 다른 인생의 출발이다.					
10	이혼이 나와 자녀에게 행복을 안겨줄 수 있다.					

3. 다음은 이혼 결정에 대한 귀하의 생각을 알아보기 위한 내용입니다. 해당하는 곳에 O표 해 주시기 바랍니다.

	문항내용	1 전혀 그렇지 않다	2 대체로 그렇지 않다	3 보통 이다	4 대체로 그렇다	5 매우 그렇다
1	내가 좀 더 참고 이혼만은 하지 말았어야 했다는 생각이 든다.					
2	이혼한 것이 내 탓이라는 생각이 든다.					
3	이혼한 것에 대해 자녀에게 항상 미안하게 생각한다.					
4	이혼 후 행복한 생활을 찾게 되었다.					
5	여러 가지로 힘들지만 그래도 이혼하기를 잘했다는 생각이 든다.					

4. 귀하의 미래에 대한 태도 및 기대감을 알아보는 내용입니다. 가까운 곳에 O표 해 주시기 바랍니다.

	문항내용	1 전혀 그렇지 않다	2 대체로 그렇지 않다	3 보통 이다	4 대체로 그렇다	5 매우 그렇다
1	나는 머지않아 직장에서 인정받는 사람이 될 것이다.					
2	관심 있는 일을 발견하고 새로운 출발을 할 것이다.					
3	지금보다 더 행복하고 안정적인 생활을 하게 될 것 같다.					
4	안정적인 직업을 갖기 위해 여러 가지 자격증을 취득할 것이다.					
5	자녀가 바르게 자라 주어 자녀를 자랑스러워할 것이다.					
6	자신을 개발하기 위해 대학이나 대학원에 진학할 것이다.					
7	좋은 이성을 만나 재혼을 생각하거나 재혼을 해 행복하게 지낼 것이다.					

5. 다음은 귀하께서 자녀를 키우시면서 느끼실 수 있는 어려움에 관한 질문입니다. 해당되는 곳에 O표 해 주시기 바랍니다.

	문항내용	1 전혀 그렇지 않다	2 대체로 그렇지 않다	3 보통 이다	4 대체로 그렇다	5 매우 그렇다
1	아이들과 의견이 맞지 않아 충돌한 경험이 여러 번 있다.					
2	아이를 맡길 곳이 마땅치 않아 고민한 적이 있다.					
3	아이의 학업을 돕고 싶어도 지도할 만한 지식이 부족하다.					
4	이혼 후 자녀의 성적이 나빠져 걱정이 된다.					
5	아이의 진학 및 진로에 관한 문제로 고민이 많다					
6	아이와 함께 지내는 시간이 부족하다.					
7	아이들이 부(모)의 부재로 정서적으로 힘들어한다.					
8	아이가 내 마음에 들지 않은 행동을 한다.					
9	아이가 어떤 생각을 하고 있는지 알 수 없다.					
10	아이와 어떻게 효과적으로 의사소통해야 할지 모르겠다.					

6. 귀하는 자녀가 전 배우자와 관련된 말과 행동을 할 때 어떻게 하십니까? 해당되는 곳에 O표를 하십시오.

	문항내용	1 전혀 그렇지 않다	2 대체로 그렇지 않다	3 보통 이다	4 대체로 그렇다	5 매우 그렇다
1	자녀를 보면 전 배우자 생각이나 자녀를 외면하게 된다.					
2	자녀가 전 배우자와 비슷한 말과 행동을 하면 못하게 꾸중을 한다.					
3	자녀가 떠나간 부모를 역성들면 화를 내거나 때릴 때가 있다.					
4	자녀가 떠나간 부모를 그리워하면 '네 아빠(엄마)가 너를 버렸는데 왜 우는 거야'라고 말하곤 한다.					
5	자녀가 이혼한 부모를 비난하면 '버릇없는 녀석'이라고 말하곤 한다.					

7. 귀하가 생각하기에 자녀는 부모의 이혼을 어떻게 받아들이고 있다고 생각하십니까? 해당되는 곳에 O표를 하십시오.

	문항내용	1 전혀 그렇지 않다	2 대체로 그렇지 않다	3 보통 이다	4 대체로 그렇다	5 매우 그렇다
1	자녀는 부모의 이혼을 수치스럽게 생각한다.					
2	자녀는 부모의 이혼 사실을 다른 사람에게 말하지 않는다.					
3	자녀는 이혼의 원인를 제공한 부모를 원망한다.					
4	자녀는 떠나간 부모를 그리워하거나 분노한다.					
5	자녀는 부모의 이혼을 일시적인 것으로 생각하고 언제가 재결합할 것이라고 믿고 있다.					

8. 귀하는 자녀가 사회에 잘 적응하기 위해 어떻게 하십니까? 해당
되는 곳에 O표를 하십시오.

	문항내용	1 전혀 그렇지 않다	2 대체로 그렇지 않다	3 보통 이다	4 대체로 그렇다	5 매우 그렇다
1	자녀의 학교 성적에 관심을 갖고 자주 살펴본다.					
2	자녀가 현실을 극복하고 훌륭한 사람이 될 수 있도록 한부모가정 위인에 대한 이야기를 자주 들려준다.					
3	자녀가 부모의 이혼을 자연스럽게 받아들이고 잘 적응할 수 있도록 부모가 좋은 모델이 될 수 있도록 힘쓴다.					
4	자녀가 사회의 이혼에 대한 부정적인 인식을 받아들이지 않도록 지도한다.					
5	자녀에게 행복하고 당당하게 살아가는 한부모가정의 모습에 대해 자주 이야기한다.					

9. 귀하는 자녀에게 떠나간 부모를 어떻게 이야기 하십니까? 해당되
는 곳에 O표를 하십시오.

	문항내용	1 전혀 그렇지 않다	2 대체로 그렇지 않다	3 보통 이다	4 대체로 그렇다	5 매우 그렇다
1	아빠(엄마)는 공부나 직장 때문에 외국에 나가 있다고 말한다.					
2	아빠(엄마)는 몸이 아파서 멀리 요양 중인데 몸이 좋아지면 다시 돌아올 것이라고 말한다.					
3	아빠(엄마)는 바람이 나서 또는 무책임해서 집을 나갔다고 말한다.					
4	아빠(엄마)는 나와 너를 버리고 집을 나갔다고 말한다.					
5	집을 떠난 아빠(엄마)는 나쁜 사람이라고 말한다.					

10. 귀하는 자녀에게 이혼과 관련해 어떻게 말씀하십니까? 해당되는 곳에 O표를 하십시오.

	문항내용	1 전혀 그렇지 않다	2 대체로 그렇지 않다	3 보통 이다	4 대체로 그렇다	5 매우 그렇다
1	부모가 이혼했으므로 '이제 너는 나와 함께 살게 될 것이다'라고 말한다.					
2	이제 아빠(엄마)가 안계시므로 엄마(아빠)가 직업을 가져야 한다고 말한다.					
3	엄마(아빠)가 직장에 나가는 시간이 많으므로 자녀가 집안일을 돕고 동생들도 돌봐야 한다고 말한다.					
4	떠나간 부모는 어디에서 누구와 함께 살게 될 것이라고 말해 준다.					
5	자녀에게 떠나간 부모를 면접교섭권에서 명시한 대로 '한 달에 한 번 또는 두 번' 만날 수 있다고 하거나 그렇지 않으면 '내가 어른이 되면 만날 수 있다'고 말해 준다.					
6	떠나간 부모를 다시는 만나지 말라고 말한다.					

11. 귀하께서는 자녀와의 관계를 어떻게 느끼십니까? 해당되는 곳에 O표를 하십시오.

	문항내용	1 전혀 그렇지 않다	2 대체로 그렇지 않다	3 보통 이다	4 대체로 그렇다	5 매우 그렇다
1	나와 자녀는 서로 사랑하고 친밀한 관계를 유지한다.					
2	나는 자녀의 좋은 모델이 되기 위해 최선을 다한다.					
3	자녀는 자신의 생각이나 학교에서 있었던 모든 일들을 허물없이 이야기한다.					
4	자녀는 나를 신뢰하고 믿고 있다.					
5	나는 자녀의 생각과 의견을 존중하고 믿어준다.					

12. 정부나 사회단체의 지원을 어느 정도 받고 계십니까? 해당되는
곳에 O표를 하십시오.

문항내용	1 전혀 그렇지 않다	2 대체로 그렇지 않다	3 보통 이다	4 대체로 그렇다	5 매우 그렇다
1 나는 재산분할, 양육권, 양육비, 면접 교섭권 등 법률에 대한 상담을 받은 적이 있거나 받고 있다.					
2 성희롱 및 성추행을 당했을 때의 대처방법과 도움을 받을 기관을 알고 있다.					
3 이혼가정을 지원하는 정부의 정책과 선정기준 등을 알고 있다.					
4 이혼가정을 돕고 있는 사회단체의 각종 서비스 내용(상담, 자조모임, 부모교육 등)을 알고 활용하고 있다.					
5 이혼가정으로 살아가는 데 필요한 정보나 지원을 정부나 사회단체를 통해 받고 있다.					

13. 다음은 응답하신 여러분의 개인적인 사항입니다. 해당하는 곳에
O표 해 주시기 바랍니다.

   1) 본인의 나이는?(________________ 세)

   2) 성별   (1) 남자   (2) 여자

   3) 귀하는 이혼한지 얼마나 되셨습니까?(________ 년)

4) 지금 무슨 일을 하고 계십니까?

    (1) 사무직   (2) 노동

    (3) 전문기능 및 기술직   (4) 전업주부

    (5) 개인 사업   (6) 기타 (_____________)

5) 가정의 월수입은 얼마입니까?(_____________________)

6) 당신의 학력은?

    (1) 중졸 미만   (2) 고졸   (3) 대졸

    (4) 대학원졸 이상   (5) 기타 (__________)

7) 자녀의 수는? (1) 1명   (2) 2명

              (3) 3명   (4) 4명 이상   (5) 없음

8) 자녀의 성별은? (_____) (_____) (_____) (_____)

9) 자녀의 나이는? (_____) (_____) (_____) (_____)

10) 귀하의 종교는? 1) 기독교   2) 불교   3) 천주교

                 4) 유교   5) 기타

11) 함께 거주하는 가족 중 자녀 외에 누구와 있습니까?

    (_____________________)

♣ 귀한 시간을 내어 주신 한부모님께 진심으로 감사드립니다.

【부록-3: 시설종사자】

이혼가정 부모교육 프로그램의 활성화 방안
(시설종사자)

※ 다음은 귀하의 인적사항 및 직장과 관련된 사항에 관한 질문입니다.

1. 성 별	1) 여성　　　　　(　　　) 2) 남성　　　　　(　　　)
2. 나 이	만________세
3. 학 력	1) 국졸　　(　) 2) 중졸　　(　) 3) 고졸　　(　) 4) 전문대졸(　) 5) 대졸　　(　) 6) 대학원졸 (　　) 7) 기타
4. 거주지	시　구

※ 이혼가정 부모교육 프로그램의 활성화 방안에 대한 귀하의 의견을 듣고자
하오니 말씀해 주시기 바랍니다.

1. 귀 기관에서는 이혼가정 부모교육 프로그램을 실시하고 계십니까?

　1) 그렇다 (　　) --1-1)로 이동

　2) 아니다 (　)

　3) 잘 모르겠다 (　　)

1-1) 이혼가정 부모교육 프로그램을 실시하고 있다면 말씀해 주십시오.

　(1) 1년 동안 몇 회 실시하고 계십니까? (　　　　　회)

　(2) 실시하신 이혼가정 부모교육 프로그램은 총 몇 회 실시하였으며 회기당 시간은 얼마나 사용하였습니까?

이혼가정 부모교육 프로그램 명	회기	회기당 시간

1-2) 이혼가정 부모교육 프로그램의 내용은 어떤 것입니까?

　1) 이혼 이후의 현실적응교육

　2) 부모-자녀관계 개선 프로그램

　3) 이혼자의 정서안정을 위한 프로그램

　4) 사회적 지원망(각종 상담, 교육, 복지적 서비스 등) 활용을 위한 교육

　5) 효율적인 의사소통방법과 기술교육

　6) 한부모가정과 이혼 이해교육

　7) 부모-자녀관계 개선 프로그램

　8) 기타 (구체적으로 　　　　　　　　　　　　　　　　　　)

2. 평소 상담하시는 이혼가정 부모의 이혼가정 부모교육 프로그램에 대한 욕구는 어느 정도라고 생각하십니까?

	아주 낮다	낮다	그저 그렇다	높다	매우 높다
모자가정					
부자가정					

3. 이혼가정 부모님이 주로 희망하고 있는 이혼가정 부모교육의 내용은 무엇입니까?

4. 이혼가정 부모를 위해 새로 개발되어야 한다고 생각하시는 이혼가정 부모교육 프로그램은 무엇입니까?
   1) 이혼 이후의 현실적응교육
   2) 부모-자녀관계 개선 프로그램
   3) 이혼자의 정서안정을 위한 프로그램
   4) 사회적 지원망(각종 상담, 교육, 복지적 서비스 등) 활용을 위한 교육
   5) 효율적인 의사소통방법과 기술교육
   6) 한부모가정과 이혼 이해교육
   7) 부모-자녀관계 개선 프로그램
   8) 기타 (구체적으로   )

5. 이혼가정 부모들이 이혼가정 부모교육 프로그램을 받는 데 가장 큰 어려움은 무엇이라고 생각하십니까?(아래에서 한 가지만을 각각 선택하십시오)

모자가정	부자가정

    1) 건강문제   2) 직장의 긴 노동시간

    3) 교육수준   4) 의욕상실

    5) 정서적 불안정   6) 직업훈련 과정 중

    7) 자녀에 대한 무관심   8) 경제적 불안정

    9) 부모교육에 대한 필요성 및 인식부족

    10) 기타 (__________________________________)

6. 이혼가정 부모교육 프로그램은 몇 회기가 적당하다고 생각하십니까?(상황에 따라 다를 수 있으므로 1개 이상 O표 가능함)

    1) 4회   2) 6회   3) 8회 4) 10회 5) 12회 6) 기타 (   )

7. 교육시간은 어느 시간이 적당하다고 생각하십니까?(상황에 따라 다를 수 있으므로 1개 이상 O표 가능함)

    (1) 오전 9시-11시   (2) 오전 10시-12시

    (3) 오후 2시-4시   (4) 오후 4시-6시

    (5) 오후 6시-8시   (6) 7시-9시

    (7) 기타 (____________________)

8. 매 회기당 시간은 어떻게 배당하는 것이 적당하시겠습니까?

　　1) 1시간　　　　　2) 1시간 30분　　　　3) 2시간

　　4) 2시간 30분　　　4) 3시간　　　　　　 5) 기타 (　　　　　)

9. 집단구성원의 수는 어느 정도가 적당하다고 생각하십니까?

　　1) 5-7명　2) 7-10명　3) 10-15명　4) 15-20명　5) 20명 이상

10. 이혼가정 부모교육 프로그램을 자체에서 실시하는 데 가장 큰 어려움은 무엇입니까?(아래에서 골라 세 가지를 각각 선택하십시오)

모자가정	부자가정

　　1) 재정 및 예산부족

　　2) 이혼가정 부모교육 프로그램의 수요 부족

　　3) 이혼가정 부모들의 참여율 저조

　　4) 이혼가정 부모교육 프로그램에 대한 정보 부족

　　5) 시설의 공간 부족 및 기자재 부족

　　6) 시설 종사자의 이혼가정에 대한 이해 부족

　　7) 이혼가정 부모교육 프로그램을 진행할 전문 강사 부재

　　8) 기타 (구체적으로　　　　　　　　　　　　　　　　)

11. 10번 문제와 연관되는 질문입니다.

이혼가정 부모교육 프로그램을 실시하는 데 어려운 문제를 해결한다면 이혼가정 부모교육 프로그램을 실시하시겠습니까?

  1) 그렇다   2) 아니다   3) 잘 모르겠다

12. 귀하는 이혼가정 부모의 자신에 대한 이해와 이혼 후 현실극복, 이혼가정 자녀를 이해하고 이혼에 대한 바른 이해를 통해 부모-자녀관계를 개선하고, 사회지원망을 활용해 건강하고 행복한 한부모가정을 이루고자 하는 연구자가 개발한 '이혼가정 부모교육 프로그램'을 이혼가정에게 제공하시겠습니까?

  1) 그렇다   2) 아니다   3) 잘 모르겠다

13. 귀하가 소속된 기관에서 이혼가정 부모교육 프로그램이 이혼가정에 대한 사회복지 서비스로 제공되기 위해서는 어떤 조치들이 이루어져야 한다고 생각하십니까?

14. 이혼가정 부모교육 프로그램의 활성화 방안과 관련한 귀하의 의견을 말씀해 주시기 바랍니다.

【부록-4: 사회복지 전담공무원】

이혼가정 부모교육 프로그램의 활성화 방안
(사회복지 전담공무원)

※ 다음은 귀하의 인적사항 및 직장과 관련된 사항에 관한 질문입니다.

1. 성 별	1) 여성 ( ) 2) 남성 ( )
2. 나 이	만 ________세
3. 학 력	1) 국졸 ( ) 2) 중졸 ( ) 3) 고졸 ( ) 4) 전문대졸( ) 5) 대졸 ( ) 6) 대학원졸 ( ) 7) 기 타
4. 거주지	시 구

※ 이혼가정 부모교육 프로그램의 활성화 방안에 대한 귀하의 의견을 듣고자 하오니 말씀해 주시기 바랍니다.

1. 귀 기관에서는 이혼가정 부모교육 프로그램을 실시하고 계십니까?

  1) 그렇다 (   ) --1-1)로 이동

  2) 아니다 (   )

  3) 잘 모르겠다 (   )

1-1) 이혼가정 부모교육 프로그램을 실시하고 있다면 말씀해 주십시오.

    (1) 1년 동안 몇 회 실시하고 계십니까?(　　　　회)

    (2) 실시하신 이혼가정 부모교육 프로그램은 총 몇 회 실시하였
       으며 회기당 시간은 얼마나 사용하였습니까?(뒤 페이지로)

이혼가정 부모교육 프로그램 명	회　기	회기당 시간

1-2) 이혼가정 부모교육 프로그램의 내용은 어떤 것입니까?

  1) 이혼 이후의 현실적응교육

  2) 부모-자녀관계 개선 프로그램

  3) 이혼자의 정서안정을 위한 프로그램

  4) 사회적 지원망(각종 상담, 교육, 복지적 서비스 등) 활용을 위
     한 교육

  5) 효율적이 의사소통방법과 기술교육

  6) 한부모가정과 이혼 이해교육

  7) 부모-자녀관계 개선 프로그램

  8) 기타 (구체적으로 ＿＿＿＿＿＿＿＿＿＿＿＿＿＿＿＿＿＿)

2. 평소 상담하시는 이혼가정 부모의 이혼가정 부모교육 프로그램에 대한 욕구는 어느 정도라고 생각하십니까?

	아주 낮다	낮다	그저 그렇다	높다	매우 높다
모자가정					
부자가정					

3. 이혼가정 부모님이 주로 희망하고 있는 이혼가정 부모교육의 내용은 무엇입니까?

4. 이혼가정 부모를 위해 새로 개발되어야 한다고 생각하시는 이혼가정 부모교육 프로그램은 무엇입니까?

  1) 이혼 이후의 현실적응교육

  2) 부모-자녀관계 개선 프로그램

  3) 이혼자의 정서안정을 위한 프로그램

  4) 사회적 지원망(각종 상담, 교육, 복지적 서비스 등) 활용을 위한 교육

  5) 효율적인 의사소통방법과 기술교육

  6) 한부모가정과 이혼 이해교육

  7) 부모-자녀관계 개선 프로그램

  8) 기타 (구체적으로   )

5. 이혼가정 부모들이 이혼가정 부모교육 프로그램을 받는 데 가장 큰 어려움은 무엇이라고 생각하십니까?(아래에서 한 가지만을 각각 선택하십시오)

모자가정	부자가정

1) 건강문제　　　　　　　2) 직장의 긴 노동시간

3) 교육수준　　　　　　　4) 의욕상실

5) 정서적 불안정　　　　　6) 직업훈련 과정 중

7) 자녀에 대한 무관심　　　8) 경제적 불안정

9) 부모교육에 대한 필요성 및 인식부족

10) 기타 (　　　　　　　　　　　　　　　　　)

6. 이혼가정 부모교육 프로그램은 몇 회기가 적당하다고 생각하십니까?(상황에 따라 다를 수 있으므로 1개 이상 O표 가능함)

1) 4회　　　　　　　2) 6회　　　　　　　3) 8회

4) 10회　　　　　　5) 12회　　　　　　6) 기타 (　　　　　)

7. 교육시간은 어느 시간이 적당하다고 생각하십니까?(상황에 따라 다를 수 있으므로 1개 이상 O표 가능함)

1) 오전 9시-11시　2) 오전 10시-12시　3) 오후 2시-4시

4) 오후 4시-6시　5) 오후 6시-8시　6) 7시-9시

7) 기타 (　　　　　　　　　　)

8. 매 회기당 시간은 어떻게 배당하는 것이 적당하시겠습니까?

  1) 1시간　　　　2) 1시간 30분　　　3) 2시간

  4) 2시간 30분　　4) 3시간　　　　　5) 기타(　　　　)

9. 집단구성원의 수는 어느 정도가 적당하다고 생각하십니까?

  1) 5-7명　　　　2) 7-10명　　　　3) 10-15명

  4) 15-20명　　　5) 20명 이상

10. 이혼가정 부모교육 프로그램을 자체에서 실시하는 데 가장 큰 어려움은 무엇입니까?(아래에서 골라 세 가지를 각각 선택하십시오)

모자가정	부자가정

  1) 재정 및 예산부족

  2) 이혼가정 부모교육 프로그램의 수요 부족

  3) 이혼가정 부모들의 참여율 저조

  4) 이혼가정 부모교육 프로그램에 대한 정보 부족

  5) 시설의 공간 부족 및 기자재 부족

  6) 시설 종사자의 이혼가정에 대한 이해 부족

  7) 이혼가정 부모교육 프로그램을 진행할 전문 강사 부재

  8) 기타 (구체적으로 　　　　　　　　　　　　　　　)

11. 10번 문제와 연관되는 질문입니다.

이혼가정 부모교육 프로그램을 실시하는 데 어려운 문제를 해결한다
면 이혼가정 부모교육 프로그램을 실시하시겠습니까?

 1) 그렇다   2) 아니다   3) 잘 모르겠다

12. 귀하는 이혼가정 부모의 자신에 대한 이해와 이혼 후 현실극복,
이혼가정 자녀를 이해하고 이혼에 대한 바른 이해를 통해 부모-자
녀관계를 개선하고, 사회지원망을 활용해 건강하고 행복한 한부모가
정을 이루고자 하는 연구자가 개발한 '이혼가정 부모교육 프로그램'
을 이혼가정에게 제공하시겠습니까?

 1) 그렇다   2) 아니다   3) 잘 모르겠다

13. 귀하가 소속된 기관에서 이혼가정 부모교육 프로그램이 이혼가정
에 대한 사회복지 서비스로 제공되기 위해서는 어떤 조치들이 이루
어져야 한다고 생각하십니까?

14. 이혼가정 부모교육 프로그램의 활성화 방안과 관련한 귀하의 의
견을 말씀해 주시기 바랍니다.

【부록-5: 민간단체 활동가】

이혼가정 부모교육 프로그램의 활성화 방안
(민간단체 활동가)

※ 다음은 귀하의 인적사항 및 직장과 관련된 사항에 관한 질문입니다.

1. 성　별	1) 여성　　　　　(　　　) 2) 남성　　　　　(　　　)		
2. 나　이	만 ______세		
3. 학　력	1) 국졸 (　) 　　2) 중졸 (　) 　　3) 고졸 (　　　) 4) 전문대졸(　) 　5) 대졸 (　) 　6) 대학원졸 (　　　) 7) 기　타		
4. 거주지	시　구		

※ 이혼가정 부모교육 프로그램의 활성화 방안에 대한 귀하의 의견을 듣고자 하오니 말씀해 주시기 바랍니다.

1. 귀 기관에서는 이혼가정 부모교육 프로그램을 실시하고 계십니까?

　1) 그렇다 (　) --1-1)로 이동

　2) 아니다 (　)

　3) 잘 모르겠다 (　　)

1-1) 이혼가정 부모교육 프로그램을 실시하고 있다면 말씀해 주십시오.

(1) 1년 동안 몇 회 실시하고 계십니까?(회)

(2)실시하신 이혼가정 부모교육 프로그램은 총 몇 회 실시하였으며 회기당 시간은 얼마나 사용하였습니까?(뒤 페이지로)

이혼가정 부모교육 프로그램 명	회기	회기당 시간

1-2) 이혼가정 부모교육 프로그램의 내용은 어떤 것입니까?

1) 이혼 이후의 현실적응교육

2) 부모-자녀관계 개선 프로그램

3) 이혼자의 정서안정을 위한 프로그램

4) 사회적 지원망(각종 상담, 교육, 복지적 서비스 등) 활용을 위한 교육

5) 효율적이 의사소통방법과 기술교육

6) 한부모가정과 이혼 이해교육

7) 부모-자녀관계 개선 프로그램

8) 기타 (구체적으로   )

2. 평소 상담하시는 이혼가정 부모의 이혼가정 부모교육 프로그램에 대한 욕구는 어느 정도라고 생각하십니까?

	아주 낮다	낮다	그저 그렇다	높다	매우 높다
모자가정					
부자가정					

3. 이혼가정 부모님이 주로 희망하고 있는 이혼가정 부모교육의 내용은 무엇입니까?

4. 이혼가정 부모를 위해 새로 개발되어야 한다고 생각하시는 이혼가정 부모교육 프로그램은 무엇입니까?
   1) 이혼 이후의 현실적응교육
   2) 부모 – 자녀관계 개선 프로그램
   3) 이혼자의 정서안정을 위한 프로그램
   4) 사회적 지원망(각종 상담, 교육, 복지적 서비스 등) 활용을 위
      한 교육
   5) 효율적인 의사소통방법과 기술교육
   6) 한부모가정과 이혼 이해교육
   7) 부모 – 자녀관계 개선 프로그램
   8) 기타 (구체적으로   )

5. 이혼가정 부모들이 이혼가정 부모교육 프로그램을 받는 데 가장 큰 어려움은 무엇이라고 생각하십니까?(아래에서 한 가지만을 각각 선택하십시오)

모자가정	부자가정

1) 건강문제 2) 직장의 긴 노동시간
3) 교육수준 4) 의욕상실
5) 정서적 불안정 6) 직업훈련 과정 중
7) 자녀에 대한 무관심 8) 경제적 불안정
9) 부모교육에 대한 필요성 및 인식부족
10) 기타 (   )

6. 이혼가정 부모교육 프로그램은 몇 회기가 적당하다고 생각하십니까?(상황에 따라 다를 수 있으므로 1개 이상 O표 가능함)
1) 4회 2) 6회 3) 8회
4) 10회 5) 12회 6) 기타 (   )

7. 교육시간은 어느 시간이 적당하다고 생각하십니까?(상황에 따라 다를 수 있으므로 1개 이상 O표 가능함)
1) 오전 9시-11시 2) 오전 10시-12시 3) 오후 2시-4시
4) 오후 4시-6시 5) 오후 6시-8시 6) 7시-9시
7) 기타 (   )

8. 매 회기당 시간은 어떻게 배당하는 것이 적당하시겠습니까?

  1) 1시간   2) 1시간 30분   3) 2시간

  4) 2시간 30분   5) 3시간   6) 기타 (________)

9. 집단구성원의 수는 어느 정도가 적당하다고 생각하십니까?

  1) 5-7명   2) 7-10명   3) 10-15명

  4) 15-20명   5) 20명 이상

10. 이혼가정 부모교육 프로그램을 자체에서 실시하는 데 가장 큰 어려움은 무엇입니까?(아래에서 골라 세 가지를 각각 선택하십시오)

모자가정	부자가정

  1) 재정 및 예산부족

  2) 이혼가정 부모교육 프로그램의 수요 부족

  3) 이혼가정 부모들의 참여율 저조

  4) 이혼가정 부모교육 프로그램에 대한 정보 부족

  5) 시설의 공간 부족 및 기자재 부족

  6) 시설 종사자의 이혼가정에 대한 이해 부족

  7) 이혼가정 부모교육 프로그램을 진행할 전문 강사 부재

  8) 기타 (구체적으로 ________________________)

11. 10번 문제와 연관되는 질문입니다.

이혼가정 부모교육 프로그램을 실시하는 데 어려운 문제를 해결한다
면 이혼가정 부모교육 프로그램을 실시하시겠습니까?

　1) 그렇다　　　2) 아니다　　　　3) 잘 모르겠다

12. 귀하는 이혼가정 부모의 자신에 대한 이해와 이혼 후 현실극복,
이혼가정 자녀를 이해하고 이혼에 대한 바른 이해를 통해 부모－자
녀관계를 개선하고, 사회지원망을 활용해 건강하고 행복한 한부모가
정을 이루고자 하는 연구자가 개발한 '이혼가정 부모교육 프로그램'
을 이혼가정에게 제공하시겠습니까?

　1) 그렇다　　　2) 아니다　　　　3) 잘 모르겠다

13. 귀하가 소속된 기관에서 이혼가정 부모교육 프로그램이 이혼가정
에 대한 사회복지 서비스로 제공되기 위해서는 어떤 조치들이 이루
어져야 한다고 생각하십니까?

14. 이혼가정 부모교육 프로그램의 활성화 방안과 관련한 귀하의 의
견을 말씀해 주시기 바랍니다.

【부록-6: 수업전개과정】

〈제2회기〉

구 분	내 용
학습목표	1) 집, 나무, 사람 그림검사를 통해 이혼가정 부모의 성격을 알아보는 시간을 갖는다. 2) 성격유형 검사를 통해 자신의 성격을 알아보고 가족원의 성격도 이해하는 시간을 갖는다.
삶 나누기	1) 지난 한 주 동안 지내온 이야기를 나눈다. 2) 달라진 모습이나 변화해야겠다고 느낀 점들을 나눈다.
강의 1	강의명: HTP 검사 1) 검사자와 내담자가 둘러 앉아 검사를 위한 주의 사항을 알려준다. 2) 상담자는 집, 나무, 사람을 그리라고 지시한다. 3) 그림을 다 그렸으면 그림에 대한 몇 가지 질문을 한다. 4) 그림을 수거해 차후에 개인상담을 한다.
활동 1	HTP 검사
강의 2	강의명: MBTI 성격검사 1) MBTI(Myers Briggs Type Indicator)에 대해 간단히 설명한다. 2) 검사 전에 실시요강에 대한 오리엔테이션을 실시한다.
활동 2	MBTI 검사 1) 검사를 실시한다. 2) 검사를 마친 후에는 채점을 한다. 3) 이제는 자신의 성격유형을 알아본다. 4) 자신과 같은 유형의 사람끼리 조를 이루어 그룹 활동을 한다. 5) 활동이 끝나면 각 유형별로 나와 자신들의 활동내용을 발표한다.
마무리	3회기 프로그램을 소개합니다.
과 제	MMPI(다면적 인성검사) 실시

〈제3회기〉

구　분	내　용
학습목표	1) 이혼 후 전 배우자나 전 시댁 식구들로부터 받은 스트레스를 해소할 수 있는 기회를 제공한다.
	2) 전 배우자나 시댁식구나 자녀에 대한 분노를 용서할 수 있는 마음을 갖도록 돕는다.
삶 나누기	최근의 감정상태에 대해 이야기 나눈다.
강의 1	주제: 분노조절 및 예방법 1) 인간이 느끼는 분노감에 대해 이야기한다. 2) 분노에 대한 예화를 소개한다. 3) 돌아가면서 자신이 느끼는 분노와 그 상황에 대해 이야기한다. 4) 분노의 유형 검사를 통해 자신의 분노유형을 확인한다. 5) 분노에도 건강한 분노가 있어요. 6) 분노조절과 예방법에 대해 살펴본다.
활동 1	분노유형 검사 준비물: 분노유형검사지, 필기도구
강의 2	주제: 용서하기 1) 분노가 우리에게 어려운 상황을 가져온다는 것을 알게 한다. 2) 용서받았거나 용서한 경험을 나눈다. 3) 용서여행을 떠나요. 4) 용서한 후의 느낌에 대해 이야기 나눈다.
활동 2	용서여행 작업지
마무리	제4강에 대해 간략히 소개한다.
과　제	생활 속에서 분노를 느낄 때 분노조절법을 사용한다.

〈제4회기〉

구 분	내 용
학습목표	1) 결혼과 이혼에 대한 생각을 나누고 왜 그런 생각을 갖게 되었는지 함께 나눈다. 2) 이혼 후 달라진 현실에 대해 이야기 나누고 어떤 방향으로 변화하고 있는지 알아본다.
삶 나누기	이혼 후 느끼는 감정에 대해 이야기 나눈다.
강의 1	주제: 결혼과 이혼 1) 최근 주변에 결혼할 사람이나 결혼한 사람이 있는지 알아본다. 2) 찰스황태자와 카밀라의 사랑이야기를 소개한다. 3) 결혼에 대해 어떻게 생각하고 있는지 알아본다.
활동 1	활동: 결혼, 나는 이렇게 생각해요. 1) 조별로 결혼에 대한 이야기를 나눈다. 2) 결혼에 대한 생각을 정리한다. 3) 조별로 결혼에 대한 생각을 발표한다. 4) 건강한 결혼관을 갖도록 한다.
강의 2	주제: 이혼 후 변화 1) 이혼에 대한 정보를 제공한다. 2) 이혼의 증가와 억제요인에 대해 이야기한다. 3) 이혼에 대한 달라지는 인식에 대해 살펴본다. 4) 이혼가정 부모들의 이혼 후의 변화에 대해 알아본다. 5) 건강한 이혼에 대해 정리한다.
활동 2	활동: 결혼, 이혼, 현재 준비물: 결혼, 이혼, 현재 작업지
마무리	제5강에 대해 간략히 소개한다.
과 제	자신의 이혼 사실을 알고 있는 사람들에게 이혼했다고 당당하게 말하기

〈제5회기〉

구 분	내 용
학습목표	1) 이혼 후 겪는 여러 어려움 중에서 특히 이혼가정에 대해 갖고 있는 생각을 알아보고 잘못된 편견이 무엇인지 이야기 나눈다. 2) 이혼가정 부모의 적응과정을 소개하고 이혼가정 부모가 현재 적응과정의 어디에 머물고 있는지 알아본다. 또한 극복단계로 이동할 수 있도록 돕는다.
삶 나누기	1) 주위 사람에게 당당하게 이혼사실을 밝힌 분이 있는지 묻는다. 2) 이혼가정 부모교육 프로그램 참여 후 자신의 생활태도에 변화가 일어나고 있는지 알아본다.
강의 1	주제: 편견을 버려요 1) 편견에 대한 정의 및 발생과정을 알아본다. 2) 이혼가정으로 살아가면서 생활하면서 느끼는 우리 사회의 이혼가정에 대한 편견을 알아본다. 3) 이혼가정이라고 사회로부터 받았던 편견이나 차별사례를 들어본다. 4) 이혼가정에 대한 바른 정보를 제공한다.
활동 1	활동: 내가 느끼는 이혼가정에 대한 편견 준비물: 작업지, 필기도구
강의 2	난 행복해요 1) 이혼 후 어떤 심리적인 변화를 겪고 있는지 이야기 나눈다. 2) 이혼가정 부모의 이혼과정과 적응과정에 대해 알아본다. 3) 이혼가정 부모의 현재 상황이 어느 적응기에 포함되는지 알아본다. 4) 이혼가정 부모 자신도 혼란기를 거쳐 극복단계에 이를 수 있다는 것을 알도록 한다.
활동 2	나의 적응단계 준비물: 작업지, 필기도구
마무리	6회 교육내용을 간략히 소개한다.
과 제	자녀에게도 이혼가정에 대한 바른 정보를 제공한다.

〈제6회기〉

구 분	내 용
학습목표	1) 부모가 바라는 삶에 대한 이야기 나누기를 통해 성공적인 삶을 살기 위해 준비해야 될 것과 자신의 미래를 설계해 보도록 한다. 2) 이혼가정으로 살면서 자신의 꿈과 희망을 이룬 경우를 소개하고 이혼이 인생의 새로운 출발점이 될 수 있다는 점을 강조한다.
삶 나누기	한 주간의 생활에 대한 이야기를 나눈다.
강의 1	주제: 나의 인생 그래프 1) 이혼가정으로 살아가는 데 있어서의 어려움에 대해 이야기 나눈다. 2) 이혼가정 부모의 과거와 현재의 인생 곡선을 그려본다. 3) 인생 곡선을 보며 자신의 삶을 소개한다. 4) 자신의 현재의 모습을 통해 행동을 수정하거나 변화되어야 하는 부분에 대해 이야기 나눈다. 5) 자신의 모습을 변화시키기 위해 해야 될 일들은 어떤 것들인지 알아본다. 6) 현재까지의 인생을 통해 얻은 지혜를 바탕으로 새로운 가능성을 기대하게 한다.
활동 1	활동: 인생그래프 준비물: 작업지, 필기도구
강의 2	주제: 나의 미래설계 1) 어려움을 지혜롭게 극복해 나가는 이혼가정 부모의 삶에 대해 이야기를 나눈다. 2) 미래에 대한 목표를 설정하게 한다. 3) 인생그래프의 미래부분을 완성하고 어떤 삶을 살고 싶은지 이야기 나눈다. 4) 목표달성을 위해 우리가 할 수 있는 일들은 무엇인지 이야기 나눈다. 5) 성공적인 한부모의 사례를 통해 희망을 가지게 한다.
활동 2	활동: 나는 달라져야 해요 준비물: 작업지, 필기도구
마무리	7회 교육에 대해 간략히 소개한다.
과 제	미래의 목표를 설정하지 못한 사람은 집에서 구체적으로 작성해 본다.

〈제7회기〉

구 분	내 용
학습목표	1) 이혼 후 자녀와의 관계에서 어떤 어려움을 겪고 있는지 알아보고 자신의 혼란한 정서로 인해 자녀를 학대하지는 않았는지 점검하는 시간을 갖는다. 2) 자녀에게 이유 없는 짜증과 폭력을 행사하거나 방임한 경우는 자신의 행동을 반성하고 자녀를 더욱 사랑하겠다는 의미로 자녀에게 편지를 쓰는 시간을 갖도록 한다.
삶 나누기	한 주간의 생활에 대한 이야기를 나눈다.
강의 1	주제: 자녀학대방지 1) 자녀를 양육하는 데 어떤 어려움을 느끼고 있는지 나눈다. 2) 우리나라의 아동학대 현황에 대해 알아본다. 3) 부모역할을 수행할 때에 어떤 양육태도를 보이는지 알아본다. 4) 자신의 양육태도가 자녀에게 어떤 영향을 끼쳤는지 이야기 나눈다.
활동 1	활동: 나는 어느 유형의 부모인가 준비물: 검사지, 필기도구
강의 2	주제: 한부모 헌장 1) 부모의 양육태도로 볼 때 자녀에게 많은 상처를 줄 수 있었음을 인식하게 한다. 2) 자신이 자녀에게 행했던 부정적인 양육태도를 반성하고 수정할 수 있는 기회를 삼는다. 3) 어떤 부모가 좋은 부모인지 이야기 나눈다. 4) 좋은 한부모가 되겠다는 어머니 헌장을 만들어 본다.
활동 2	활동: 한부모 헌장 준비물: 종이, 필기도구
마무리	8회 강의를 간략히 소개한다.
과 제	한부모 헌장을 지키도록 노력한다.

〈제8회기〉

구 분	내 용
학습목표	1) 이혼가정 아동이 겪는 어려움과 혼란한 감정을 이해할 수 있도록 한다. 그리고 부모, 학교, 가정의 관심과 지지가 자녀들에게 얼마나 중요한지를 깨닫게 한다.
	2) 이혼가정 자녀들은 사회의 이혼가정에 대한 편견을 내면화하여 자신의 가정을 부끄럽게 생각하는 경우가 많아 이혼에 대한 바른 인식을 가질 수 있도록 돕는 방법 등을 소개한다.
삶 나누기	한 주간 한부모 헌장을 지켰는지 이야기를 나눈다.
강의 1	주제: 이혼가정 아동 1) 이혼 후 부모의 이혼에 대한 아동의 반응이 어떠했는지 나누어 본다. 2) 각 이혼가정의 자녀들이 이혼 후 겪는 어려움에 대해 나눈다. 3) 이혼가정 아동의 심리상태에 대해 알아본다. 4) 이혼가정 자녀의 심리적인 안정을 도울 수 있는 방법을 모색해 본다.
활동 1	활동: 이혼가정 자녀의 어려움 준비물: 작업지, 필기도구
강의 2	주제: 이혼 바로 알리기 1) 이혼에 대해 아이들과 어떤 이야기를 나누고 있는지 알아본다. 2) 작업지를 통해 자녀에게 이혼과 관련해 어떻게 접근했는지를 알아본다. 3) 이혼가정 자녀에게 이혼에 대해 어떻게 설명해야 하는지 나눈다. 4) 이혼가정 자녀의 이혼에 대한 발달단계를 소개한다. 5) 이혼의 개념화에 대해 설명한다.
활동 2	활동: 아동의 이혼에 대한 반응 준비물: 작업지, 필기도구
마무리	9강 교육에 대해 간략히 소개한다.
과 제	자녀의 이혼에 대한 반응을 직접 살펴보기

〈제9회기〉

구 분	내 용
학습목표	1) 다른 아동들과는 달리 이혼가정 자녀들은 그들만의 문제를 갖고 있는 경우가 많아 자녀에 대한 관찰과 관심이 더 필요하다. 따라서 내 아이가 최근에 어떤 생각을 갖고 있으며 부모의 이혼에 대해 어떤 인식을 갖고 있는지 알아본다. 2) 이혼가정 자녀는 비이혼가정 자녀들보다 부모의 사랑을 더욱 필요로 하며 그런 사랑을 받고 싶어 한다. 그러나 자신의 생각을 말로 표현하지 않는 경우가 많으므로 이혼가정 부모가 감정이입을 통해 자녀가 바라는 부모의 모습은 어떤 것인지 알아보고 이를 실천할 수 있도록 한다.
삶 나누기	자녀와 이혼에 대해 나눈 이야기를 서로 나눈다.
강의 1	내 아이는 어떤 아이인가? 1) 자신의 자녀에 대해 얼마만큼 알고 있는지 이야기 나눈다. 2) 자녀들에 대해 알고 있는 것들을 나누어본다. 3) 이혼가정 자녀가 최근 겪는 어려움에 대해 이야기 나눈다. 4) 이혼가정 자녀의 미래에 대한 희망에 대해 이야기 나눈다.
활동 1	활동: 내가 아는 우리 아이 준비물: 작업지, 필기도구
강의 2	내 아이가 바라는 엄마의 모습은? 1) 부모가 자녀에게 바라는 것은 무엇인지 이야기 나눈다. 2) 자녀가 부모에게 바라는 것이 무엇인지 이야기 나눈다. 3) 자녀들이 양육과 관련해 부모에게 바라는 점은 무엇인지 나누어본다. 4) 자녀들이 이혼한 부모에게 바라는 것은 무엇일까요? 5) 자녀가 원하는 부모상을 보고 느낀 점을 나누어본다. 6) 효자상 추천하기
활동 2	활동: 효자상 준비물: 효자상 추천서, 필기도구
마무리	10강 교육내용 간략히 소개하기
과 제	1) 내가 아는 우리아이(자녀용) 2) 자녀가 부모에게 바른 것 (자녀용) 작성해 오기

〈제10회기〉

구 분	내 용
학습목표	1) 이혼가정 발생 후 부모－자녀관계는 급격히 소원해지는 경향이 많아 이러한 문제를 예방하고 줄일 수 있도록 자녀와 효과적으로 대화하는 기술들을 소개한다. 2) 자녀가 겪고 있는 문제를 해결하거나 부모－자녀관계에서 발생하는 문제들을 풀어나가기 위해 사용할 수 있는 기법으로 대안 찾기 기술을 소개하고 활용토록 돕는다.
삶 나누기	1) 자녀가 생각하는 나는(자녀용) 2) 자녀들이 바라는 부모상(자녀용)에 대해 이야기를 나눈다.
강의 1	반영적 경청/격려하기 1) 한부모와 자녀 간의 의사소통의 어려움에 대한 이야기를 시작한다. 2) 격려를 통해 자신감 키워주기 3) 효과적인 의사소통으로서의 반영적 경청에 대해 알아본다.
활동 1	활동: 자녀와의 의사소통 준비물: 작업지, 필기도구
강의 2	나－전달법/대안 찾기 1) 나－전달법에 대해 알아본다. 2) 대안 찾기
활동 2	활동: 편지쓰기 준비물: 편지지, 필기도구
마무리	1) 효자상 수여 2) 11강 교육내용 간략히 소개
과 제	1) 자녀에게 효자상을 전달하기 2) 자녀에게 효과적인 의사소통방법 사용해 대화하기

284

〈제11회기〉

구　분	내　용
학습목표	1) 이혼가정이 발생한 이후에도 양육권과 양육비, 면접교섭권 문제는 끊임없이 제기되는 이혼문제 중 하나이다. 전 배우자의 재혼 또는 가정환경의 변화 등이 양육권과 양육비에 미칠 관계와 면접교섭권의 변경 가능성 등을 사례를 통해 알아본다. 2) 많은 여성들이 성희롱의 대상이 되고 있으나 그중 가장 큰 피해자는 이혼가정 부모들이다. 이혼가정 부모들이 가정이나 직장에서 성희롱을 당했을 때에 어떻게 대처해야 하는지 법적인 조언과 사례를 소개한다.
삶 나누기	1) 자녀에게 효자상을 주었을 때 자녀의 반응에 대해 이야기 나눈다. 2) 한 주간 자녀들과 효과적인 의사소통을 하도록 노력하였는지 그 결과를 나누어본다.
강의 1	주제: 재산분할, 양육권과 양육비, 면접교섭권 1) 이혼을 준비할 때 이혼과 관련된 법적인 정보를 얻지 못해 어려웠던 경험이 있었는지 알아본다. 1) 아직도 법적인 문제가 해결되지 않은 한부모의 사례를 들어본다. 2) 재산분할, 양육권과 양육비, 위자료, 면접교섭권 등에 대한 정보를 제공한다. 3) 이혼과 관련된 정보 활용 정도를 알아본다.
활동 1	활동: 이혼법률 정보 준비물: 이혼과 관련된 정보 작업지, 필기도구
강의 2	주제: 성희롱 및 대처방법 1) 직장 내 성희롱의 피해사례가 있는지 알아본다. 2) 성희롱의 개념과 범위 등 전반적인 정보를 제공한다. 3) 성희롱 피해와 대처과정을 소개한다.
활동 2	활동: 성희롱 피해 경험 준비물: 성희롱 피해 작업지, 필기도구
마무리	12강 교육내용 간략히 소개
과　제	전남편의 일방적인 방문 등 이혼 또는 성희롱과 같은 일이 발생할 경우 분명한 입장표명을 하여 피해를 줄이도록 노력하자.

• 저자 •

황은숙　　**•약　력•**

한국한부모가정연구소 소장(2002~)
숙명여대 아동복지학과 박사(문학박사)
숭의여자대학 유아교육과 겸임교수(2006~)
한국한부모가정지원센터장(2006~)
한국유아교육. 보육행정학회 이사(2002~)
한국방과후아동지도학회 이사(2002~)
서울시 송파구 여성정책위원(2007~)
서울시 송파구 아동위원협의회 위원(2004~)
보육시설장자격증(여성가족부 07-A-01188호)
한부모가정전문지도사 트레이너(2002~)

•방송 출연 및 인터뷰•

황은숙 박사는 한부모가정에 대한 부정적인 인식을 개선하고 한부모가정에 대한 이해를 높이기 위해 [KBS] 9시뉴스, 주부 세상을 말하자, [MBC] 뉴스 데스크, [SBS] 8시 뉴스, SOS 24시, 동아일보, 조선일보, 중앙일보 등 언론매체와 100여 차례 인터뷰를 하였다.

•주요논저•

「한부모가정을 위한 반편견유아교육프로그램 개발연구」(열린유아교육연구, 2002)
「이혼가정 부모교육 프로그램의 개발과 활성화 방안」(숙명여대 박사논문, 2005)
「한부모가정 부모교육 프로그램의 활성화를 위한 정부지원 방안」(한국유아교육보육행정학회, 2006)
「서울시 한부모가정의 실태조사 연구」(한부모가정연구, 2006)
「모자가정과 부자가정의 고충 비교연구」(한부모가정연구, 2007)
　등 다수

이혼가정 부모교육 프로그램 개발

• 초판 인쇄	2007년 8월 31일
• 초판 발행	2007년 8월 31일
• 지 은 이	황은숙
• 펴 낸 이	채종준
• 펴 낸 곳	한국학술정보㈜
	경기도 파주시 교하읍 문발리 526-2
	파주출판문화정보산업단지
	전화 031) 908-3181(대표) · 팩스 031) 908-3189
	홈페이지 http://www.kstudy.com
	e-mail(출판사업부) publish@kstudy.com
• 등 록	제일산-115호(2000. 6. 19)
• 가 격	18,000원

ISBN 978-89-534-7171-9 93330 (Paper Book)
　　　978-89-534-7172-6 98330 (e-Book)